Le Savoir Perdu

Alain Hubrecht

ISBN-13 : 978-2-9601418-0-1

PRÉFACE

J'ai écrit ce livre afin de faire connaître à tous le contenu d'un secret qui pourrait bien s'avérer avoir été la chose la mieux gardée au monde depuis des milliers d'années. Vous trouverez dans ce tome un roman, qui vous entraînera à la suite de deux personnages qui vont découvrir les éléments nécessaires à la compréhension de ce secret. Dans un autre tome, vous trouverez en parallèle les explications nécessaires relatives à tous les faits abordés dans le présent tome.

Comme ce que ce secret cachait est encore d'actualité, il ne faut pas s'étonner que ce livre soulève des débats acharnés, entre ceux appartenant à des groupes qui « savaient » et qui nieront donc son existence, et les scientifiques qui ne savent pas, mais qui nieront tout autant sa possible existence, tant les connaissances mises en œuvres sont loin des laboratoires de leurs universités.

Vous verrez toutefois qu'il est des endroits dans le monde où d'autres scientifiques s'activent à remettre ce secret au goût du jour et à utiliser la puissance qu'il donne à son détenteur pour pouvoir reconquérir le monde comme il l'a été plusieurs fois il y a des milliers d'années par de vrais empereurs qui utilisaient ce secret tout au long de l'année et de génération en génération.

REMERCIEMENTS

Je désire remercier les personnes suivantes pour leur contribution à mon inspiration, à mes connaissances et toute autre forme d'aide pour l'écriture de ce livre : Chris Dunn, François Favre, Volodymyr Krasnoholovets, Jean-Paul Lemonde, Bernard Méheust, Jean-Pierre Petit, John Quackenboss, Paul Smith, Henri Stierlin, Russel Targ, Jacques Vallée, et Rhys Thomas pour la photo de couverture.

AVERTISSEMENT

RÉFÉRENCES

Les références entre parenthèses sont disponibles dans l'addendum du même titre.

Chapitre 1

5 septembre 2009, Succuronis, Sardaigne

Tout était silencieux. Susan était tapie avec Rano dans le fond du nuraghe (2.2). Le froid matinal les faisait trembloter. Il faisait encore nuit. Une fine couche de rosée recouvrait leurs sacs de couchage. L'alarme d'un GSM se mit à résonner, vite arrêtée par Susan qui se mit à remuer dans son sac.

- Rano, Rano, réveille-toi. Ça va être l'heure.
- Mmmmhhh… laisse-moi dormir. En plus il fait froid dehors. J'ai gelé toute la nuit !
- Non, bouge-toi. Il nous reste seulement dix minutes et je n'ai pas fait 12.000 km en avion et 10 heures de route pour qu'un paresseux me fasse rater mon voyage !

Rano se remua et émergea de son sac, s'étirant et bâillant bruyamment. Mais rapidement il se mit en route et rattrapa Susan dans le roulage de son sac. En 5 minutes, ils furent prêts, accroupis sur leurs talons dans l'alcôve du fond, juste dans l'axe du couloir menant à l'entrée du nuraghe.

Ils éteignirent leur lampe de poche et attendirent dans le noir le plus complet. C'est à peine s'ils pouvaient distinguer les quelques étoiles visibles dans le morceau de voûte céleste se découpant dans l'ouverture à l'entrée du couloir.

Soudain, en à peine 5 secondes, elle fut là, devant eux, resplendissante, incroyablement lumineuse au point de les éblouir. Ce fut comme un rayon laser qui les foudroyait. Jamais ils n'auraient imaginé une telle puissance, mais aussi une telle ambiance surnaturelle. Maintenant que leurs yeux étaient habitués, tout l'intérieur du nuraghe était baigné de sa lumière bleutée. Il faisait tellement lumineux qu'ils pouvaient lire les étiquettes de leurs duvets. Ils ne se tenaient plus, mais ne savaient quoi dire tellement le résultat de leur expérience allait au-delà de leur espérance.

Puis, elle s'en alla, non sans laisser une lueur ténue, qui bientôt fut remplacée par la lueur dorée du soleil approchant de l'horizon.

Susan et Rano avaient assisté au levé de Vénus du fond d'un nuraghe, un nuraghe manifestement orienté de telle manière que son couloir laisse pénétrer jusqu'au fond de celle-ci les rayons de Vénus lorsque celle-ci se lève à un moment où sa magnitude est au plus fort.

Jusqu'à présent, les archéologues et les historiens continuaient à discuter de l'usage ou de la destination de ces mégalithes millénaires qui ressemblent à des tours trapues. Leurs bâtisseurs, les Nuraghi, avaient disparu avec leur civilisation, emportant manifestement leur secret. Il n'y avait aucun moyen connu pour dater ces monuments. On n'y avait trouvé ni sépulture, ni trace de feux, ni trace de nourriture ou d'eau. Ce n'était donc ni des réserves, ni des habitations, et la théorie des tours de garde ne tenait pas non plus, car on en trouvait dans le fond de vallées. Les Nuraghi en ont construit plus de 20.000 rien qu'en Sardaigne, du Nord au Sud et de l'Est à l'Ouest. À certains endroits elles chevauchent des traces d'anciens nuraghi, ou en jouxtent d'autres encore debout, et parfois forment un fouillis indescriptible, qui peut laisser croire à un village vu de loin, mais à y bien regarder il n'y a rien de prévu pour des ruelles ou une forme de circulation.

Il existe des tours mystérieuses dans le monde entier. Les plus proches des nuraghi sont les brochs (A-2), en Écosse. Des milliers d'années plus tard, on a de nouveau construit des tours rondes (E-1), mais en Irlande, par centaines, puis des répliques adaptées de celles-ci un peu partout dans le monde (E-3). De nouveau, personne ne sait à quoi elles servent, mais le nom le plus connu est celui de lanterne des morts (E-2). Mais rien ne dit que l'usage des nuraghi et des brochs est le même que les lanternes des morts.

Peut-être que dans les deux cas leur emplacement est situé sur des nœuds géobiologiques (E-15). Mais il est très difficile de vérifier cette théorie, car la mesure de ces réseaux géobiologiques se fait par sensibilité humaine, comme avec les sourciers, et le temps a peut-être aussi déplacé ces réseaux, s'ils existent.

Susan et Rano sont sortis du nuraghe et, assis dans l'herbe devant celui-ci, contemplent en silence le lever de soleil. Susan Gomez est une jeune archéologue de 32 ans. De longs cheveux bruns délimitent son visage allongé percé de deux petits yeux marron. Le teint hâlé de sa peau rend difficile de savoir de quelle nationalité elle est. De plus, elle parle français, anglais, espagnol et italien, ce qui ne rend pas l'exercice plus facile. Elle est en fait hispano-française et ses parents se sont connus à Los Angeles.

Rano Saret est son assistant chinois. Il vient de rejoindre le campus et n'a encore que 26 ans. Il est plus grand que la moyenne des Chinois, assez athlétique même. Il a obtenu une bourse de son gouvernement pour participer à la mission de Susan dans le cadre de coopération internationale en archéologie. Les États-Unis espèrent ainsi pouvoir envoyer leurs archéologues en Chine dans quelque mission intéressante. Dieu sait s'il y a là des centaines de pyramides encore inexplorées (E-4).

Ils ont fait le voyage ensemble et ont eu tout le temps de mieux se connaître. Le caractère de Rano est un peu borné et il a encore beaucoup de choses à apprendre sur la société et le monde occidental, mais son anglais est tout à fait correct et enlève déjà un solide obstacle potentiel dans la communication.

Susan a réalisé une thèse en archéoastronomie (E-15) à l'UCLA (E-16) et, ayant entendu que l'orientation des nuraghi aurait pu être basée sur des mouvements d'astres, a demandé un subside d'étude à son université pour se pencher sur ce problème. Une récente étude démontre en effet une certaine correspondance entre l'axe de leur entrée et le lever du soleil au solstice, ainsi qu'avec le lever de la lune à son « lunastice ». Mais la plus grande partie des nuraghi est orientée vers un astre que l'étude n'a pas pu mettre en évidence.

Après une analyse approfondie des données et plans disponibles, Susan découvre que la planète Vénus pourrait être une bonne candidate, mais seulement à certains moments de son cycle autour du soleil. C'est par habitude que les premiers chercheurs ont vérifié l'orientation avec la lune et le soleil, mais en fait on peut aussi les faire correspondre à des levers de Vénus, mais à des époques différentes. Comme il n'y a pas de datation possible, les historiens se basent sur leur connaissance des civilisations pour dater ces monuments, mais il est tout à fait possible de déplacer la date de leur construction de 500 ou 1000 ans dans le temps. Susan désire vérifier si son hypothèse a un sens et a décidé de venir assister à un lever de Vénus dans un nuraghe. Elle a choisi une date compatible grâce à son logiciel d'astronomie et obtenu un budget pour son voyage

Le spectacle toujours grandiose du lever de soleil se termine et celui-ci a quitté sa robe rouge flamboyant pour remettre son parement jaune plus classique.

« Mais bon Dieu, à quoi servaient donc ces constructions ? » demande Rano tout en jouant avec des herbes hautes qu'il s'amuse à arracher et jeter le plus loin possible comme des fusées.

« C'est bien pour cela qu'on est ici, pour essayer de comprendre » lui répond Susan qui contemple la mer au loin. « Ce qui est maintenant certain, c'est qu'elles ont été construites en se basant sur le lever de Vénus. »

« Retournons dans le nuraghe pour y réfléchir maintenant qu'il y fait clair » dit Rano en se levant et se débarrassant des petits cailloux collés à son pantalon.

« Attention à ta tête ! tu t'étais déjà cogné hier soir. On se demande aussi pourquoi ils ont fait ces entrées aussi basses. Même un nain ne saurait s'y tenir debout ! ».

Susan suit Rano en se mettant comme lui à quatre pattes pour s'introduire péniblement dans le bâtiment imposant. Les murs font plus d'un mètre d'épaisseur. Parfois, dans cette épaisseur, s'amorce un escalier pour mener à l'étage. Certains grands nuraghi comprennent jusqu'à trois niveaux. Continuant leur chemin, après avoir rampé quelques mètres, ils arrivent dans une petite salle ronde, avec trois niches où il est possible de se tenir assis.

Les deux archéologues s'asseyent en faisant face au couloir.

« J'ai beau regarder », dit Rano, « je ne vois aucun détail ou écriture qui puisse nous donner une piste. Mais de toute évidence, ils faisaient quelque chose ici qui était en relation avec l'apparition de Vénus »

« Et s'ils venaient ici pour prier ? » suggéra Susan.

« Peut-être, mais rend-toi compte de la quantité de travail pour construire ce bâtiment, et tout cela juste pour y prier. De plus, vu l'alignement sur un astre, peut-être Vénus, la prière ne devait pas durer très longtemps ! »

« Oui, tu as raison, il fallait que ce soit quelque chose qui ne prenne pas beaucoup de temps, ou une opération avec un moment clé. »

« Et pourquoi ces salles n'ont-elles pas de fenêtres ? ».

« Imagine que ces niches servaient à abriter d'autres personnes, qui entouraient une personne principale, placée au centre. »

« Je propose de bouger et d'aller vérifier quelques autres nuraghi puis de réfléchir à tout cela au calme et puis de nous lancer dans un travail de recherche bibliographique sur base de cette découverte. » conclut Susan.

« D'accord » dit Rano en refermant son portable. « Ce qui est sûr, c'est qu'ils cherchaient à voir Vénus se lever quand cette planète était au maximum de sa luminosité. Certains archéoastronomes ont certainement pensé que cette orientation correspondait à celle du lever du soleil, mais il est facile de confondre le lever du Soleil avec le lever de Vénus, vu que Vénus précède ou suit de quelques minutes le Soleil. Ce décalage peut même s'allonger jusqu'à quasi quatre heures trente lorsque l'élongation (9) de Vénus est au maximum. »

Et nos deux archéologues reprennent le chemin de la vallée pour retrouver la Jeep louée à leur arrivée.

Chapitre 2

11 septembre 2009, base d'Edwards, désert de Mojave

Alex se lève de bonne heure pour ne pas rater l'évènement. Il a encore pas mal de route avant de rejoindre la base, en Californie, et le retour est annoncé en fin de journée. C'est aujourd'hui en effet que la navette Discovery pourrait atterrir à Edwards, mettant ainsi fin à la mission STS-128, encore une fois mouvementée à cause de ces maudits débris qui endommagent la couche protectrice du bouclier de la navette, si nécessaire lors de sa rentrée dans l'atmosphère. Après plusieurs vérifications et tentatives de réparation, la NASA a décidé de faire revenir la navette. Le retour a encore dû être déplacé en raison d'un ouragan qui se faisait un peu trop menaçant. Le tout nouvel emploi d'Alex l'amène à être présent lors des retours des navettes. Sa firme réalise en effet la mise en condition de la navette pour sa réexpédition par Boeing 747 vers sa base en Floride, à Cap Carnaveral. C'est un tout nouveau job pour lui, et il n'est pas pour lui déplaire. Cela le change un peu du cliquetis des claviers d'ordinateurs émis à longueur de journée dans les bureaux aveugles de son ancienne boîte. Le boulot était peut-être un peu plus intellectuel, avec tous ces programmes de configuration de missions, mais l'air libre lui manquait, et lorsqu'il eut l'occasion de changer pour ce boulot il se dit que ce job était pour lui, qu'il allait voir du pays et approcher un de ses rêves d'enfance. Alors voilà, si tout va bien, c'est aujourd'hui qu'elle atterrit et il a exactement 3 heures pour rejoindre son lieu d'atterrissage. Il a reçu un mail la veille confirmant que la navette ne se poserait pas comme prévu au Kennedy Space Center, et donc que leurs services sont nécessaires. Le temps de ranger ses affaires dans sa valise, de vérifier qu'il n'oublie rien ; appareil photo, ordinateur portable, caméra infra rouge et les procédures qu'il doit encore relire. Pas facile en effet. Mike qui devait l'accompagner pour cette première mission s'est foulé la cheville au bowling la veille et l'a prévenu tard le soir qu'il ne pourrait venir. Alex se dit qu'il n'a pas intérêt à se planter s'il veut garder cet emploi. Sa boîte facture deux millions de dollars à la NASA pour expédier ce joli colis en Floride et des fois qu'il se tromperait d'adresse, il ne serait pas dans la merde ! Non, sans rigoler, il doit vérifier l'état de la navette avant de l'expédier, encoder quelques références, vérifier que tous les éléments sont correctement refroidis avant de la faire manipuler avec la grue et de la mettre sur le dos du zinc. Il doit aussi prendre des photos pour noter tout défaut visible au cas où on les accuserait de l'avoir abîmée lors du transport. Faut dire que ça rentre dans l'atmosphère à près de 1000 degrés et on l'accuserait de l'avoir abîmée avec ses cordes à linge ! Bref, tout semble OK et le voilà parti dans sa superbe Chrysler Magnum toute nouvelle que ses voisins envient déjà.

Alex Bergen a tout juste 30 ans. Ses cheveux blonds sont courts et lisses et lui donnent un petit air hollandais. Il est fier de son parcours. En fait, il n'a jamais bien su ce qu'il voulait faire, mais il se sentait attiré vers la science. Après avoir longtemps hésité pour les biotechnologies, il a opté pour la photonique, une science émergente donnant des débouchés dans plusieurs types de marchés, mais également passionnante pour ce qu'on y découvre encore. C'est aussi une spécialité où les gens ne se bousculent pas. Bref, de belles études, une spécialité très pointue, un corps de sportif qu'il entretient chaque matin quand cela lui est possible, en arrêtant sa voiture devant la plage et en allant faire quelques vagues sur sa planche de surf. Il adore y aller à l'aube, même s'il se retrouve avec quelques autres téméraires qui osent braver l'eau fraîche. Le soleil levant donne une aura étrange à la scène. De loin on croit voir des mouettes posées sur l'eau, mais ce sont ces étranges cavaliers qui chevauchent leur planche, immobiles, dans l'attente d'une belle vague. Alex est aussi content de son appartement à Huntington, tout près de la plage. Cette station balnéaire n'est pas trop loin de Los Angeles, et bien qu'elle soit bordée d'établissements très chics, le prix des appartements n'est pas aussi élevé qu'à LA. Malgré sa réussite, Alex n'a pas encore trouvé l'âme sœur et il est donc célibataire pour le moment. Il faut dire qu'il ne voulait pas se lier tant qu'il n'avait pas son diplôme et un travail en poche.

Tout en pensant à sa situation, Alex regarde la route se dérouler devant lui, monotone, sans problème jusqu'à l'approche de la base où une foule de curieux s'amasse déjà le long des routes pour assister au retour tant attendu de la navette. Son tout nouveau passe semble faire son effet et le voilà rapidement sur le tarmac de la piste d'atterrissage. Il regarde son plan et se dirige vers un bâtiment gris à côté de la tour de contrôle. Là, il se présente ; les gens sont sympas, quoiqu'un peu tendus. On lui a donné un bureau et plus personne ne s'occupe de lui depuis déjà dix minutes. Il en profite pour relire ses notes et vérifier ses appareils. Il y a un va-et-vient incroyable, des civils et des militaires avec une myriade de badges de toutes sortes. Enfin, vers 20 h, on annonce aux haut-parleurs que la navette approche et qu'elle touchera le tarmac d'ici une grosse demi-heure. Seules quelques personnes peuvent encore rester dehors, mais il n'a pas cette chance. Il doit se contenter de regarder par les fenêtres du bâtiment, tout compte fait pas trop mal situées. Il en profite pour prendre des photos de Discovery lorsqu'elle passe à toute vitesse devant eux, pour aller se perdre sur sa gauche, au bout de la piste. Une fois tout danger écarté, son passe lui permet de sortir et avec tout son fourbi, de se rendre en Hummer de service près de la navette. Un cordon a été placé tout autour et des véhicules spéciaux attendent les astronautes. Il en profite encore pour prendre quelques photos. La navette est vraiment impressionnante. Il n'aurait jamais cru qu'elle était aussi grande vue de près. Le panneau d'accès s'ouvre et il peut voir les astronautes sortir, surveillés de près par des militaires et escortés jusqu'aux véhicules blindés. Soudain, alors qu'il prend une photo avec son téléobjectif, en arrière-plan des véhicules, il voit des formes bouger au-dessus d'un hangar situé de l'autre côté de la piste. S'aidant du zoom, il cadre sur l'endroit où il a vu du mouvement, mais ne voit plus rien. Il veut revenir sur la piste, mais à nouveau, il voit une forme et a juste le temps de prendre un cliché, sans trop prendre le temps de viser. Se retournant pour ne pas avoir le soleil en face, il regarde sur le dos de son boîtier ce qu'il vient de photographier. Il agrandit la forme noire et distingue comme un homme couché sur le toit. Encore un coup de zoom et il distingue comme un appareil photo, ou plutôt non, c'est un fusil, mais un de ces longs fusils munis de lunettes comme on voit en Irak. Oui, c'est ça, un fusil de sniper ! Mon dieu, il a manifestement découvert un tireur caché qui doit s'apprêter à commettre un truc que sa belle mère n'aimerait pas. Il se fraie un chemin parmi tous ces techniciens qui l'entourent et se dirige vers un militaire près des véhicules qui embarquent les astronautes. Il lui montre la photo et lui explique le topo aussi vite qu'il peut, tout en essayant de se montrer le plus discret possible. Le gars le regarde, demande son badge, le regarde à nouveau, mais à aucun moment ne regarde vers le hangar où se cache le sniper. Encore un peu Alex croirait que c'est lui la personne soupçonnée. Le gars saisit son talkie-walkie et marmonne quelques mots inintelligibles. Il demande ensuite à Alex de rester près de lui, le temps qu'une personne plus avisée que lui vienne le rejoindre. Alex est éberlué, mais le gars ne regarde toujours pas vers le sniper. Son calme le sidère encore plus. Il n'a pas le temps de se remettre qu'un homme en costume le rejoint et lui demande de le suivre à l'écart de foule. Là, il lui explique que ce qu'il a vu est normal, et que si on pouvait laisser les gens faire leur boulot correctement, ce ne serait pas de refus. Il lui explique que ce qu'il a vu fait partie des procédures de sécurité normales et l'enjoint à faire son boulot sans se mêler de celui des autres. Il lui confirme que le périmètre de la base est de toute façon sous haute surveillance et qu'il est impossible qu'une personne non habilitée s'y trouve, et encore moins qu'une arme non désirée y pénètre. On le laisse retourner près de la navette et il prend bien soin de ne plus lever la tête vers le hangar ; mais faudra quand même qu'on lui explique ce qu'un sniper fait ici alors que soi-disant tout est sous contrôle ! Alex attend patiemment que tout ce beau monde se soit éloigné pour enfin commencer à faire son boulot. Il doit encore montrer son badge pour franchir le cordon. Il reste une bonne cinquantaine de personnes affairées autour de la navette, mais d'après ses bouquins il peut déjà commencer son travail. Ne sachant pas encore trop ce qu'il doit photographier, vu que c'est la première fois qu'il voit une navette de près, il mitraille comme il peut ce mastodonte de 100 tonnes. Un rapide coup d'œil discret du côté du hangar lui indique que son copain ne semble plus être au poste. Tant mieux, il se sentira plus à l'aise. La caméra infra rouge lui permet de vérifier que toutes les zones refroidissent correctement. Alex est sensé refaire une vérification une heure avant le transport sur le dos du Boeing qui attend déjà sur une autre piste là au loin. Il a des images de référence dans son portable qui lui permettent de donner un feu vert aux ouvriers. Il s'approche maintenant plus près de la navette, car il doit photographier tous les joints de toutes les ouvertures. Ce sont en effet là que se produisent le plus souvent les altérations lors des manipulations. Il monte la passerelle qui mène à la porte d'embarquement, maintenant fermée, et s'apprête à prendre ses photos lorsqu'il voit qu'on a mis des scellées sur la porte. Il a bien l'habitude de voir des scellés sur son compteur électrique ou dans un film à la télé sur les lieux d'un crime, mais ses souvenirs sont impuissants à lui dire pourquoi on mettrait des scellées sur une navette spatiale. Il ne voit rien dans ses notes à ce sujet et ce n'est pas Mike qui peut l'aider. Soucieux de ne plus se faire remonter les bretelles, il continue son boulot comme si de rien n'était. Il en profite quand même pour faire une belle photo en mode macro du plomb utilisé pour les scellées. Plus tard dans la soirée, sa mission se termine enfin et il donne le feu vert aux ouvriers. Sa responsabilité s'arrête ici et le contremaître employé par sa société prend la suite des opérations. Il y en a pour au moins encore 4 heures de travail et le personnel a déjà branché d'énormes spots qui vont éclairer une scène extraordinaire où cette navette va monter le Boeing comme un vulgaire lapin saute sa femelle.

Alex range ses petites affaires dans sa voiture et file à son hôtel où l'attend un repos bien mérité. Déjà qu'il était stressé de devoir faire son premier « empaquetage » de navette seul, mais ce truc avec le sniper l'a énervé et il sera content de prendre une bonne nuit de repos. Une fois dans sa chambre, il prend une douche, et ensuite, tout en regardant les news sur CNN, transfère déjà les photos sur son portable. Par simple curiosité, sans trop y penser, il parcourt celles-ci pour retrouver le zoom qu'il avait fait du plomb des scellées. Le dessin sur le plomb l'impressionne ! On dirait une patte de félin. Il agrandit encore un peu et parvient à lire les 4 lettres CATS, et dans chaque doigt de la patte un plus petit logo. Il distingue une tête de mort, un éclair, un dessin ressemblant à une explosion,…. et le dernier ne lui dit rien. On dirait les antennes d'un satellite, ou plutôt ses panneaux solaires.

Le lendemain soir, après être passé au boulot déposer ses photos et signer quelques papiers, il ouvre son ordinateur et se renseigne sur ce fameux logo découvert sur les scellés. Il découvre que CATS est une filiale de SAIC(T-2), une société aux étranges ramifications et surtout aux étranges responsabilités. Ainsi il constate que cette société ne prépare rien moins que le budget du Congrès américain et des trois corps d'armée, conçoit des véhicules d'exploration lunaires, gère des noms de domaines Internet dans le monde entier, fait du contre-terrorisme et de la recherche en fusion nucléaire, sur les moteurs à plasma et sur les moteurs à détonation pulsée comme ceux utilisés dans le prototype d'avion ultra secret AURORA(T-3). Et ceci n'est que ce qu'il peut découvrir sur le domaine public d'Internet. Drôle de société aux ramifications bien nombreuses. Mais cela ne lui dit toujours pas pourquoi c'est eux qui ferment les portes de la navette spatiale et pas la NASA.

Chapitre 3

16 septembre 2009, Université de Los Angeles (UCLA), Californie

De retour en Californie, Susan a hâte de se rendre à la bibliothèque d'archéologie et d'histoire de son université. C'est une des meilleures bibliothèques des États-Unis. Susan est très fière d'avoir été acceptée à son université. Le Campus ressemble plus à une mini ville qu'à une université. Les bâtiments mélangent les styles. Certains, blancs et ultra modernes, étincellent sous les rayons de soleil qui brillent toute l'année. D'autres, faits de briques et à l'architecture rappelant le style vénitien, surgissent entre la verdure d'un parc verdoyant. Le parking des étudiants regorge de coupés sport décapotables. Pour le milieu modeste des parents de Susan, cette université était inaccessible, mais avec ses brillants résultats à l'école, et les points obtenus à l'examen d'entrée, elle a reçu une bourse du gouvernement.

Sachant qu'il existe donc une relation entre les orientations des nuraghi et le lever de Vénus lorsque la planète est la plus lumineuse, Susan effectue des recherches sur des articles d'histoire et d'archéologie parlant de Vénus et d'une cérémonie associée. C'est ainsi qu'elle découvre un article parlant de sculptures montrant des femmes occupées à accoucher, et face à elles, le symbole d'un astre. L'article parle d'un dolmen découvert en Belgique qui aurait été taillé pour permettre à une femme d'y accoucher. Ce Dolmen est orienté vers le Sud-Est. Susan a alors l'idée de rechercher des statistiques de population. Les cimetières anciens sont en effet des sources

21

insoupçonnées de données sur les fluctuations de population. Grâce aux datations au carbone 14, il est possible de pratiquer des recensements a posteriori. Susan ne tarde pas à pouvoir consulter des graphiques montrant des pics de naissances pendant certaines années, pour retrouver des périodes plus calmes à d'autres moments.

Pendant ce temps, Rano s'est plongé dans ses logiciels d'astronomie, et, en fonction des informations trouvées par Susan, se met à rechercher de possibles fluctuations de luminosité de Vénus. C'est ainsi qu'il découvre que cette luminosité varie pendant 584 jours avant de revenir, pour un observateur terrestre, à son point de départ. Car même si Vénus met 224 jours pour tourner autour du soleil, il en faut plus de deux fois plus avant que son cycle vu de la Terre ne se recoupe. Mais il découvre qu'en raison d'autres facteurs il existe d'autres cycles bien plus longs qui vont encore rendre Vénus plus brillante. C'est ainsi que tous les 8 ans, puis tous les 40 ans, et enfin tous les 480 ans, Vénus atteint des magnitudes (S-1) très importantes. Ayant fait des recherches de dates dans le passé pour ces cycles de luminosité, Rano retrouve Susan pour lui donner le résultat de ses calculs. Avec stupéfaction, Susan constate qu'il y avait à chaque fois plus de naissances lors de ces phases plus lumineuses de la planète Vénus.

« Ainsi donc, ces nuraghi auraient un lien avec les naissances, mais lequel, et aussi, pourquoi ? » se demande Susan.

« Se pourrait-il que les nuraghi soient destinés à faire naître les bébés ? » se demande Rano.

« Imagine », dit-il les yeux brillants à Susan, « qu'au moment où Vénus apparaît de manière très brillante dans l'axe de son entrée, la mère soit tapie au fond du couloir, dans l'obscurité. Les personnes qui l'accompagnent viennent de masquer le panier à braises qui leur permettait de s'orienter. Elles rassurent la femme en travail qui se demande quand son bébé va daigner venir au monde. Les contractions qui ont commencé il y a quelques heures ne semblent pas s'accélérer et ne se font pas plus douloureuses. Soutenue par une personne, les deux bras tenus par les deux autres, chacune dans sa niche et la mère au milieu, elles guettent, elles guettent le moment, l'instant où la magie va opérer. Soudain, sans prévenir, le bébé se met à pousser, à pousser de plus en plus belle. La mère s'efforce de lui rendre la tâche la plus facile possible, souffle, expire de plus belle. Ses jambes calées contre les deux coins du couloir et de sa salle, elle ne pourrait être mieux mise pour accoucher. Les sages femmes la rassurent, la soutiennent et lui donnent le rythme. À un moment, le couloir s'illumine comme si on y avait allumé une lumière. Dans l'axe, au loin, un point brillant vient d'apparaître. Il brille terriblement fort. Ses rayons semblent se refléter dans les yeux exorbités de la maman. Un dernier souffle, une contraction de tout son corps et elle sent le bébé s'échapper. Celui-ci est pris par une sage femme qui le porte à bout de bras dans la lumière bleutée de Vénus. Un cri déchire le silence du matin. Au loin, les insectes cessent un moment de remplir l'espace de leur bruit continu. »

Rano se tait et Susan le regarde, éberluée, sans voix.

« Mais d'où tiens-tu cette idée, et depuis quand sais-tu raconter des histoires ? » reprend enfin Susan.

« Je ne sais pas, cela m'est venu comme cela. J'ai tout d'un coup eu cette vision devant moi, et tout semblait si bien s'emboîter ».

« Mmmmh, tu as peut-être raison. Ainsi ces nuraghi auraient été construits pour permettre d'y accoucher et en même temps savoir si l'enfant naît quand Vénus se lève. Mais quel était leur intérêt de faire cela ? »

« Peut-être devrions-nous encore chercher des informations sur des statistiques de naissances et des informations sur la position des planètes, et en particulier de Vénus ? »

« Oui, mais là on tombe dans l'astrologie. D'abord, l'astrologie ne devait pas exister à cette époque, et puis pourquoi se focaliser sur Vénus alors que l'astrologie englobe toutes les planètes ainsi que les constellations du zodiaque ? »

« Cherchons quand même s'il existe des articles parlant de cela, sans nécessairement qu'ils fassent mention d'astrologie, d'accord ? »

Sur cette décision, ils se séparent et retournent chacun à leur méthode de recherche ; Susan dans la bibliothèque et Rano sur Internet.

Susan découvre après quelques instants les travaux d'un certain Michel Gauquelin(8). Ce psychologue a consacré sa vie à mettre en évidence une relation entre le caractère des personnes et la position d'une planète proche de la Terre au moment de leur naissance. Il a découvert ce lien par hasard, en cherchant d'abord à voir si une étude statistique pouvait valider l'astrologie. Cette étude n'a rien donné, mais Gauquelin aurait découvert par hasard un autre phénomène, ne tenant pas compte des méthodes astrologiques, mais impliquant néanmoins certaines planètes qui en fonction de leur position au moment de la naissance influenceraient à vie le caractère du nouveau-né. Pour être certain de ne pas influencer subjectivement ses résultats, il aurait utilisé la méthode dite « en double aveugle », cette méthode utilisée lors des tests de médicaments, lorsqu'on ne dit pas au médecin quelles pilules sont les placebos ou les bons médicaments.

Ses travaux auraient mis en évidence le fait qu'il faille qu'une planète soit dans des positions particulières pour qu'elle influence positivement le bébé. La meilleure position serait quand la planète vient de se lever, et dans les vingt minutes qui suivent. L'effet est aussi présent lorsque la planète est à sa plus grande hauteur dans le ciel, ainsi que pour les deux positions en opposition avec ces deux premières. Gauquelin aurait ainsi pu associer à chaque planète proche de la Terre des traits de caractère particulier, mais aurait eu du mal à trouver les traits de caractère propres à Vénus.

Susan, fière de sa découverte, rejoint Rano dans son bureau.

« J'ai trouvé un chercheur qui au siècle passé est parvenu à mettre en évidence que certaines planètes influencent à vie le caractère d'une personne si celle-ci naît au lever de cette planète. Il y a d'autres positions encore valables, mais avec un moindre effet. »

« Ça alors », dit Rano en se levant de sa chaise pour regarder les graphiques que Susan a étalés sur la table. « C'est vraiment étonnant, on dirait une croix légèrement inclinée. Quel étrange phénomène peut-il bien ainsi influencer un bébé ? Et regarde, ce phénomène est également actif lorsque la planète est de l'autre côté de la Terre, ce qui voudrait dire que ce phénomène n'est pas arrêté par l'épaisseur de la Terre entière ! »

« Oui, c'est vraiment étonnant. Mais pourquoi ces habitants cherchaient-ils la planète Vénus alors que c'est selon Gauquelin celle qui a le moins d'effet ? »

« Peut-être que cet effet n'est pas lié au caractère, et que Gauquelin ne l'a pas cherché vu qu'il s'était inspiré des effets de l'astrologie ? »

« Oui, mais de quoi parle-t-on alors ? Tu sais quoi, nous devrions essayer de voir s'il existe d'autres monuments dans le monde qui seraient aussi orientés vers le lever de Vénus, et voir si on y trouve d'autres pistes ou des informations supplémentaires ».

ALAIN HUBRECHT

Chapitre 4

20 octobre 2009, Mc Lean, USA.

Alex a repris les activités quotidiennes de sa société, mais il reste intrigué par ce qu'il a découvert sur la base d'Edwards, et est de plus en plus déçu par son travail. Après avoir retourné la chose dix fois dans sa tête, il décide de contacter la société SAIC qui avait mis les scellés sur la navette et parvient à se faire engager sans trop de problèmes dans leur département de photonique, en plein dans sa spécialité. L'Amérique a cela d'extraordinaire qu'on peut y changer de travail sur des coups de tête.

Il a dû obtenir une clearance (accréditation à travailler sur des projets TOP SECRET) de la NSA, d'un niveau assez haut et très spécial, aussi haut que le Cosmic Top Secret en Cryptographie, mais dénommé ici ECE (pour Extraterrestrial Communication Exchanges, mais ceci, il l'apprendra plus tard). Tout cela ne lui a pas posé trop de problèmes. Il est citoyen américain, a un casier judiciaire vierge, ne joue pas aux jeux de hasard, n'a pas de dettes ni de maîtresse. Il faut juste attendre que les services de la sûreté de l'état fassent leur petite enquête, questionnent les voisins, fouillent ses poubelles ou Dieu sait quoi encore.

SAIC n'a pas moins de 112 adresses de bureaux en Californie. Leur quartier général se situe à Mc Lean. Ils emploient plus de 40.000 personnes. Leur deuxième plus gros complexe se trouve à San Diego. C'est là qu'Alex va pouvoir travailler. C'est à une grosse heure de route de chez lui, mais ce n'est que de l'autoroute et c'est peu embouteillé. Cela lui prend le même temps pour aller à LA downtown. Son bâtiment est identique à la plupart des buildings de la société, massifs et toujours avec des vitres complètement réfléchissantes. On les accuserait facilement de péché d'orgueil, vu qu'ils adorent renommer leur rue en SAIC drive.

Une fois engagé, il intègre l'équipe de recherche qui s'affaire autour d'une nouvelle technologie destinée à combattre le cancer. Il s'agit d'utiliser de la lumière d'une fréquence de plusieurs térahertz pour réaliser une spectrométrie de tissus venant de prélèvements. On lui dit que certaines applications potentielles sont très sensibles et que c'est la raison pour laquelle certaines parties du projet nécessitent une accréditation.

L'immeuble où il travaille ressemble à un gros bloc de verre, surmonté d'un énorme logo au nom de la compagnie. Comme d'habitude lors de projets secrets, chacun ne sait qu'un bout du projet, mais non la finalité. Alex travaille la plupart de son temps dans un atelier laboratoire où ils montent et testent des morceaux de l'appareil. Il partage un bureau avec deux autres personnes qui travaillent sur le même projet que lui. Il se rend rapidement compte qu'il est mieux qualifié que les autres chercheurs, sans doute parce que le domaine de la photonique n'est pas une spécialité habituelle de SAIC. De plus il parle bien et devient très rapidement le porte-parole de son équipe lors des présentations, ce qui l'amène à rencontrer des supérieurs hiérarchiques ainsi que le chef du projet.

Chapitre 5

2 novembre 2009, NewGrange, Irlande

Lors de ses recherches destinées à identifier d'autres monuments ayant pu servir à la même cérémonie que dans les nuraghi, Susan apprend qu'il existe en Irlande un énorme mégalithe dont l'orientation est axée sur le lever du soleil au solstice d'hiver. Ce monument vieux de 6500 ans ressemble à un énorme tumulus de 85 mètres de diamètre (2.1). Il est recouvert d'herbe et présente au sud-est une façade d'un blanc immaculé, réalisée en pierres contenant des cristaux de quartz. Quand cette façade est éclairée par le Soleil, elle brille à des kilomètres (un peu comme les anciennes pyramides d'Égypte lorsqu'elles avaient leur revêtement originel).

Elle a demandé et obtenu un nouveau budget pour s'y rendre et procéder à une analyse du lieu dans l'optique de corroborer sa théorie sur les nuraghi.

Elle est arrivée en Irlande la veille, et après avoir passé la nuit à l'hôtel pour récupérer de ses nombreuses heures de vol et essayer sans résultat d'assimiler le décalage horaire, elle décide sans plus attendre de se rendre au mégalithe. Elle a eu tout le temps de se renseigner sur son histoire, l'histoire des civilisations ayant peuplé l'Irlande et les diverses théories présentées pour expliquer l'usage du mégalithe.

Vingt minutes de voiture lui suffisent pour arriver sur les lieux.

Le monument est vraiment imposant.

Une analyse des environs par Google Earth lui avait montré qu'il devait exister à l'époque des centaines de sites identiques, certains en bois, certains en pierres et certains remblayés avec un tumulus. Le bois et les pierres ont souvent disparu, emportés par le temps ou les habitants, mais restent visibles les fossés, talus et autres buttes. Elle en avait compté pas moins de 11 dans un rayon de un kilomètre. Dieu sait ce que ces tumulus ou des fouilles adéquates pourraient révéler. À un jet de pierre, on trouve déjà le mégalithe de Knowth, aussi grand que celui de Newgrange, et truffé de pierres calendaires, dont la très complète pierre K15 d'une complexité extrême, détaillant tous les évènements de l'année, les astres, les étoiles, les phases de la lune, le système des mois et des semaines, et tout cela il y a plus de 5000 ans.

Le mégalithe de Newgrange n'a été découvert qu'en 1966, par un fermier qui voulait prélever de la terre dans la butte située dans son champ.

Susan gare sa voiture devant la propriété et parcourt à pied la centaine de mètres la séparant du monument. Son badge d'archéologue lui permet de pénétrer sur le site actuellement fermé aux touristes. L'entrée du mégalithe est très étrange. De larges pierres gravées de signes en spirales sont couchées devant l'entrée. Après en avoir fait le tour, Susan comprend que la porte est surmontée d'une imposte qui, d'après les études menées, permet à la lumière du soleil de pénétrer au fond du couloir lors de son lever le 21 décembre.

L'architecture interne comporte aussi un long tunnel aboutissant sur une pièce dont on ignore la fonction. Ici aussi, elle est bordée de trois niches où pourraient se tenir des personnes, et pourquoi pas, des sages femmes. Elle prend sa boussole et mesure l'orientation du couloir. Elle note que celle-ci est d'environ 135°. Elle refait le chemin inverse tout en observant à la lumière rasante du jour les dessins sur les pierres. Alors qu'elle se préparait à sortir, elle aperçoit au-dessus de la porte, sur la pierre la séparant de l'imposte, un signe gravé. Elle en avait entendu parler dans « le Livre d'Hiram », des journalistes francs-maçons Christopher Knight et Robert Lomas. Ces journalistes avaient prétendu avoir observé des gravures spécifiques sur plusieurs mégalithes, des losanges dont les angles correspondraient à celui fait par le soleil aux levers et couchers au solstice de printemps et d'hiver. Ils avaient noté que ces angles variaient en fonction de la latitude du mégalithe. Ils avaient aussi noté que Vénus pénètre dans le corridor de Newgrange une fois tous les 8 ans. En effet, Vénus a des cycles plus grands que celui de sa révolution autour du soleil qui dure 224 jours. Elle a un cycle de 584 jours, qui correspond à son cycle vu de la Terre, puis on constate un cycle de 8 ans pendant lequel les positions clés de Vénus pendant une révolution évoluent en luminosité. Les Mayas par exemple étaient parfaitement au courant de ces cycles et les avaient scrupuleusement renseignés dans leur Codex de Dresde. Ensuite, il est possible par la règle du « plus petit commun multiple » de définir des périodes plus longues, de 29, 243 et même 5128 ans.

Après s'être remémoré ces chiffres, Susan se demande si ces gravures sont bien liées à d'anciennes pratiques maçonniques, et si elles auraient un rapport avec des pratiques liées aux naissances, ou plutôt à l'amélioration de celles-ci. Passant rêveusement ses doigts le long des stries imprimées dans le rocher, elle se demande si elle ne touche pas là un vieux secret bien gardé, ou plutôt à un savoir perdu.

Chapitre 6

15 novembre 2009, SAIC, San Diego

Alex travaille déjà depuis quelques mois chez SAIC. Son aptitude à présenter clairement l'état du développement lui a déjà valu les éloges de ses supérieurs. Le voilà qui sort d'une réunion où il a présenté le budget et le planning du développement de l'émetteur de lumière du spectrographe. La plupart des personnes ont déjà quitté la salle, mais une personne reste immobile au fond de la salle. Alex ne l'avait pas encore vue depuis qu'il travaille chez SAIC et il n'a d'ailleurs pas prononcé une parole durant la réunion. Alex a compris depuis longtemps que chez SAIC il ne faut jamais demander le nom d'une personne si elle ne le donne pas spontanément. Ce temple du secret a ses règles qui ressemblent plus à celles des services secrets qu'à celles d'une société industrielle. Lorsque Alex a terminé de remettre ses affaires dans sa mallette et éteint le vidéoprojecteur, l'homme se lève et va fermer la porte. Il se retourne et fait face à Alex.

« Votre présentation était excellente, je vous félicite. Mon nom est William Minsmann. Appelez-moi Bill. J'aimerais vous parler seul à seul quelques instants ».

Alex n'est pas trop étonné. On lui avait déjà dit que ce projet possédait plusieurs volets, dont certains nécessitaient une certaine discrétion. Mais jusqu'à ce jour il n'avait pas encore rencontré de personnes travaillant sur ceux-ci. Tout au plus lui donnait-on des budgets et des noms de code à insérer dans ses présentations. Il se rassied et attend ce qu'on va lui apprendre.

« Voilà déjà quelques mois que vous êtes chez nous, et vos supérieurs m'ont dit être satisfaits de votre travail. Nous avons entre-temps vérifié certains éléments et nous pensons qu'il est possible de vous transférer dans une autre unité. Vous avez parfaitement démontré aujourd'hui que vous maîtrisiez votre partie du projet et je ne doute donc pas qu'il vous sera facile de transmettre vos dossiers à votre successeur. Je représente un des volets classés confidentiels du projet et j'aimerais vous voir dans mon équipe. Je pourrai mieux à mon avis exploiter vos compétences. Vous ferez un peu moins de paperasserie et un peu plus de technique, ce qui est votre formation de toute façon. »

Alex continue à écouter, mais son attitude démontre clairement qu'il est d'accord avec la proposition.

« Cet appareil de spectrographie est officiellement destiné à détecter la présence de cellules cancéreuses ; ça, vous le savez, mais vous aurez constaté qu'il contient des éléments qui ne sont pas utilisés lors de ces tests et que son étage de forte puissance est aussi surdimensionné. Nous avons effectivement un projet extrêmement sensible, et ce que je vais vous dire maintenant ne pourra jamais être répété à d'autres personnes que celles qui travaillent sur ce volet. On est bien d'accord ? »

Alex opine de la tête, mais comme l'autre semble en attendre plus, il se sent obligé d'exprimer clairement son assentiment.

« On est d'accord, vous pouvez compter sur moi » dit-il la gorge sèche. »

« Bien, puisque tout le monde est d'accord, voilà de quoi il s'agit : depuis 15 ans, SAIC a récupéré le projet STARGATE, un projet initié par la CIA et le Pentagone dans les années 70, en pleine guerre froide (14). À l'époque, ils étaient terrorisés par les sous-marins nucléaires russes indétectables et gorgés de missiles balistiques. Nos satellites montraient aussi de l'activité douteuse dans certains centres de recherche secrets et nous n'avions aucun moyen de savoir sur quoi les Russes travaillaient. Le Stanford Research Institute conduisait des études statistiques sur le phénomène PSI, et ils ont été contactés pour voir dans quelles mesures leurs meilleurs sujets savaient détecter la position des sous-marins russes ou ce qui se tramait dans les usines secrètes. Des tests furent mis au point par le responsable de l'unité, Russel Targ (P-12), mais bien vite un des éléments doués, Ingo Swann, mit au point une méthode assez efficace. Sur base de cette méthode, ils furent capables de donner des renseignements sur les cibles et ces renseignements se sont avérés fiables dans 65% des cas, ce qui est une belle réussite, mais laisse encore trop de possibilités d'erreur. Au début des années 90, la CIA et le Pentagone ont décidé de ne plus supporter le projet et c'est à cette époque que nous l'avons récupéré et fait classer Secret Defense. En effet, certains de nos services ont des activités dont il vaut mieux ne pas parler en dehors de nos murs et ceux qui y travaillent avaient une raison toute particulière de s'intéresser aux méthodes PSI développées par l'équipe du SRI. Vous ne m'en voudrez pas si je m'abstiens de vous donner plus d'information à ce sujet, mais il est bien trop tôt pour vous en parler, si on vous en parle un jour. Toujours est-il que nous avons de fortes présomptions que les facultés PSI puissent être améliorées par l'exposition du sujet à une certaine lumière ou plutôt une certaine particule, et encore faut-il que cette particule soit dotée de certaines caractéristiques. »

Ayant entendu ces derniers mots, Alex se redresse sur sa chaise.

« Attendez, vous voulez d'abord dire que SAIC croit aux facultés PSI, et ensuite que vous pensez qu'elles peuvent être influencées par de la lumière ? »

Bill pousse un soupir d'impatience et continue ses explications :

« Je ne peux m'étendre sur les raisons qui nous font penser cela, mais sachez qu'elles semblent fondées. La question n'est pas là. Notre problème actuel est que l'équipe qui travaille sur cette partie du projet prend du retard, or nous avons un agenda dont certaines dates ne peuvent absolument pas être déplacées.

C'est la raison pour laquelle nous aimerions renforcer cette équipe. Êtes-vous d'accord ? »

« Mais bien entendu que je suis d'accord, pour autant que le niveau requis de clearance ne dépasse pas celui que je possède. »

« Ne vous en faites pas pour cela. Comme je vous l'ai déjà dit, nous avons déjà fouillé votre vie et elle répond à nos critères. Votre niveau de clearance avait déjà été demandé au cas où vous auriez eu à changer d'équipe. Ce n'est pas tous les jours qu'on donne un niveau COSMIC ECE. »

« À propos » demande Alex d'une manière désintéressée « que veulent dire les lettres ECE ? Je n'en ai jamais entendu parler ? »

« ECE veut dire Extraterrestrial Communication Exchanges, ou dit autrement, Echanges de communications extraterrestres ». L'homme regarde Alex droit dans les yeux et attend sa réaction.

« Wow, qu'est-ce que vous dites ? On va parler avec des extraterrestres ? Eh, oh, vous ne m'aviez pas parlé de cela avant de me demander mon accord. C'est peut-être dangereux ce petit jeu. Faudrait voir à me laisser un peu plus de temps pour réfléchir. »

« Du calme, du calme. Le terme extra-terrestre recouvre bien des sujets et jusqu'à présent, il n'est pas question de petits hommes verts dans ce projet. L'usage de ce code veut dire que nous allons opérer avec des appareils d'échange d'information se trouvant en orbite, en dehors de la Terre si vous voulez. »

« Vraiment, rien que ça, vous me le jurez ? » insiste Alex, dubitatif, mais très excité sur le moment. Dans son esprit, il n'a pas vraiment peur des soucoupes volantes et ce sujet l'a d'ailleurs toujours intéressé, mais il ne voudrait pas être pour autant utilisé comme mascotte dans un test grandeur nature de téléportation avec un vaisseau extraterrestre.

« Je vous jure que nous ne prévoyons rien qui puisse mettre votre vie plus en danger qu'aujourd'hui, si ce n'est que vous pourriez participer à des vols sur ISS(T-4) où votre présence pourrait être requise »

« Arghhh, ISS, le pied, dites-moi que je rêve ! »

« Non, vous ne rêvez pas, il est effectivement question d'emmener la machine sur ISS, et, vu vos compétences diverses, vous êtes aujourd'hui le meilleur élément pour l'accompagner. Vos aptitudes physiques sont d'ailleurs une autre raison de vous avoir choisi pour rejoindre l'équipe. »

« Alors pas de petits hommes verts, vous me le promettez ? »

« Eh bien, pas vraiment. Je vous jure que nous n'avons rien prévu de ce genre, mais il y a des volets de ce projet que même moi je ne connais pas, et pour être franc avec vous, que personne ici ne maîtrise. C'est pourquoi on vous demandera un peu de bonne volonté, et de nous croire sur nos bonnes intentions »

« Bon, tout cela me semble jouable, et un tour sur ISS mérite bien un peu de mystère. De toute façon, de ce que je connais de la machine, je crois qu'elle n'a rien d'une arme quelconque, et encore moins d'une arme contre les extraterrestres. Allez, tope là ! Je signe où ? »

« Vous passerez demain matin au bureau des clearances où ils vous donneront un nouveau badge et où on vous demandera quelques empreintes biométriques (S-4). »

Sur ce, l'homme se lève et prend congé d'Alex, le félicitant encore pour son choix et lui donnant quelques détails pratiques sur sa nouvelle affectation.

ALAIN HUBRECHT

Chapitre 7

17 novembre 2009, Huntington, Californie

Susan est rentrée d'Irlande avec des milliers de photographies et a déjà passé plusieurs journées à les examiner et à les classer avec sa méticulosité habituelle. Dès le lendemain de son retour, elle est allée voir le recteur de son université, lui a expliqué l'état de ses recherches et lui a demandé à avoir un rendez-vous avec un franc-maçon du grade le plus élevé possible. Elle lui explique qu'en effet ses recherches croisent certaines théories liées aux origines des francs-maçons et qu'elle aimerait bien vérifier certaines hypothèses. Le recteur lui explique que les maçons utilisent des rituels pour l'intronisation et l'accès aux niveaux supérieurs. Il lui fait part de ce qu'il peut lui dire à ce stade-ci. Susan n'est pas membre de cette confrérie, mais elle sait par bruit de couloir et habitudes de son université que son recteur doit quasi obligatoirement en être membre. Elle ignore toutefois de quelle loge et à quel niveau il se situe. Elle a appris par des lectures diverses qu'il y a 33 niveaux et explique qu'elle espère trouver ses réponses en s'adressant directement à un membre du plus haut niveau. Le recteur se lève et va fermer la porte de son bureau, puis revient vers elle, mais ne retourne pas à sa place. Bizarrement, il s'assied dans le siège situé à côté d'elle et adopte une attitude beaucoup plus ouverte que celle d'un recteur. Toute sa gestuelle s'est modifiée en quelques instants. C'est quasi un autre homme que Susan a devant elle. Même le son de sa voix a changé.

Elle est plus douce, plus calme, et semble plus humaine, dénuée de cet aspect autoritaire qu'il se doit d'adopter envers ses élèves.

« Chère Susan, je peux vous appeler Susan, je pense ? »

« Euh, oui, bien entendu » répond-elle, troublée et se demandant ce qu'il va bien lui dire.

« Ce n'est un secret pour personne et je ne dévoile donc rien en vous confirmant que la plupart des grandes universités laïques sont dirigées par des membres de la confrérie franc-maçonne. Les écrits à succès de Dan Brown ont largement diffusé nos idées dans le grand public, même si ces écrits sont entachés d'une multitude d'erreurs, qu'elles soient volontaires ou pas. Car la franc-maçonnerie est avant tout une école. Avant d'y voir un instrument politique, financier ou humaniste, elle est une école de vie. On y apprend à respecter ses frères ainsi que les bases d'une vision éclairée de la vie, de sa vie. Ce n'est qu'après cet apprentissage que chacun fait son choix de ce qu'il fera de cet enseignement, et je ne vous cache pas que ce choix nous échappe et que plus d'une fois nous avons à le regretter. Mais toute association, confrérie ou même église possède des membres qui commettent des erreurs. Nous sommes faits de chair, sommes faillibles et le restons, tout frères que nous sommes. Ces choix et l'importance des erreurs que nous pouvons faire ne sont pas liés au grade ou au niveau comme vous dites. Cette notion de niveau est principalement liée à la vocation première de la franc-maçonnerie, à savoir l'humanisme, une vocation de moins en moins demandée aux postes à responsabilité de notre société, je vous l'avoue. En demandant à parler à un frère situé en haut de l'échelle des grades, vous ne touchez donc pas, croyez-le, à un maçon puissant ou riche, mais au contraire à un être qui aura voulu consacrer son temps ou sa vie à s'améliorer dans la discrétion, l'humilité et la persévérance. Ses travaux seront jugés par certains comme très hermétiques et inutiles à notre vie du XXIe siècle, mais nous pensons que cette quête d'élévation doit se poursuivre et qu'elle est la colonne vertébrale de notre confrérie. C'est notre âme, notre essence.

Mais pour ce qui est de votre demande spécifique, je vous conseillerais plutôt de rencontrer un de nos historiens. En l'occurrence, il s'agit d'une historienne, une Française. Elle prépare une étude sur l'histoire de la franc-maçonnerie, et ce sera la première qui sera ouvertement publiée par notre ordre. Elle se veut exhaustive et couvre tous les continents. Vous savez peut-être que nous sommes présents un peu partout sur la mappemonde. Il vous suffit déjà d'en avoir une idée en comptant les drapeaux de nations contenant un triangle dans leur motif. Il n'y a aucune autre raison en effet à utiliser un triangle si ce n'est pour faire référence aux convictions franc-maçonnes de son gouvernement ou de sa royauté. Prenez le plus étrange amalgame, Cuba. Son drapeau comporte un triangle, et son île la plus grande densité de loges maçonnes. Or personne n'ignore la guerre idéologique qui oppose Cuba et les États-Unis, un pays également mené en grande partie par des présidents maçons.

Tenez, je vous offre un scoop, la NASA, notre fierté nationale, n'est rien moins qu'une émanation de francs-maçons, tant et si bien que les missions qu'elle a opérées pendant ses années glorieuses étaient truffées de codes maçons, immense clin d'oeil aux frères du monde entier. Les badges et les coordonnées d'atterrissage des LEM sur la Lune faisaient souvent référence à des valeurs franc-maçonnes.

Je vais comme c'est la coutume, contacter moi-même cette sœur maçonne, et lui donner vos coordonnées. Si elle l'accepte, elle vous contactera. »

Chapitre 8

25 novembre 2009, SAIC, San Diego

Alex a rejoint sa nouvelle équipe. Il doit toujours se rendre dans le même bâtiment, mais à un autre étage. Les systèmes d'accès sont renforcés et il doit faire une empreinte de son œil pour pénétrer les locaux où il travaille. On lui a expliqué que leur job consiste à modifier le spectre de la lumière émise par la machine, et surtout à en augmenter la puissance émise, et d'un facteur le plus grand possible. Cela explique la fonction de ce gros module d'où sortaient de gros câbles. La lumière émise est aussi dirigée vers un étage différent, donnant accès à d'autres types de lentilles. Le spectre à émettre est complexe, et on demande à Alex de travailler sur la fonction de polarisation qui ne fonctionne pas encore. Celle-ci en plus d'être polarisée circulaire lévogyre doit être négative (10), et personne dans l'équipe ne parvient à produire efficacement cette particularité. Alors que Alex en est encore à essayer de comprendre cette notion de polarisation négative, entièrement nouvelle pour lui, il est convié à une réunion très confidentielle et à laquelle ne peuvent participer que des employés porteurs de la même clearance ECE que lui. La salle de la réunion lui est inconnue, et il doit donner plusieurs coups de fil pour comprendre qu'elle se situe au sous-sol. Prenant l'ascenseur qu'on lui a indiqué, il est surpris du temps mis par la cabine pour atteindre ce qui ne devrait être que le -1. À peine sortis de l'ascenseur, deux gardes lui indiquent d'un ton sans équivoque de se diriger vers une porte rouge. C'est bien la première fois qu'il voit une porte rouge chez SAIC. C'est aussi la première fois qu'on le fouille. Pourtant dans son équipe déjà, tous les GSM sont proscrits, de même bien sûr que les appareils photo. Enfin après cette fouille à laquelle il est pourtant habitué suite aux nombreux contrôles inopinés effectués dans son service par la police interne de SAIC, on lui ouvre la porte blindée. Devant lui, un couloir en colimaçon empêchant de voir ce qu'il y a au milieu de la pièce. Étrangement, les murs sont tapissés de tapis noirs, et l'éclairage vient du sol, sous forme de minuscules lumières semblant mimer la Voie Lactée.

L'ambiance est donc feutrée et mystérieuse. Alex a l'impression de changer de monde, de passer d'un monde de technologie déshumanisé à un espace de paix où ce couloir courbe suit une douce pente ascendante, comme si on lui demandait d'élever son âme au fur et à mesure qu'il en gravit la pente.

Le voilà maintenant au bout du couloir, et devant lui s'ouvre un espace finalement pas si grand que cela, pouvant sans doute accepter cinquante personnes.

Mais alors que les rangées de fauteuils sont déjà à moitié pleines, il distingue sur le devant de celles-ci un espace vide, avec au milieu de ce dernier un objet recouvert d'un tissu, lui aussi, noir.

Rien moins que Ed Dixon, le directeur de leur département vient prendre la parole. Cela veut dire que la réunion est d'un niveau mondial si leur chef s'est déplacé de Mc Lean, une ville discrète située au-dessus de Washington.

Il rappelle que cette réunion est tenue sous le niveau COSMIC TOPO SECRET ECE, et que chaque participant est tenu d'observer le plus grand secret sur ce qu'il va voir, prenant même un certain plaisir à rappeler que la police interne de SAIC n'a rien à envier aux MP. Elle ne connaît pas de frontières et ne doit pas répondre aux mêmes lois que celles des États-Unis.

L'assistance est silencieuse, consciente de l'importance de l'évènement. Tout le monde a compris que sous le drap noir se cache un objet mystérieux entouré du plus grand secret. Ils se demandent ce qu'un objet de taille relativement petite peut bien avoir d'intéressant pour SAIC qui a plus l'habitude d'envoyer des voitures sur la Lune ou de décider du budget de l'US Navy.

L'homme qui parle ne cache pas l'importance du moment présent. Alex constate d'ailleurs que certaines personnes présentes ne ressemblent pas à des chercheurs, mais plutôt à des pointures politiques ou militaires, même si ces personnes doivent obligatoirement disposer de la même clearance que lui. Alex reconnaît Richard D'Amato, membre du Conseil National de la Sécurité (NSC), dont les interventions sont souvent liées à la problématique extra-terrestre, ainsi que l'immanquable Jacques Vallée, omniprésent à tout évènement sérieux impliquant l'exopolitique, les technologies extraterrestres et la télépathie. C'est d'ailleurs le même Jacques qui avait été conseiller scientifique de Spielberg lors du tournage de « Rencontre du troisième type ». Cet homme discret et modeste fut lié à l'origine de l'Internet, alors dénommé ARPANET et c'est ce domaine qui le rendit d'ailleurs riche au point qu'il put consacrer une grande partie de sa vie à enquêter sur les extraterrestres. Il se démarque de la plupart des autres ufologues (P-15) par ses prises de position assez étonnantes ; comme Carl Gustav Jung le psychologue (P-5), Jacques prétend que le phénomène extraterrestre est plus lié à un phénomène psychologique qu'à de vrais extraterrestres en chair et en os, si l'on peut s'avancer à prétendre que les visiteurs de l'espace sont faits de chair et d'os comme nous. Alex s'étonne toutefois de voir Jacques Vallée ici, connaissant le degré de clearance qu'il faut pour assister à cette présentation.

Enfin le moment tant attendu arrive, et leur patron se rapproche de l'imposant volume encore caché par le drap. Le prenant par un coin, il le tire prestement et découvre une caisse à laquelle sont attachés quatre manches. L'ensemble pourrait ressembler à une civière sur laquelle on aurait déposé un coffre en métal. Sur le dessus de ce coffre se trouvent deux genres de paraboles satellites. L'assistance semble déçue, mais reste en tout cas interloquée par l'étrangeté de l'objet. L'homme, après une pause, reprend son discours, et explique qu'il s'agit en fait de l'Arche d'Alliance, ou plutôt de ce à quoi ils pensent qu'elle devait ressembler à l'époque. Il explique que d'après leurs renseignements cet objet maintes fois cité dans les vieux écrits n'est en fait qu'un conteneur. Les documents habituellement cités décrivent toutes les étapes de sa fabrication et expliquent qu'elle est sensée protéger les tables des dix commandements. Mais à côté de cela on trouve d'autres histoires disant que cet objet est capable de grands prodiges. Il est question de phénomènes lumineux donnant accès à une mystérieuse puissance ou d'un objet offrant la possibilité de parler avec les dieux. C'en est trop pour que SAIC ne se penche pas de plus près sur le contenu exact de cette arche ainsi que sur son but initial. Il est clair que les tablettes des dix commandements ne peuvent être à l'origine des phénomènes décrits sauf si bien entendu le concept de tablette recouvre quelque chose de plus évolué. Le conférencier continue son discours en expliquant que l'arche aurait soi-disant été initialement conçue pour être utilisée au temple de Salomon, puis aura dû être transportée pour être protégée des envahisseurs et des pillards, jusqu'à ce que sa trace se perde et que plus personne ne puisse dire où elle se trouve, pour autant qu'elle existe encore.

Étonnamment, on leur présente maintenant une photo de la grande pyramide de Kheops, mais en enchaînant directement sur le fait que le sarcophage situé dans la chambre du roi semble être fait aux mesures de l'appareil qui se trouve dans l'Arche. Ce n'est pas par hasard que cette comparaison a été faite. Cette pyramide serait d'après les travaux de Chris Dunn(P-3) un amplificateur d'ondes, et le sarcophage, qui n'a de sarcophage que le nom, serait l'endroit où serait transformée une onde très spécifique qui viendrait du ciel et serait amplifiée et transformée par la grande pyramide puis stockée dans l'objet caché dans l'Arche d'Alliance. La Grande Pyramide serait un immense mécanisme fonctionnant à l'énergie hydraulique, comme les mécanismes armillaires de Rome. Les galeries et chambres du bas officieraient comme une pompe de type RAM, ne nécessitant pas de moteur ou d'apport externe d'énergie. L'eau venait du Nil proche grâce à des galeries souterraines encore présentes. Un processus chimique était activé dans la chambre intermédiaire, dite de la Reine, afin de produire de l'hydrogène. Les deux conduits donnant dans cette chambre permettaient de contrôler la production. L'eau pompée comprimait l'hydrogène qui arrivait dans la chambre du haut, dite du Roi. Les lourdes poutres de granit constituant le plafond à 5 couches de cette chambre et le pseudo sarcophage de granit étaient taillés pour que le tout vibre à une fréquence très précise. Au sommet de la grande galerie se trouvait un système de filtrage de l'onde amplifiée fonctionnant au travers de dalles de granit et pouvant coulisser verticalement comme des herses. C'est ce que les archéologues ont pris pour des portes supplémentaires, mais en fait une analyse objective de cet endroit montre bien que ces blocs coulissants devaient pouvoir s'ajuster en n'importe quelle position. Il était ainsi possible d'éliminer des fréquences trop basses ou trop hautes. L'onde ainsi purifiée pénétrait dans la chambre du roi, remplie par de l'hydrogène généré dans la chambre de la Reine. Il est intéressant de noter que les poutres extraordinaires pesant jusqu'à 60 tonnes et formant le complexe plafond de la chambre du roi sont parfaitement taillées sauf sur leur face supérieure, comme si cette face semblant encore brute avait été modifiée jusqu'à ce que chaque poutre puisse vibrer à la fréquence voulue.

D'après Ed Dixon les conduits donnant dans la chambre du Roi, ne servaient ni à canaliser la lumière d'un astre ou une onde quelconque, mais, comme pour la chambre de la reine, à contrôler le processus en cours dans la chambre. Il a d'ailleurs été trouvé au sommet des conduits des évidements identiques à ceux trouvés au bout des conduits de la chambre de la reine. Le petit robot envoyé au début des années 2000 dans ces conduits a montré qu'ils sont fermés par deux trappes qui se glissent dans des fentes pratiquées dans la paroi du conduit. Le même robot a observé les mêmes fentes dans les conduits de la chambre du roi, ce qui démontre qu'ils devaient servir à la même chose, même si aujourd'hui on n'a pas trouvé comment les hommes de l'époque accédaient à ces trappes par l'arrière dans le cas de la chambre de la reine.

SAIC explique pourquoi ils ont rejeté l'idée que les conduits permettaient à la lumière venant d'un astre de pénétrer jusqu'à la chambre du roi, comme le prétendent de nombreux chercheurs. D'abord, les conduits ne sont pas droits, mais font des détours étranges, et ensuite le temps de passage d'un astre dans l'axe d'un conduit n'aurait pas dépassé quelques secondes, un temps insuffisant pour espérer capter assez de rayonnement pour influencer le processus en cours dans la chambre du roi. De plus, il est aussi très peu probable que les conduits sud et nord auraient été visités tous deux par des astres intéressants, surtout qu'ils arrivent exactement à la même hauteur à l'air libre, une contrainte manifestement liée à la gestion de pression de liquide plutôt qu'à une recherche d'alignement sur des astres. Par contre, SAIC pense bien qu'une sorte d'onde parvenait dans la chambre du roi, et que cette onde était transformée et stockée dans l'arche d'alliance. Pour eux cette onde traversait les blocs épais de la pyramide pour parvenir à la chambre du roi. Ce qu'ils désirent faire, c'est recréer artificiellement cette onde grâce à la machine de spectrographie. D'après eux, il faut absolument que cette lumière soit soumise aux couches électromagnétiques entourant la Terre, comme la ceinture de Van Allen, la magnétosphère ou l'ionosphère. Ces couches ont la particularité de modifier les particules qui les traversent, et c'est un domaine encore mal maîtrisé, aussi pensent-ils qu'il est plus facile d'emmener la machine sur ISS et de là utiliser la navette spatiale, ou plutôt le nouveau véhicule militaire X-37C, quasi spécifiquement construit pour cette mission. Un générateur de fréquence sera amené dans la pyramide pour reproduire le système d'amplification et de filtration aujourd'hui disparu, mais facilement compréhensible, puisqu'on connaît les fréquences vibratoires des éléments de granit. L'Arche et ce qu'ils ont imaginé comme ayant été son contenu seront replacés dans le sarcophage qui semble d'ailleurs avoir été taillé pour l'Arche originale. Il ne restera plus qu'à déplacer la navette au-delà de la ceinture de Van Allen et d'envoyer la lumière si spécifique nécessaire à cette expérience. Mais voilà, SAIC ne veut pas en dire plus aujourd'hui sur ce qu'est le résultat de cette expérience. On explique à l'assistance qu'il faut un niveau de clearance encore plus haut pour avoir accès à cette information. Tout le monde se regarde dans l'assistance, des murmures d'incompréhension fusent de partout. Aucun ne comprend quelle information pourrait être au-dessus du secret lié aux extraterrestres.

Seul Jacques Vallée que Alex surveille du coin de l'œil semble ne pas s'émouvoir. Alex en conclut que ce bonhomme, ou plutôt ce géant qui doit faire plus d'un mètre quatre-vingt-dix doit faire partie des gens dans le secret.

Ed doit calmer l'assistance et lui rappeler le statut hautement classifié de ce projet. Il revient au Temple de Salomon en présentant quelques gravures. Il explique que d'après les anciens écrits, son architecture n'aurait eu qu'une seule fonction, permettre à la lumière de la planète Vénus d'y pénétrer par un œilleton à une date bien précise, et de venir frapper la surface de l'autel. Sachant que ce Temple aurait aussi été construit pour abriter, mais aussi faire fonctionner à des dates bien précises l'Arche d'Alliance, SAIC pense faire les premiers essais avec une lumière ayant les propriétés de celle émanant de la planète Vénus.

Le reste de l'année, l'Arche était cachée dans un local secret sous le temple. Après avoir été exposée à la lumière de Vénus, l'Arche était capable de produire une réaction très spéciale d'après les écrits anciens. Cette réaction était manifestement bénéfique aux personnes présentes. À ce jour personne ne sait vraiment de quelle réaction ni de quel effet il s'agissait, pas plus que de la provenance de l'Arche.

SAIC pense avoir identifié de quel phénomène il s'agit et désire en avoir confirmation en réactivant l'Arche.

À ce moment, Ed Dixon demande à toutes les personnes ayant un rond bleu sur leur badge de quitter la salle. Pour eux, la réunion est terminée. Les autres doivent rester.

Alex s'empresse de saisir son badge et constate avec étonnement qu'il possède effectivement un petit rond dans le coin inférieur gauche. Le sien est rouge ! Alex voit la quasi-totalité de la salle se vider. Il leur faut environ dix minutes pour se réorganiser, se rapprocher de l'écran et être encore une fois contrôlés, non plus par le service d'ordre qui a dû également quitter la salle, mais par des personnes qui étaient déjà présentes parmi les invités. Mince se dit Alex, il n'avait pas encore entendu parler de réunions auxquelles même la police interne de SAC ne pouvait participer. Alex jubile. Dire qu'il y a encore quelques mois il passait son temps dans une société de contrôle de transports spéciaux. La température de son sang a dû augmenter d'un degré. Il se sent tout chaud d'excitation. Il compte en silence le nombre de personnes qui sont restées, dix-sept, y compris Ed, Jacques et d'Amato.

Ed explique qu'on va ouvrir l'Arche et que chacun pourra venir voir de plus près l'aspect de son mécanisme interne. Alex ne tient plus en place, mais attend que certaines personnes se soient déjà levées pour leur emboîter le pas. Il ne peut mesurer la chance qu'il a. Il constate que Jacques ne se lève pas. Il en conclut qu'il a déjà vu l'intérieur de cette si mystérieuse boîte. Alex reçoit un choc quand il peut enfin observer ce qui se trouve dans l'Arche. Il s'agit d'une sorte de lentille, une énorme lentille. Elle doit bien faire quarante centimètres de diamètre. Alex observe sur les côtés un système de pantographe, qui devait servir à sortir la lentille de la boîte. Mais Alex constate que cette lentille semble creuse, et même remplie d'un gaz légèrement opaque, un peu bleuté. Sur les deux autres côtés, des genres de conduits semblent rentrer dans la lentille, mais il ne peut voir où ils mènent.

Après une dizaine de minutes, Ed demande à chacun de reprendre place et explique qu'il cède la parole à Jacques Vallée.

Ça alors, un « frenchie » qui prend la parole à la place du boss ! Avec un accent français heureusement très compréhensible, Jacques commence à faire un récapitulatif des activités de SAIC.

« Cette société a été créée dans les années 60, sous une forme de coopérative, seule forme qui empêche un lobby privé de pouvoir la racheter. Cet organisme devait pouvoir manipuler des secrets communs à toutes les armées, ainsi qu'à la NASA, la CIA, la NSA et le Pentagone. Elle a été chargée officiellement d'établir les budgets de toutes ces organisations, ainsi que de veiller à certains aspects de la sécurité des États-Unis, comme celle de l'internet par exemple. C'est ainsi qu'elle a une mainmise totale sur ce réseau, et peut couper l'accès à tous les serveurs du monde entier en un instant si elle le veut. Elle a aussi mis sur pied plus récemment le PSIC, un centre d'informations sur les techniques antiterroristes. Ce centre peut démontrer la crème des meilleures technologies disponibles. Mais la vraie raison d'exister de SAIC est tout ce qui touche à la technologie extraterrestre. Deux autres organismes soi-disant privés se disputent ce privilège, RAND et EG&G, mais aucun de ceux-ci n'a la puissance cachée de SAIC. »

« J'ai participé à la définition du rôle et de la structure de SAIC juste après sa conception, ou tout au moins des services qui auront à travailler sur les technologies extraterrestres. J'ai été choisi en fonction de mon implication au Stanford Research Institute et de mon approche du phénomène OVNI. Les recherches que je menais ont été suivies de près par le gouvernement américain, et lorsque les expériences de vision à distance effectuées au SRI ont commencé à impliquer des soucoupes volantes, il est devenu de plus en plus clair que le phénomène OVNI était autre chose que de simples apparitions de vaisseaux venant de lointaines planètes. Ma théorie explique que de tout temps, des objets sont apparus dans le ciel, toujours étranges et difficilement explicables avec la technologie de l'époque. De nos jours, alors que nous avons des avions, des fusées et des missiles, ces apparitions deviennent encore plus étranges et ressemblent de moins en moins aux soucoupes volantes des films de notre adolescence. Leur forme devient de plus en plus excentrique, ou plutôt leur absence de forme. Leur matérialité se joue de nous, tout comme leur comportement. Parfois elles semblent éprouver des avaries techniques, émettent de la fumée, perdent des cendres ou du métal en fusion, vasouillent, perdent de l'altitude pour mieux repartir. Comment expliquer qu'après avoir traversé des milliards de kilomètres dans le vide ces engins doivent de manière humiliante manquer de s'écraser devant nous. Des analyses de résidus de métal fondu ont laissé apparaître une diversité totale de composition de ces résidus. Diversité encore sans aucune mesure comparable à celles des objets qui nous visitent. Aucun n'est totalement identique à un autre, et c'est par milliers que l'on compte les cas. »

« À un extrême, on a l'option de vrais visiteurs extraterrestres, mais qu'il faut expliquer par la présence sur notre Terre d'un nombre incalculable de civilisations et de technologies associées. Je pourrais faire une comparaison de cette vision avec celle d'une artère commerçante d'une ville cosmopolite un jour de solde. Chaque vaisseau extraterrestre serait l'égal d'une personne se déplaçant dans la rue. Chacun sait ce qu'il y fait, mais aucun ne se préoccupe des autres. Chacun parle presque une langue différente, mais pourtant personne ne s'inquiète de ne pas comprendre celle des autres. Ils vont et viennent dans toutes les directions. Nous serions des fourmis longeant les façades des magasins, ne comprenant rien à ces allées et venues. »

« À l'autre extrême, se situe ma théorie, celle que ces phénomènes ne sont pas liés à des visiteurs de l'espace, mais plutôt à un phénomène lié à ce qui gère le monde, l'univers, et qui serait en relation intime avec notre âme, notre conscience. Ces apparitions paradoxales seraient là pour nous signifier quelque chose, nous mener à des pistes de réflexion sur notre présence en ce bas monde. Un indice est cette propension du phénomène à s'adapter à chaque époque aux capacités technologiques, et à chaque fois pousser les performances apparentes des engins volants non identifiés au-delà de ce dont nous sommes capables. D'autres caractéristiques encore pourraient indiquer que ce phénomène veut remettre en question notre certitude de maîtriser la matière, notre science. Cela pourrait nous pousser à vouloir toujours continuer des recherches technologiques par exemple, mais ce but paraît bien terre-à-terre pour quelque chose d'aussi mystérieux. »

« Il existe un auteur français, Bertrand Méheust (P-7), qui a, lui aussi, passé la moitié de sa vie à rechercher des passages de récits, des couvertures de magazines de science-fiction, ou des scènes de films d'extraterrestres, dont les visions fictionnelles auraient été validées a posteriori par des observations réelles. Sa quête s'avéra ponctuée de réussites, et c'est par dizaines qu'il a pu trouver une correspondance entre des illustrations inventées et des descriptions d'expériences vécues, et ce, toujours APRÈS que l'auteur de fiction ait décrit ce qu'il a imaginé. Ceci corrobore ma théorie, et semble même démontrer que les formes et comportements observés par des témoins sont calqués sur des récits imaginés auparavant par nous-mêmes, terriens. »

« On parle donc bien d'une intelligence, mais sans savoir à quoi la référencer. Est-ce uniquement lié à notre âme, comme le pensait Carl Gustav Jung, où à une super intelligence désincarnée et omniprésente ? »

« La plupart des constructions du passé laissent penser qu'une intelligence a aidé l'homme à un moment donné, construisant même des structures d'une très grande précision ou demandant des moyens hors du commun même au jour d'aujourd'hui. L'Arche d'Alliance et la Grande Pyramide sont peut-être des témoins uniques de cette alliance, et je pèse le mot. SAIC dont la mission est de mener des recherches sur toute forme d'intelligence extraterrestre a décidé de recréer une Arche d'Alliance, car ils croient qu'il s'agit d'un moyen de rentrer en communication avec ceux qui nous ont aidés il y a des milliers d'années. »

« On n'en sait pas plus à ce jour, et il reste une multitude de zones d'ombres dans ce grand tableau regroupant des concepts aussi éloignés que les premiers pharaons, les soucoupes volantes et notre conscience. »

« SAIC étudie depuis une dizaine d'années une catégorie d'humains qui semble capable soit d'attirer les ovnis par la volonté, soit de sentir leur présence, et d'augmenter sans la contrôler cette même fréquence. Certains sont aussi capables, par la concentration, de faire apparaître des ovnis. Il leur faut plusieurs jours de concentration pour arriver à des résultats. D'autres se rendent compte qu'où qu'ils aillent, ils sont capables de voir des ovnis pour peu qu'ils regardent dans le ciel. Ils sont ainsi capables de voir des ovnis quasi chaque semaine, et ce, pendant dix ans d'affilée. Ils ont souvent des témoins et peuvent filmer ou photographier ces objets. On en a signalé de par le monde. Le cas le plus connu est celui de Anthony Woods(T-1), habitant au nord de Portsmouth, dans le sud de l'Angleterre. À ses 8 ans, il vit un énorme engin de plusieurs mètres au fond de son jardin. Fait troublant, derrière la clôture de son jardin se trouve une base secrète effectuant des recherches avancées sur les radars. Il eut une perte de connaissance et rangea ensuite cette expérience dans ses souvenirs. Ce n'est que des années plus tard qu'il recommence à observer dans le ciel des objets étranges, de toutes les formes, isolés ou en groupes. La moitié de ces observations avaient lieu au-dessus de cette base, mais les officiels ont été interrogés et ne sont pas du tout conscients de cette présence quasi ininterrompue. Voilà en tout cas une indication que ce phénomène surveille les activités humaines liées à des propagations d'ondes. Cela fait immanquablement penser à ces autres observations effectuées au plus fort de la guerre froide lorsque les forces en présence ont déployé leurs boucliers de missiles nucléaires. À l'heure où on déclassifie de plus en plus de documents secrets, il apparaît qu'à l'époque beaucoup de ces sites ont été l'objet de survols d'ovnis, et de perturbations sévères des mécanismes de lancements, plus que probablement créés par ces survols. Voilà encore un comportement étrange, semblant vouloir nous éviter de commettre l'irréparable. Mais alors, pourquoi ne nous aide-t-elle pas à découvrir une nouvelle source d'énergie si cette intelligence est si maligne ?

Autant de questions qui restent sans réponse. »

« Toujours est-il, revenant à ces personnes qui semblent plus aptes que d'autres à sentir ce phénomène où même à le faire survenir, que les chercheurs de SAIC pensent que ces gens ont une caractéristique spéciale dans leur cerveau ou dans leur structure ADN ou encore dans la configuration quantique de certaines de leurs molécules. Une première décision a été d'incorporer ce qu'il reste de l'équipe de Remote Viewing du SRI, dénommée à un moment STARGATE. Les travaux de cette équipe s'étaient déjà vus classés Secret Defense à la fin des années 80, mais par la suite c'est le programme lui-même qui a été absorbé par SAIC. Leur idée est de garder sous la main le savoir-faire consistant à se connecter sur ce réservoir d'informations, cette conscience universelle à laquelle se connectent les Remote Viewers lors de leurs missions. Les intrusions répétées de phénomènes associés aux OVNIs ont mis en évidence une connexion troublante entre cette conscience qui sait tout et ces phénomènes aériens étranges. Les vingt années passées à explorer le passé, le présent et l'avenir par la méthode du Remote Viewing ont permis de cerner le contenu et la structure de cette conscience universelle. Elle contient une représentation virtuelle de tout ce qui a existé, et de ce qui plus que probablement existera. Oui, elle contient de l'information sur le futur, non pas LE futur, mais ce qui semble devoir être le futur plus que probable. Par ailleurs, son contenu semble organisé comme les informations de notre mémoire, par appariement, par affinités, par attributs. Tous les détails n'y se trouvent pas, mais ce qui est important, important pour les objets ou les êtres humains. Très étonnamment, il est possible de discuter avec des personnes dans le passé et aussi dans le futur, et ces personnes virtuelles se comportent comme elles se comporteraient dans la réalité, ce qui semble vouloir dire que c'est bien à leur vraie personnalité que l'on s'adresse. D'autres expériences ont montré que ces personnes virtuelles sont accessibles à des dates, du passé ou du futur, pendant lesquelles la personne réelle est vivante, et qu'il en est de même des objets. Oui, un objet ne peut pas vraiment mourir, mais il peut perdre sa fonction et les expériences ont démontré que si on recherche un objet comme un bâtiment, il n'est plus possible d'y accéder si ce bâtiment perd sa fonction et que c'est via sa fonction qu'on recherche des informations. Voilà des caractéristiques vraiment intrigantes sur la manière dont est structurée ou rendue accessible l'information stockée dans cette conscience universelle, ou ce que certains nomment les annales akashiques, ou que la bible nommait les tablettes du ciel. »

« SAIC pense que l'Arche d'Alliance a un rapport avec cela et qu'elle pourrait augmenter la capacité d'un être humain à communiquer avec cette conscience universelle et ce que nous prenons pour des manifestations extraterrestres. Ils pensent que l'Arche doit améliorer les capacités d'un être humain à ce niveau. »

Jacques termine en présentant l'agenda caché du projet du spectrographe, la date prévue pour le transfert sur ISS, et celle prévue pour le premier test dans la pyramide.

Il clôt la séance en rappelant le niveau de secret le plus absolu sur ce qui a été dit pendant cette séance.

Alex refait le chemin en sens inverse, encore sous l'électrochoc de cette présentation. Chacun autour de lui semble isolé dans une bulle tellement cela leur demande de l'énergie pour assimiler ce qu'ils viennent d'entendre. Autant d'informations en si peu de temps, autant de faits nouveaux, de découvertes potentielles, mais pourtant encore si mystérieuses.

En voilà beaucoup qui vont avoir du mal à se taire ce soir lorsqu'ils seront au lit avec leur compagne.

.

Chapitre 9

2 décembre 2009, hôtel Sofitel, Philadelphie

Susan est arrivée la veille, soucieuse de ne pas être en retard pour rencontrer cette maçonne qui était venue tout spécialement pour elle de Paris. Elle se trouve à Philadelphie, l'ancienne capitale des États-Unis. Elle a réservé une suite dans le classique hôtel Sofitel situé sur les hauteurs de la ville, près du quartier des restaurants. C'est la première fois qu'elle dort dans une suite d'un tel luxe. Près de mille dollars la nuit, mais c'est son université qui paye, car la suite va lui servir de salle de réunion avec Élise Thirionnet, cette spécialiste de l'histoire de la franc-maçonnerie. Élise l'a appelée le soir même de son entrevue avec son recteur. Malgré le fort décalage horaire, ce dernier était encore parvenu à la joindre avant la fin de la journée. Susan lui a présenté l'état de ses recherches et ses interrogations, sur base de quoi Élise lui a confirmé pouvoir lui apporter des éléments neufs, mais qu'elle ne voulait pas en dire plus par téléphone et certainement pas par messagerie électronique. Elle a proposé un endroit de rendez-vous à mi-chemin, et elles ont donc convenu de se voir à Philadelphie.

La journée s'annonce magnifique, le ciel est pur et le soleil brille. La contrée est fortement boisée, ce qui contribue grandement à la pureté de l'air. Cela crée aussi de très fortes pluies, mais tout est construit pour cela, comme quasi partout aux États-Unis. Susan est contente qu'il fasse beau, elle est fière d'être américaine et désire accueillir Élise dans les meilleures conditions. Pour elle, l'histoire des civilisations est le ciment de l'humanité, ce qui lie tous les peuples. Il n'y a pas de bons ou de mauvais, il n'y a que des civilisations qui cherchent leur voie. Au contraire de certains qui pensent que l'histoire doit nous rappeler les erreurs du passé, Susan prétend que les traces de ce passé doivent nous pousser à être fiers de nous et à encore vouloir toujours progresser. Elle sait que l'évolution est cyclique, comme la plupart des phénomènes naturels d'ailleurs, et trouve donc normal que certaines phases de développement de chaque civilisation portent des zones sombres ou regrettables. Par ailleurs, elle a aussi constaté que chaque civilisation ne démarre pas de rien pour se terminer avec rien, en passant par un pic de connaissance et de technologie. Non, il semble fréquent que des civilisations partent de tout et ne fassent que décroître dans leurs aptitudes à maîtriser leur technologie et leurs connaissances. La civilisation des pharaons pourrait en être un exemple. La civilisation découverte en Turquie à Gobekli Tepe se serait même « suicidée » en enterrant volontairement les traces de son savoir. Plus récemment encore en Amazonie on aurait découvert à Brazul une civilisation ayant vécu de manière complètement isolée pendant tout son cycle, de -200 à + 800. Les archéologues ont constaté lors des fouilles que les poteries les plus anciennes étaient d'un art extrêmement travaillé, pour aller ensuite de plus en plus vers un art grossier et dénué de décoration. C'est là un des plus beaux exemples de déclin continu marqué depuis le premier jour de l'établissement de la civilisation qui a pourtant duré près de 1000 ans.

Perdue dans ses rêveries, Susan n'a pas entendu la sonnette de sa chambre. Il faut dire que ce n'est pas le genre de sonnette qu'on a l'habitude d'entendre. Elle se dégage difficilement du lit extraordinairement confortable du Sofitel, défroisse sa jupe, se contrôle dans la glace du dressing et court ouvrir la porte.

Elle découvre devant elle une dame d'allure encore jeune, bien que déjà d'un certain âge. Heureusement, Élise parle anglais, et les deux femmes semblent immédiatement s'accepter. Susan invite l'historienne à l'accompagner au petit salon et lui propose un rafraîchissement. Après avoir discuté de sujets divers comme des études d'archéologie en Californie ou de la formation d'Élise, Susan reformule sa demande.

« Que savez-vous donc d'une possible relation entre la franc-maçonnerie et des rituels de naissances dans l'antiquité ? »

« J'avais bien compris votre recherche lorsque nous nous sommes parlé au téléphone, et bien qu'ayant déjà des réponses, j'ai entrepris quelques recherches plus précises dans mes archives. J'ai en effet retrouvé des traces de rituels d'accouplements lors de certaines cérémonies, mais à vrai dire je n'ai vu nulle part d'explications de leur signification. Il faut croire que leur signification s'est perdue au fil des ans.

Il y a plus de 2000 ans, que ce soit à Rome ou Athènes, les Temples étaient structurés en deux zones, une pour les cérémonies publiques, et une pour les rituels secrets. C'est de là que vinrent les Mystères (4), comme les mystères d'Éleusis ou de Mithra. À la même époque, il y eut la mode des Oracles, qui se prétendaient capables de lire dans le futur. Dans la zone publique, à certaines périodes de l'année, on procédait à des aménagements pour que les femmes en bonne période se donnent aux hommes de passage, mais personne ne se souvient de la raison de ces pratiques. Des cordes étaient tendues entres les colonnes afin de créer des alcôves, alcôves d'ailleurs dénommées fornix, terme ayant donné naissance au verbe forniquer. Tout cela pourrait bien s'avérer être à l'origine de la franc-maçonnerie, c'est vrai, mais je n'ai pas pu trouver d'information plus pertinente »

Déçue, Susan reprend :

« Mais il doit bien exister des maçons ayant encore connaissance de la raison de ces rituels effectués dans les temples ? Ou de vieux écrits ? »

« Hélas non. Le nombre sans cesse croissant des maçons, suite à la multiplication des loges, les querelles politiques, religieuses ont fait disparaître aussi sûrement les écrits que l'a été le contenu des Mystères de l'antiquité, tout aussi soumis au secret le plus absolu de la part des personnes intronisées ». Plus tard, le souci de modernité a poussé les maîtres suprêmes à modifier les rituels maçonniques. C'était au 17e siècle. Cela a définitivement brouillé les cartes et la vraie signification de ces rituels. Aujourd'hui, plus aucun de nous n'est capable de comprendre le vrai message de ceux-ci ».

« Parlez-moi encore de ces Mystères qui seraient d'après vous à l'origine de la franc-maçonnerie »

« Des fouilles archéologiques ont mis à jour quelques cryptes encore inviolées par des pillards, et il semble qu'elles abritaient une représentation du ciel nocturne. On aurait retrouvé également des restes métalliques de mécanismes armillaires (5.3) ».

« Un mécanisme armi-quoi ? »

« Armillaire ! ce sont des mécanismes animés ou "animables", qui permettent de situer dans l'espace ou plutôt sur une voûte céleste les planètes du système solaire ainsi que les constellations du zodiaque. Certains de ces mécanismes étaient petits, très petits même, comme celui d'Anticythère (5.2), d'autres gigantesques, comme celui qui fonctionnait dans la salle secrète du palais de Néron (5.3). »

« Une salle secrète ? »

« Oui, il y a quelques années, des fouilles entreprises à Rome près du palais de Néron ont mis à jour une énorme salle souterraine. Celle-ci est ronde, d'environ 16 mètres de diamètre. Son plafond est une demi-sphère, et grâce à un système hydraulique qu'on dénomme clepsydre, les astres et les constellations s'y déplaçaient automatiquement. Ainsi à toute heure du jour, Néron pouvait savoir où se trouvaient ces corps célestes. »

« Mais c'est dingue ça, et à quoi cela servait-il ? »

« A priori, pour faire de l'astrologie, mais nous n'en savons pas plus. Les astronomes d'aujourd'hui n'aiment pas discuter d'astrologie, et lorsqu'on a découvert le mécanisme d'Anticythère, une vraie merveille de précision composée de dizaines de rouages tenant compte d'irrégularité d'orbites, et de calendriers, ils ont prétendu mordicus qu'il s'agissait d'un objet pédagogique pour les universités d'il y a plus de 2000 ans, mais lorsqu'on découvre un système gigantesque comme celui du palais de Néron, et qu'il est caché dans une salle secrète réservée aux rituels secrets, force est de constater qu'on ne parle plus uniquement d'enseigner l'astronomie. »

« Mais que pouvaient-ils faire de plus avec ces mécanismes que ce qu'ils pouvaient observer dans le ciel nocturne ? »

« Si on prend le mécanisme d'Antycithère, découvert au début du vingtième siècle par des pêcheurs d'éponge au large de l'île grecque d'Anticythère, on ne peut qu'être émerveillé par les possibilités infinies de cet appareil. Tout d'abord, remercions les scientifiques qui ont pu des dizaines d'années après sa découverte, radiographier l'amas de métal rouillé et en déterminer la composition. L'objet, pas plus gros qu'une boîte à chaussures, ne comporte qu'une seule manivelle, sur un de ses côtés. En tournant cette poignée, on peut régler finement une date au jour près. Il suffit de déplacer les aiguilles qui se trouvent sur une des faces qui représente le calendrier égyptien. À l'époque, ce calendrier est en effet exact et quasi identique au nôtre. Une fois la date fixée, on peut retourner l'appareil et on distingue le calendrier grec, truffé d'incohérences, mais encore utilisé en Grèce à cette époque. On peut y voir les planètes connues de l'époque, tournant autour de la Terre, la Lune ainsi que l'animation de ses phases, et tout autour les signes du zodiaque. »

« Mais c'est fou ça ! Ils savaient tout cela à cette époque ? »

« Attendez, ce n'est pas tout ! L'appareil était recouvert d'inscriptions, son mode d'emploi plus que probablement, et le déchiffrage de ces inscriptions nous ont permis d'apprendre encore bien plus sur les possibilités de cet appareil. Il pouvait prédire les éclipses, tenait compte de particularités des orbites de certaines planètes, particularités qui pour certaines ne revenaient que tous les 1000 ans. Ils ont donc dû créer des rouages dotés de plus de 1000 dentures. Certains autres rouages étaient décentrés, ou n'avaient pas une répartition homogène de dents. Je vous le dis, c'était une vraie merveille. Ah, oui, une particularité qui pourrait vous intéresser, c'est que bizarrement, l'appareil possédait un cadran indiquant les dates des Jeux olympiques, et des autres jeux importants organisés en Grèce à l'époque ».

« Mais je pensais que ces jeux avaient lieu à des dates bien précises chaque année ? »

« Eh bien non, il nous faut reconnaître que ces dates étaient calculées en fonction de la position des astres »

« Mais pourquoi ? »

« On n'en sait rien, mais c'est là que j'ai une information qui peut vous intéresser, c'est que les gagnants des épreuves, à l'époque, ne recevaient pas une coupe ou une couronne de laurier, mais étaient invités à se rendre au Temple et à y choisir une des femmes qui y étaient présentes, pour faire ce que vous pouvez imaginer. On peut imaginer que les jolies filles qui accueillent encore aujourd'hui les vainqueurs et les couvrent de baisers sont un reliquat de cette pratique, mais là encore, la vraie signification de cette action s'est complètement perdue »

« Si je comprends bien, les Grecs attendaient une date précise pour permettre ces accouplements entre des femmes de la région et ce que je peux imaginer de vrais athlètes venus de tout le pays »

« Exactement ! »

« Mais dans quel but ? Pourquoi attendre une date bien précise ? »

« Mais, peut-être que c'est à cause des astres. Ils étaient friands d'astrologie à l'époque. Certains disent même que les esséniens, cette secte souvent associée à la vie de Jésus, ne fonctionnaient que selon les règles de l'astrologie. De vieux écrits expliquent qu'en fonction du ciel de naissance, chaque être humain recevait des parts de mal et des parts de bien, pour faire neuf parts au total. Pour eux, au plus le bébé recevait de parts de bien, au plus il serait beau plus tard. Ces anciens écrits nous décrivent d'ailleurs les critères de cette beauté, impliquant notamment la disparition progressive des poils au plus on a de parts de bien. Les mêmes esséniens avaient prédit l'arrivée du Messie en fonction d'une configuration des astres bien précise, et prévu qu'il recevrait exceptionnellement 9 parts de bien et aucun de mal. »

« Mais une chose cloche, l'astrologie parle toujours du ciel de naissance, et non de la date de procréation, or ce mécanisme d'Anticythère permettait de prévoir la date des Jeux olympiques, date à laquelle auraient lieu des accouplements prometteurs, si j'en crois votre théorie ».

« Mais réfléchissez, qu'est-ce qui vous empêche de régler l'appareil sur une configuration astrale, en regardant les astres et les constellations se déplacer plutôt que la date se modifier ? Arrivé à la meilleure configuration de l'année, vous regardez la date et en soustrayez 9 mois ! Et le tour est joué ! »

Susan ouvre bouche, mais aucun son n'en sort. Le souffle lui manque. Elle entend son cœur battre dans sa poitrine, essayant péniblement de remettre en route sa machine. C'est comme si un échafaudage s'était effondré dans sa tête. Elle sent les nœuds de l'étoffe du fauteuil sous ses mains soudain devenues froides. Son regard s'est perdu et ne parvient plus à se fixer sur quoi que ce soit. Finalement, devant Élise qui ne sait plus de quel côté incliner la tête pour faire reprendre ses esprits à Susan, elle retombe sur Terre, quasi essoufflée par ce qu'elle vient de comprendre et d'entrevoir.

« Vous vous rendez compte de ce que vous venez de dire ? Voilà qui semble confirmer mes idées. Oh, comme je suis contente de vous avoir fait venir. Tenez, arrêtons-nous un moment et célébrons cette découverte par un bon cocktail. Je vais appeler le bar et nous en faire porter. Ensuite je vous invite dans un restaurant. Vous verrez, il y a une myriade de petits restaurants délicieux autour de l'hôtel. «

« Oh, n'en faites pas trop. C'est plutôt vous qui grâce à vos questions m'avez menée à cette conclusion. Mais n'oubliez pas que nous parlons d'époques différentes, et que vous étiez centrée sur un astre bien précis, Vénus si je me souviens bien. Vous devrez encore relier ces divers éléments et voir si vos idées se confirment encore, alors, ne chantez pas victoire trop tôt. »

« Oh que si ! Je le sens, j'en suis sure, une petite lumière dans a tête me dit que je suis sur la bonne piste. Tenez, qu'est-ce que je vous commande comme cocktail ? »

Plus tard dans la soirée, Élise expliquera le tenant de son futur ouvrage qu'elle s'apprête à publier. Son approche de l'histoire de la franc-maçonnerie brise enfin quelques tabous récents, à savoir que les loges principales couvrant le globe aujourd'hui n'aiment pas faire remonter leurs origines plus loin que le dix-septième siècle. Elle lui fait part des deux grands courants, la maçonnerie opérative, et la maçonnerie spéculative, mais aussi des conflits continuels avec la religion. Bizarrement, pour être maçon, il faut affirmer croire en un Dieu, mais ce dieu ne doit pas être relié à la religion, et pour certaines loges ne peut l'être en aucun cas. Elle lui explique aussi les systèmes parallèles, rattachés plus ou moins fort à la maçonnerie, comme les Templistes et les templiers, les rosicruciens, les Chevaliers de Malte et enfin les Illuminati. Certains niveaux de la maçonnerie possèdent des systèmes de vases communicants avec ces ordres, mais la raison profonde reste obscure. C'est la même obscurité qui recouvrirait l'existence encore actuelle des Illuminati. C'est sur ces discussions sans fin liées à l'existence de sectes mythiques que les deux femmes se sépareront tard dans la soirée, pour s'en retourner le lendemain chacune dans leur contrée.

Chapitre 10

15 décembre 2009, UCLA, San Francisco

Dès son retour de Philadelphie, Susan s'est ruée à la bibliothèque, et ce, pour deux raisons, d'abord parce qu'il y fait plus calme. Elle y est isolée de ses camarades, de ses emails, de ses réseaux sociaux, et donc travaille trois fois plus efficacement, ensuite parce qu'une bibliothèque reste un lieu où il est possible de consulter nombre d'ouvrages et de documents indisponibles sur Internet. Certains croient encore qu'Internet permet de tout savoir et de tout consulter, si pas télécharger, mais ils se trompent lourdement. La plupart des études scientifiques sont payantes lorsqu'on demande à y avoir accès par Internet, mais sont gratuites en passant par la bibliothèque. Pendant ces deux dernières semaines, elle a rassemblé une vraie documentation qui lui permet de valider ses idées et d'avancer une vraie théorie, entièrement originale et porteuse d'une nouvelle énorme. Après avoir tourné sept fois sa langue en bouche, elle se décide à recontacter son recteur pour une nouvelle entrevue. Tremblante d'excitation, elle lui demande s'il peut rassembler les plus grandes sommités de la franc-maçonnerie pour une présentation qu'elle leur donnerait, sachant que ce qu'elle dira sera d'une importance extrême pour les francs maçons, pour la science et pour l'humanité. Rien que ça !

Le recteur en oublie même le protocole, mais il l'avait déjà oublié lors de leur première entrevue. Cette fois-ci, devant sa requête, il se renverse sur sa chaise et se balance sur les deux pieds restant au sol, manquant presque de tomber en arrière. Susan lui a présenté en diagonale les bases de sa théorie, il lui a posé quelques questions et semble convaincu du bien-fondé de celle-ci. Il lui explique qu'il y a justement un colloque prévu à Washington le mois prochain, en janvier 2010. Ce colloque, l'égal de la conférence de Davos ou de Bilderberg, mais ne regroupant dans ce cas que des francs-maçons, serait l'occasion pour Susan d'accéder à sa requête sans devoir déplacer trop de monde. Il lui promet de voir si la chose est faisable, la félicite et lui recommande la plus grande discrétion sur ses conclusions, le sujet étant on ne peut plus délicat. De plus, il lui rappelle de garder sous silence tous ses contacts avec les francs-maçons.

Susan ne peut s'empêcher de faire des entrechats dans le couloir de l'université en sortant du bureau de son recteur. Le monde lui semble plus léger, plus lumineux. Elle éprouve un plaisir intense à penser à l'ampleur de sa découverte, et compte déjà les jours qui la séparent de ce colloque auquel elle prie de pouvoir être présente.

Chapitre 11

23 janvier 2010, un temple maçonnique de Washington

Susan a obtenu sa réunion avec les plus hauts représentants de la franc-maçonnerie internationale. Elle a bien entendu dû écrire au préalable un document présentant les idées maîtresses de son discours, document qui fut visé par un comité d'experts. Ceux-ci se sont montrés convaincus par ses arguments et ont approuvé la réunion. Celle-ci se passe comme prévu à l'occasion de ce colloque mondial de la franc-maçonnerie dans un temple discret situé à Washington. Elle a obtenu une session d'une heure trente le deuxième jour, et aura la présence d'une cinquantaine de personnes. Elle n'aura le droit de demander le nom à personne, et certainement pas de filmer ou de prendre des photos. Les suites données à sa présentation seront de l'unique ressort des personnes présentes. Elle a aussi dû accepter de garder pour elle toute information jugée trop sensible par ses interlocuteurs.

Voici le contenu de cette présentation :

« Depuis des milliers d'années, le savoir consistant à s'accoupler en phase avec le cycle de Vénus afin d'améliorer la race humaine est un secret extrêmement bien gardé par les francs-maçons suprêmes. Les vrais premiers rituels décrivaient en 33 étapes la construction d'un temple dédié à Vénus, la recherche de son orientation, de l'emplacement de son ouverture par où la lumière de Vénus pénétrerait, la position de l'autel où devrait naître le bébé, inondé de la lumière bleutée de l'astre. La plupart des premiers mégalithes étaient déjà des endroits où accoucher, et par associations, où s'accoupler neuf mois auparavant. Ensuite, les premiers temples grecs et même romains furent érigés à cet effet. Des moments dans l'année étaient réservés aux femmes bien disposées afin qu'elles se rendent dans ces temples et s'offrent aux hommes valides, afin que 9 mois plus tard un nombre maximum d'enfants viennent à naître sous les meilleurs auspices, comprenez sous le lever de Vénus. Ce savoir était enseigné sous le couvert du plus grand secret, et certaines mouvances ont essayé de diversifier l'enseignement sous la forme des Mystères de l'antiquité, ou au travers des conseils délivrés par les Oracles.

Plus tard, les religions monothéistes ont tenté de briser ces pratiques qui leur faisaient concurrence. Les historiens ont même oublié la vraie signification des temples. Quant aux églises, elles-mêmes ont conservé un autel et un vitrail spécialement orienté permettant à la lumière d'un astre de venir inonder l'autel à un moment précis, mais le savoir initial s'est perdu et l'Église n'a fait que recopier des pratiques soi-disant païennes ou druidiques, afin de garder un maximum de fidèles et de heurter au minimum les habitudes. N'était-il même pas de tradition dans les premières églises de venir y accoucher ? De là à imaginer l'autel officiant encore une fois comme lieu où donner naissance en même temps que recevoir la lumière d'un astre, il n'y a qu'un pas que je n'ose encore franchir. Mais laissez-moi revenir sur ces architectures mystérieuses construites pendant des milliers d'années. Leur but aurait été de faire naître les élites, les futurs chefs de villages, de tribus, de cités ou de civilisations. Tout comme l'homme a su, depuis des millénaires, croiser les animaux et les plantes pour améliorer les espèces ou les mettre à son goût, il aurait découvert comment améliorer non seulement la race humaine, mais aussi comment en extraire de futurs rois et de futurs empereurs. Ayant compris l'influence des astres sur la force de notre caractère et de notre personnalité, il a pu faire en sorte d'améliorer de génération en génération la qualité de raisonnement et l'intelligence de ses descendants. De nombreux témoignages le démontrent, répandus dans toute l'Europe, depuis l'Égypte jusqu'en Écosse, en passant par la Sardaigne, Rome et Athènes, et ces témoignages couvrent plus de 8000 ans au minimum. Il apparaît que nos ancêtres avaient découvert une aptitude toute particulière liée à la planète Vénus, et c'est celle-là qui recevra toute l'attention de ceux qui selon moi ont créé la franc-maçonnerie il y a des milliers d'années.

Ils ont placé une chape du plus grand secret sur ce savoir, puisqu'il était capable de produire les plus grands conquérants de la Terre, des êtres capables de voir grand, de conquérir un empire en moins de 20 ans, des êtres qui savaient à chaque grande décision quel était le meilleur choix. On comprend pourquoi les empereurs au fait de ce secret prenaient soin d'interdire sa pratique sans leur accord et faisaient tuer quiconque outrepassait leur volonté.

Les meilleures configurations de Vénus étaient attendues avec impatience et c'est ainsi que des sectes attendaient le signe de la venue de leur messie. C'est aussi pour cela que l'empereur Hérode fit exterminer tous les bébés ayant pu naître lors d'une configuration de Vénus particulièrement rare. En l'occurrence il se serait agit d'une conjonction de Vénus avec Mercure, alors que Vénus était au faîte de sa luminosité.

Les anciens nommaient cette conjonction la shékina. Je ne vais vous illustrer l'importance de ce mot qu'avec trois exemples extrêmement significatifs. Les illuminés, dont tout le monde parle, mais que personne ne voit, auraient utilisé le symbole du Chrisme, longtemps utilisé par les chrétiens, pour se reconnaître. Ce symbole représente le mot Christ, symbolisé par les deux lettres grecques chi et rhô, placées de part et d'autre d'une croix à six rayons. Ces rayons représenteraient la superposition de deux étoiles à trois rayons, Vénus et Mercure, lors de leur conjonction si rare et aux propriétés si étonnantes. C'est elle qui aurait sans doute guidé les rois mages. Le symbole des 6 rayons apparaît aussi sur le tympan de l'entrée de la crypte de la Basilique de la Nativité à Bethléem (6) et ce tympan est aussi nommé par les religieux locaux comme représentant la shékina. Enfin, la shékina serait aussi associée au terme Saint-Esprit, le fameux Saint-Esprit qui, selon l'Ancien Testament, pénétrerait le nouveau-né et permettrait plus tard à ce dernier de lire dans le futur et de tout savoir.

Susan termine son exposé en répétant que les francs-maçons auraient patiemment collecté les différentes composantes de la méthode de mise au monde de futurs dirigeants, et les auraient cachés dans leurs rituels secrets, enseignés petit à petit aux adeptes au cours de leur intronisation. Ce message se serait perdu au fil des années, mais elle prétend en avoir retrouvé l'essence même.

Sa dernière diapositive remercie l'assistance et présente ses coordonnées de contact. Les personnes présentent semblent toutes gigoter sur leur chaise sans trop savoir quelle attitude prendre. C'est déjà exceptionnel qu'un non maçon assiste à un de leurs colloques, mais qu'en plus ils viennent leur apprendre d'où ils viennent et quel aurait été leur vrai but premier ! Devant cette hésitation générale, l'organisateur demande à Susan de se retirer et lui annonce qu'on la tiendra au courant des suites de son exposé, mais qu'en attendant il lui est interdit d'en parler à autrui.

Elle n'entendra plus parler d'eux avant des semaines et devra donc vivre dans l'angoisse de savoir l'effet qu'auront réellement eu ses découvertes sur l'assistance et si vraiment ce sont des découvertes où s'il existe encore un groupe, une élite qui était encore au courant de ce savoir.

Chapitre 12

5 février 2010, SAIC, Mc Lean, Virginia

Le travail d'Alex avance bien. Il a contacté les meilleurs spécialistes de la planète Vénus, trouvé les articles scientifiques parlant de son atmosphère, de son orbite, des phénomènes de polarisation que la lumière solaire subit lorsqu'elle est réfléchie par la double couche atmosphérique de Vénus, l'effet produit par la rotation rétrograde de cette atmosphère sur la polarisation. Non seulement Vénus est la seule planète de notre système à tourner à l'envers, mais son atmosphère tourne également à l'envers du sens de rotation de la planète. Tout cela fait l'effet d'un revers de tennis sur une balle, elle est dite « slicée », en ce sens qu'elle se met à tourner après avoir heurté la raquette.

Alex a trouvé des graphiques montrant que la lumière solaire réfléchie par Vénus est polarisée circulairement, c'est-à-dire que seuls sont correctement renvoyés les photons qui tournent dans un sens bien précis. Pour chaque longueur d'onde renvoyée existe une polarisation bien spécifique, mais globalement tous les photons se retrouvent tournants selon une direction antihorlogique, ou lévogyre.

D'autres graphiques démontrent un autre phénomène, beaucoup moins connu. Lorsque la planète approche de son élongation maximale, la polarisation de la lumière réfléchie devient négative. Cette élongation est l'angle mesuré entre Vénus et le Soleil. Elle est maximale lorsque Vénus se trouve visuellement le plus éloigné du Soleil, en observant cette distance depuis la Terre bien entendu (9).

Malgré ses recherches et les ressources de SAIC, Alex n'a pu trouver aucun laboratoire capable de lui fournir des filtres de polarisation négative. Quelques chercheurs pensent qu'il est possible d'en créer en perçant une surface réfléchissante d'une multitude de trous minuscule approchant la longueur d'onde de la lumière à réfléchir. C'est alors qu'il planche sur ce problème que Alex est convié à une réunion au quartier général de SAIC, à Mc Lean. On lui indique que de nouvelles informations sont disponibles et que cela pourrait aider le projet, si pas en modifier profondément les composantes.

Alex n'a pas de problème pour trouver le quartier général de sa société. Il faut dire qu'il occupe l'entièreté de la rue, rue qui se nomme évidemment SAIC drive. La ville de Mc Lean semble être une ville sans intérêt, mais elle se trouve à un jet de pierre de Washington, du Pentagone et du centre de la NSA.

Alex doit comme d'habitude se plier aux contrôles à l'entrée du bâtiment. Ici ceux-ci lui semblent encore plus stricts que d'habitude. Ce qui est étonnant, c'est que ces contrôles sont effectués par des civils, mais des civils ayant les cheveux taillés en brosse, de longs imperméables et des lunettes noires. Encore un peu on dirait des « Men in Black » !

Il peut enfin pénétrer le bâtiment et rejoindre l'étage où a lieu la réunion. Il se retrouve dans une grande salle déjà remplie d'une bonne vingtaine de personnes. Ed Dixon est présent, ainsi que Jacques Vallée.

Mais c'est un homme inconnu d'Alex qui prend la parole. Il s'agit d'une personne paraissant avoir plus de la soixantaine et semblant assez à l'aise dans son rôle, un peu comme si elle se sentait chez elle. Alex se dit qu'elle doit faire partie du conseil d'administration ou en tout cas de l'équipe dirigeante. Jacques est assis juste à sa gauche, tandis qu'Ed se retrouve à l'opposé, comme lui. Cet inconnu démarre son discours en expliquant que tout ce qui va être dit tombe sous le couvert du Cosmic Top Secret ECE, niveau possédé par toutes les personnes présentes. Ceci compris et accepté par tous, il présente à l'assistance le résumé d'une théorie ayant été faite lors d'un récent colloque. La personne étant à l'origine de cette théorie se nomme Susan Gomez et le colloque était un colloque lié à la franc-maçonnerie. Alex se dit qu'il n'est pas étonnant que SAIC ait été présente à cette réunion, car tout comme la NASA et les grands groupes militaires, leur establishment est toujours constitué si pas dirigé par la franc-maçonnerie. Le JPL, ancêtre de la NASA, aurait d'ailleurs été créé par des francs-maçons, à savoir Ron Hubbard, créateur plus tard de la scientologie, et Werner Von Braun, cet ancien savant nazi à l'origine des fameuses V2.

Si tous ont été réunis ce jour, c'est parce que la découverte de Mme Gomez pourrait permettre de faire un bond énorme dans la mise au point de la machine de spectrographie et l'activation de l'Arche d'Alliance. Il paraît plus qu'évident que les paramètres tant recherchés de cette lumière sont ceux de la lumière de Vénus ou celle de la shékina, paramètres qui varient en effet en fonction de la position de Vénus et de l'heure de la journée. En s'aidant des données historiques, des alignements des Nuraghes et des mégalithes comme celui de Newgrange, ils peuvent déterminer la position exacte que les anciens ont mis tant d'années à identifier.

L'orateur passe alors la parole à Jacques Vallée. Alex se dit qu'il ne l'aura jamais autant vu et que décidément cet homme est impliqué dans plein de choses touchant à la recherche fondamentale, mais aussi au phénomène extra-terrestre et paranormal. Comme il avait déjà assisté à son speech l'autre jour, il se demande ce qu'il pourrait bien apprendre de plus aujourd'hui.

Jacques parle au nom de SAIC, et explique qu'ils suivent de très près des contactés du troisième type depuis 50 ans. Ils essayent de comprendre pourquoi ces gens ont été contactés et ce qui les différencie. Après de longs tâtonnements et de nombreux échecs, ils sont arrivés sur une piste qui semble réaliste. Ils ont découvert que les cerveaux de ces contactés étaient différents des gens normaux au niveau de leurs centrioles qui apparaissaient mieux ordonnés. Les centrioles sont les cerveaux des cellules vivantes. On les retrouve dans toutes les cellules des animaux vivants. Ce sont de véritables centres de décisions. Les centrioles sont faits de microtubules (12.1). Les microtubules sont des polymères ressemblant à des tubes, composés dans leur section de 13 molécules de tubulines, pour un total de 300 à 1000 molécules. Ces tubes se trouvent partout dans les cellules. Tantôt ils relient les centrioles aux parois des cellules, et constituent le cytosquelette de cette cellule, tantôt ils se retrouvent en grands nombres éparpillés dans les neurones. Comme cytosquelette, en se contractant ou en s'allongeant, ils permettent à la cellule de se déplacer.

Les centrioles (12.2), quant à elles, sont faits de deux parties perpendiculaires, chacune faite de 9 « volets » faits chacun de 3 microtubules. Ces volets agissent comme des lamelles de stores vénitiens, de telle sorte que chaque axe du centriole puisse déterminer l'angle d'arrivée d'une particule comme un photon, qui viendrait la frapper. Le fait d'avoir deux parties perpendiculaires permet au centriole de déterminer la direction exacte d'où vient cette particule. Jacques fait défiler de nombreux schémas, photos et dessins pour expliquer ses propos. L'assistance semble un peu perdue, mais tout le monde sait bien qu'on n'est pas ici pour jouer à la marelle.

Jacques continue en expliquant que les microtubules se retrouvent aussi en grand nombre à l'état isolé dans les cellules et encore en plus grand nombre dans les cellules neuronales. On en compte environ 10.000 par neurone.

Les molécules de tubuline sont des polymères, des molécules pouvant adopter des organisations spatiales différentes. Ici, on observe deux états principaux, dénommés Alpha et Beta. On utilisera alors le terme dimère. Parfois ces organisations sont identiques, mais comme des reflets dans un miroir. On parle alors de molécules chirales, et on nomme les deux états avec les termes gauche et droit, comme nos deux mains, le terme chiral voulant d'ailleurs dire main en grec. Des biologistes ont observé que les molécules de tubuline situées dans nos neurones peuvent passer d'un état alpha à un état bêta sans crier gare, ou dit autrement sans que ces chercheurs ne puissent trouver la raison de ce changement d'état. Fait encore plus étrange ces molécules peuvent aligner des états identiques dans un même microtubule, et faire apparaître des figures géométriques, comme des spirales, des lignes parallèles, ou mieux encore, que toutes les molécules d'un microtubule prennent le même état, qu'il soit alpha ou bêta. Chaque neurone contenant environ 10.000 microtubules, et chaque microtubule jusqu'à 1000 molécules de tubuline, on peut évaluer à environ dix millions de molécules de tubuline par neurone. Comme le cerveau compte environ 100 milliards de neurones, cela donne un total d'un million de trillions (10 exposant 18) de molécules qui semblent pouvoir changer d'état sans explication. De là à ce que nos chercheurs imaginent que ces molécules sont l'interface avec notre conscience, il n'y avait qu'un pas à franchir. Certains auraient pu imaginer qu'elles étaient nos unités de stockage de l'information, mais nous pensons ici chez SAIC que notre mémoire est plutôt stockée directement dans ce que nous nommerons une conscience universelle, un genre de pot commun dans lequel tout organisme dans l'univers stocke son passé et son présent, et où se trouverait aussi accessible son futur. Nous aurions une sorte de clé implicite, qui nous donnerait un accès privilégié à nos informations, mais d'autres seraient capables d'y accéder avec un peu plus d'expérience, un peu comme font les personnes qui disent pouvoir parler aux animaux. En fait elles se connectent à cette mémoire universelle et savent lire les informations propres à un animal donné.

La modification synchronisée de l'état de ces molécules de tubulines situées dans mes microtubules semble donner des pouvoirs supraconducteurs à ces tubes, ou même leur donner des propriétés de capture d'informations diverses, que ce soit de la lumière, du son, de l'électricité ou des ondes gravitationnelles, ce que certains nommeraient aujourd'hui des inertons, une particule nouvellement inventée par Volodymyr Krasnoholovets (P-6).

La découverte de Susan Gomez éclaire d'un jour nouveau, et c'est le cas de le dire, la question de savoir à quoi servent ces changements d'états. En fonction de son hypothèse, nous pensons devoir nous concentrer non plus sur le cycle de vie de ces structures étranges faisant rêver plus d'un physicien quantique, mais sur la phase d'initialisation, phase qui se produirait lors de la naissance d'un individu. La position de la planète Vénus lors de la naissance d'un individu influencerait à vie le comportement de ces microtubules. Selon les résultats des dernières recherches d'Alex Bergen, responsable de la partie spectrométrie de notre machine, la lumière qui arrive sur Terre depuis Vénus se modifie constamment en fonction aussi bien de son élongation que de sa position par rapport à l'horizon. Alors que nous semblons avoir aujourd'hui une bonne connaissance de la lumière approchant de la Terre, nous ignorons encore tout des modifications qui y sont apportées lorsqu'elle approche de la terre et pénètre son atmosphère. C'est bien pourquoi nous allons procéder à des émissions depuis l'espace, afin d'utiliser ces couches naturelles pour modifier notre lumière artificielle.

De récentes études scientifiques ont démontré par ailleurs que cette lumière est la seule à permettre l'apparition de la vie sur Terre. Les acides aminés constituant les briques de bases de la vie doivent en effet être éclairés par une telle lumière pour se former, la lumière du soleil ne permettant pas leur apparition. Les briques de la vie sont les Acides Aminés. Cette vingtaine de molécules sont toutes des molécules chirales, mais la vie ne veut que celles orientées à gauche et ne sait absolument rien faire de celles qui sont orientées à droite. Or si on éclaire une mixture contenant tous les atomes nécessaires à la création de ces acides aminés, le résultat contient autant d'acides aminés orientés à gauche qu'à droite. Une telle proportion de 50% de chaque orientation empêche littéralement la vie de s'installer. Des savants belges de l'ULB (encore une université franc-maçonne) ont démontré que la lumière émanant de la constellation d'Orion pouvait influencer cette proportion grâce à sa particularité d'être polarisée circulaire lévogyre, ce que la lumière de Vénus est aussi (9). En fait ces acides aminés sont bâtis sur des sucres, qui sont aussi des molécules chirales. Ces mêmes savants ont démontré que la lumière d'Orion crée majoritairement des sucres orientés à droite, ce qu'on nomme des dextroses, et que partant des ces dextroses, les acides aminés ne peuvent qu'être orientés à gauche. On le voit, déjà il y a des centaines de millions d'années Vénus a plus que probablement joué un rôle prépondérant pour notre planète. Ces récentes découvertes confortent SAIC à croire dans la découverte de Susan.

Vu l'importance manifeste de ses découvertes, nous aimerions l'inviter à rejoindre l'équipe du projet. Il semble clair que nous ne pouvons plus avancer sans tenir compte de l'histoire, et par là, des informations que des recherches archéologiques et historiques pourraient nous apporter. Si les anciens avaient déployé tant d'effort pour garder secret un savoir lié aux naissances, aux planètes et à la domination du monde, nous ne pouvons pas continuer à ignorer les enseignements que nous pouvons en retirer, puisque de toute évidence leur volonté allait dans le même sens que nous. En effet, ce qu'ils ont essayé d'améliorer était la capacité d'un être humain à voir dans l'avenir, à trouver des réponses aux questions, et donc dit autrement, à pouvoir se connecter sur cette conscience universelle, cette même conscience à laquelle nous pensons que notre machine nous permettra de nous connecter grâce à l'Arche d'Alliance.

Jacques en restera là pour cette réunion. Une nouvelle fois, la somme d'information qu'il parvient à condenser dans ses interventions reste impressionnante. Alex se demande ce qu'il sait encore et dont il ne parle pas, mais prenant son mal en patience, il se dit devoir être déjà bien content d'avoir été cité par le savant. Y a pas à dire, il s'est déjà fait une place remarquable non seulement dans l'équipe, mais aussi au sein de SAIC. Il a récemment déménagé pour se rapprocher de San Diego. Son salaire a déjà été quasi doublé et les assurances offertes par la société lui font voir l'avenir sous un ciel radieux. De plus le projet sur lequel il travaille est d'un intérêt inouï. Jamais il n'aurait pensé faire quelque chose d'aussi intéressant dans sa vie, et de surcroît, lié à l'espace. Il repense à tout ce qui s'est passé en à peine un peu plus de six mois. Ses parents ne cessent d'essayer de lui remettre les pieds sur terre, lui disant que ce n'est sans doute que temporaire, et que rien n'est sûr en ces temps de crise mondiale, mais Alex le sent, il le sent tous les jours. Cette société ressemble à un énorme paquebot qui traverse l'océan, sans que rien ne puisse influencer sa course. Depuis qu'il y travaille, il a pu observer une multitude d'anomalies, de faits qui autre part auraient provoqué des problèmes insurmontables, et qui ici semblent disparaître sans aucun effort. Il a appris qu'il existait un service pour régler tous les problèmes liés aux infractions de la route. Il leur suffisait d'envoyer leur contravention à ce service et ils n'en entendaient plus jamais parler. Il a reçu une assurance pension en béton, d'un montant à terme dont il n'ose parler à ses amis. Il a aussi constaté qu'une grande quantité de personnes travaillent sur des projets fantômes. Chaque fois qu'on leur parle à la cafétéria ou à la machine à café, et qu'on leur demande ce qu'elles font, c'est toujours le même genre de réaction. Elles changent de sujet de conversation, ou disent que cela ne vaut pas la peine d'en parler. D'autres personnes par contre avouent être seules dans des services où travaillent des fantômes, en ce sens qu'elles doivent remplir des feuilles de prestations pour des dizaines de personnes qui de toute évidence n'existent pas. Ensuite, elles doivent envoyer des factures relatives à ces prestations, factures d'un montant exorbitant, à différents services de l'état fédéral. De toute façon, Alex tient à son boulot, et a compris qu'il valait mieux ne pas essayer de comprendre. Donc, il ne fouine pas ni ne pose de questions déplacées à ses collègues. Tout ce qu'il sait il l'a appris en laissant traîner ses oreilles au bon moment et au bon endroit. Mais de quoi se plaindrait-il ?

Une nouvelle maison au nord de San Diego, dans les beaux quartiers, plus de longs trajets pour venir travailler, du soleil toute l'année, un centre-ville à échelle humaine, la mer à 5 minutes à pied de chez lui, et des vagues pas trop moches pour entretenir sa passion du surf.

Rangeant ses affaires, Alex se lève et s'apprête à repartir vers l'aéroport, heureux comme un pinson.

Chapitre 13

2 mars 2010, SAIC, San Diego

Susan est arrivée la semaine passée à San Diego. SAIC lui a loué un appartement, ainsi qu'à Rano. Ils sont au sud de la ville, malheureusement juste après les mauvais quartiers, mais ils peuvent se rendre à vélo aux bâtiments de SAIC, ce qui n'est pas plus mal. Leur bloc d'appartement est habité en grande partie par une communauté d'afro-américains qui pullulent toujours dans le hall d'entrée qui semble être leur salon par défaut. Cela leur avait fait une mauvaise impression en arrivant, mais lorsqu'ils ont découvert leur appartement, ils ont reçu une impression diamétralement opposée. Luxueux et en très bon état, avec une vue sur le port militaire où d'énormes bateaux gris hérissés de canons semblent attendre un évènement peu probable. Ils ont vite compris que le soir ils peuvent se rendre également en vélo au centre-ville, qui s'avère être minuscule, un peu comme le quartier français de Nouvelle Orléans, mais sans la connotation cajun si forte de cette ancienne ville de colons français. Ici, on retrouve plutôt une réplique des quartiers chics bordant le stock-exchange de New York. En fait, tous les meilleurs restaurants se répartissent sur l'artère principale qui ne fait même pas un kilomètre de long. Elle part du port pour remonter la colline. Des taxis vélos la sillonnent depuis quelques années, cette mode venant d'Asie semblant plaire à des amoureux des pratiques anciennes. Pourtant, à voir peiner les pauvres étudiants qui tirent ces touristes obèses en essayant de leur faire gravir sans peine cette artère animée, on se demande s'ils ne feraient pas mieux de trouver un autre job d'étudiant.

Après avoir reçu quelques jours pour s'acclimater et remplir quelques papiers officiels, mais aussi plus que probablement pour laisser au service d'ordre le temps de mener leur enquête et voir quel niveau de clearance on pouvait leur donner, ils peuvent enfin se présenter devant les bureaux de SAIC à San Diego.

Rano malgré ses parents chinois a pu obtenir le même niveau de clearance que Susan, et pourra donc la suivre où qu'elle aille. Ce niveau n'est pas top secret, mais leur permet quand même de pénétrer dans les bâtiments et les lieux communs sans devoir être accompagnés ou devoir chaque jour demander un nouveau badge.

Ils reçoivent un petit bureau que Susan embellit immédiatement l'après-midi après avoir été acheter une plante verte qu'elle place de telle manière qu'elle soit toujours en vue depuis sa place. Rano lui, comme à Los Angeles, a emporté un minuscule Bouddha qu'il pose sur le rebord du vasistas qui surplombe leur porte. Chaque matin, comme à l'université, il va lui déposer une offrande, tantôt un bonbon, tantôt une orange. Jamais elle ne le verra les reprendre si un jour il a une petite faim. Un bonbon offert est un bonbon mangé par Bouddha et ce serait sacrilège de prétendre pouvoir encore le manger par après. Jamais elle ne verra Rano retirer ces offrandes, celui-ci s'arrangeant toujours pour sauver les apparences et attendre que personne ne soit là pour les escamoter. Cela lui fait penser à la fête de Santa Claus quand les parents se livrent à mille stratagèmes pour faire croire au passage du personnage mythique et à l'accord tacite qu'auront plus tard les enfants, quand ils auront compris qui dépose réellement les cadeaux, et qu'ils feront encore pendant des années comme s'ils ne savaient pas.

L'après-midi de leur arrivée, après avoir arrosé sa plante, Susan et Rano se rendent en salle de réunion pour résumer leur découverte. Elle explique que d'après ce qu'elle a compris de ses lectures et observations des mégalithes, une pratique ancienne présente en tout cas dans toute l'Europe consistait à essayer de faire naître certains bébés à un moment bien précis, lié au cycle de Vénus. Dans certaines régions comme la Sardaigne, il semble que cette pratique était très répandue, et dans d'autres qu'elle était réservée à beaucoup moins de monde, sans doute une élite. Les monuments anciens qu'elle a observés sont de toute évidence construits afin que la lumière de Vénus pénètre au fond de ces monuments, lorsque Vénus se lève, et inonde de sa lumière la mère occupée d'accoucher. L'idée était de savoir si Vénus était à un endroit bien précis lorsque le bébé naissait, sans doute dans les instants qui suivent la coupure du cordon ombilical. Elle s'est renseignée sur quelques études qui ont été menées en France. Des enregistrements EEG ont été pris sur la tête même des bébés pendant et après l'accouchement. Les tracés révèlent une modification très claire des rythmes EEG avant et après l'accouchement. Avant ils semblent liés à ceux de la mère, et après ils changent de fréquence et de forme, et ne sont bien entendu plus que liés au bébé lui-même. Susan croit que cela implique une modification fondamentale de la chimie du cerveau, tout comme il s'opère de vastes changements dans le corps du nouveau-né, comme l'adaptation des globules rouges, la fermeture du « trou de Botal » ou foramen ovale et ses poumons qui se mettent à fonctionner. Pendant qu'elle explique cela, elle observe avec attention les employés de SAIC qui n'arrêtent pas de prendre des notes et semblent même surexcités. Elle imagine qu'Il se produit comme un moment de grâce pendant lequel le bébé est extrêmement réceptif à « quelque chose », et que ce quelque chose pourrait être cette lumière de Vénus. Certaines sages-femmes lui ont même confié que parfois elles voient le bébé comme inerte, semblant justement attendre « quelque chose », et puis tout à coup s'animant, sans que rien de visible ne se soit passé. Alex qui est bien entendu présent et a déjà fait les présentations des deux archéologues à son équipe l'interrompt et lui demande si elle a déjà entendu parler des microtubules.

Susan répond par la négative.

Alex lui explique d'un air savant ce qu'il ne savait en fait pas deux semaines auparavant que les microtubules sont des éléments mystérieux présents dans notre cerveau, et qu'il se pourrait que ces éléments soient comme « flashés » à la naissance du bébé. Au plus la lumière de Vénus est cohérente et particulière, au plus l'état des molécules de tubuline va être spécifique. Ce serait cette découverte qu'auraient faite nos anciens, et que les francs maçons auraient sauvegardée dans leurs traditions, sans avoir pu comprendre le mécanisme qui se produisait réellement dans nos cellules.

Alex explique que quelques années après la naissance, un autre phénomène étrange s'opère dans le cerveau, sans doute aussi lié à ce qui s'est passé auparavant.

« Ce phénomène se nomme la mort neuronale, ou apoptose. Nous naissons en fait avec 300 milliards de neurones, beaucoup plus que ce que nous possédons à l'âge adulte. Pour une cause inconnue, nous perdons ainsi les deux tiers de nos neurones dans nos 7 premières années. Mais laissons ce mystère sur le côté pour le moment, nous avons déjà assez d'inconnues à gérer pour le moment. »

« Sans doute la nature essaye-t-elle ainsi d'éliminer ce que vous nommez microtubule et qui n'aurait pas été correctement flashé au moment de la naissance ? «

« Nous n'en savons absolument rien. Personne n'a encore pu expliquer le but de ce « suicide collectif », mais nous nageons en ce moment dans un océan d'informations que peu de personnes maîtrisent. En tout cas, nous tenons encore à vous féliciter pour votre travail et vos conclusions. Nous avons eu des échos de votre conférence à Washington et il semble que vous soyez entrés par la grande porte dans le Panthéon de SAIC. »

Les employés de SAIC n'en reviennent pas. Susan est parvenue seule à mettre le doigt, sans le savoir, sur le rôle des microtubules dans l'intelligence, ou plutôt la clairvoyance, sans se douter qu'eux étudient la même molécule dans le cadre de la communication extra sensorielle.

ALAIN HUBRECHT

Chapitre 14

28 mars 2010, la plage, San Diego

Alex et Susan sont tous deux dans la mer, assis à califourchon sur leur planche de surf. Alex a convaincu Susan de venir le rejoindre le week-end et d'essayer d'apprendre le surf. Il n'a pu résister longtemps au charme de cette jeune femme, et son isolement affectif depuis des mois lui pèse lourdement, aussi a-t-il pensé que cela lui ferait du bien de sympathiser avec Susan, si pas, espère-t-il secrètement, sortir avec elle. Il faut dire que les sessions de déshabillage et passage de la combinaison apportent de l'eau au moulin du copinage. Susan a beau aller se changer à l'arrière du gros break d'Alex, elle a encore besoin de son aide pour passer sa combinaison et cela permet à Alex d'apprécier ses courbes non plus seulement du regard, mais de ses mains qu'il laisse traîner sur elle plus qu'il ne faudrait. Elle s'en rend compte, mais fait comme si de rien n'était. Elle éprouve de l'admiration pour cet homme qui dirige une équipe aussi technologiquement en avance, mais ne connaît pas encore assez bien Alex que pour savoir s'il ferait un bon amant ou un bon compagnon. Pour le moment, elle se concentre à guetter interminablement LA vague plus haute que les autres, celle qui va les emporter sur son dos pendant quelques mètres, des mètres qui vont s'avérer interminables à force d'essayer de rester debout sur la planche, et en même temps d'observer le comportement du rouleau comme le lui a enseigné Alex. Le temps passe trop vite, mais cela leur permet de discuter de longs moments entre deux vagues. Ils se servent de leurs mains pour ramer et rester à côté l'un de l'autre. Alex se laisse aller à raconter son enfance, et Susan son amour pour l'Europe et ses anciennes civilisations. Alex lui pose des questions sur Rano, mais Susan le rassure sans le vouloir, en expliquant qu'il est plongé dans ses pratiques mystiques dédiées à Bouddha la plupart du temps, et qu'il ne s'intéresse pas autant qu'elle au projet en cours, ou plutôt si, mais qu'il pense déjà à examiner d'autres monuments, plus près de ses racines, en Asie. Elle explique que Rano lui a parlé des Stupas (E-5). Les Stupas, présents dans toute l'Asie, sont des monuments contenant des reliques de Bouddha. Au début il s'agit de pierre sculptée en forme de sphère. La sphère symboliserait l'univers et caché à l'intérieur se trouve un pilier rond symbolisant l'axe de l'univers. Plus tard, les stupas ont pris diverses formes, des plus travaillées aux plus simples. C'étaient des monuments appelant à la prière et à la vénération de Bouddha. Le bouddhisme serait né il y a 2500 ans, mais Rano prétend que les stupas sont plus anciens que cela, et que ces monuments avaient une fonction encore inconnue. Il aimerait se rendre là où on trouve les plus anciens stupas et y faire ses propres recherches. Susan continue en expliquant que pour le moment elle préfère terminer sa thèse sur base de ses découvertes. Alex, la gorge un peu serrée, lui demande ce qu'elle compte faire après, mais à son soulagement elle répond ne pas encore savoir. Son regard se porte alors au loin et il essaye de s'imaginer la vie en compagnie de cette belle femme intelligente au teint hâlé. Il n'a jamais été très fort pour draguer, mais ici les circonstances sont avec lui. Avoir pensé au surf fut une vraie trouvaille, et il s'en félicite à chaque instant. Il n'a pas encore osé l'inviter chez lui, et continue à passer la prendre et la redéposer à son appartement. Cela fait déjà trois week-ends qu'elle vient à la plage avec lui. Comme à son habitude, il n'a pas encore pu aborder le sujet de front, et ne fait que perdre son temps en tournant autour du pot. Il espère comme chaque fois que la femme va faire le premier pas, et en général se retrouve bredouille, l'autre le prenant sans doute pour un gay. Bon sang, réveille-toi se dit-il pendant qu'ils rament pour retourner vers la plage, le soleil commençant à descendre vers l'horizon. Allez, fouchtra ! Se dit-il, et il se jure de tenter quelque chose avant de la déposer sur le perron de son immeuble. Mais la chance sera avec lui ce soir. En effet, au moment de retirer sa combinaison, Susan ne s'en sort pas et appelle Alex pour l'aider à débloquer la tirette de sa combinaison. Alex la rejoint près de sa grosse Chrysler Magnum dont le hayon est grand ouvert, ménageant ainsi une certaine intimité aux regards. Il constate qu'elle parle de la tirette située sous son menton. Le voilà qui tire un bon coup et que la tirette descend jusqu'au bout de sa course, découvrant sans crier gare le galbe de ses seins. Susan ne fera rien pour refermer sa combinaison, et cherche des yeux le regard d'Alex, un moment attardé sur les deux auréoles qu'il peut deviner sur les bords de l'échancrure. Susan attend avec impatience que son regard remonte vers le sien. Troublé et hésitant, Alex plonge enfin son regard dans celui de Susan et un sourire s'esquisse sur ses lèvres. Il a déjà compris par l'attitude de Susan qu'elle est prête à tenter l'aventure. La plage est déserte, peu de sportifs viennent surfer au sud de San Diego, et Alex avait déjà trouvé un endroit assez difficile d'accès que peu de surfeurs semblaient connaître. C'est maintenant qu'il s'en félicite. Cet instant est à lui, et toutes les cartes semblent être dans ses mains. Il pose ses mains sur les hanches de Susan sans quitter son regard des yeux, et délicatement vient poser un baiser sur ses lèvres. Susan ferme les yeux et se laisse emporter dans le moment présent, heureuse de confier ses sentiments à cet homme qu'elle ne connaît que depuis quelques semaines, mais qui jusqu'à présent a fait un carton plein au niveau des éloges qu'elle pourrait lui faire. Sans d'autres effusions, le couple termine de se changer, Susan retournant sur le plateau du break pour terminer de se changer. La timidité d'Alex l'empêchera de troubler sa pudeur, mais il sait que sa cause est gagnée.

Sur le chemin du retour, ils uniront leurs mains spontanément malgré les incessants mouvements demandés par la boîte de vitesse manuelle de la Chrysler. Aucun des deux ne parle, ils préfèrent laisser redescendre lentement le nuage rose qu'ils viennent tous deux de découvrir dans leur vie sur une plage de Californie.

Ce n'est qu'en approchant du quartier où réside Susan que Alex ose briser le silence complice, et qu'il lui demande si elle accepte qu'il revienne la chercher le soir pour qu'il l'invite à aller souper au restaurant « Gaslamp Strip Club », ce restaurant super sexy au centre du quartier « GasLamp » où de superbes filles gainées de noir vous aident à choisir la viande que vous pouvez aller griller vous-même sur de multiples braseros. L'ambiance y est exquise, tout comme la viande, et il se voit déjà côté à côté avec Susan devant les braises brûlantes, lui expliquant qu'une viande se saisit avec son âme et non avec un chronomètre. Susan accepte avec joie cette invitation et après l'avoir déposée devant chez elle Alex se rend chez lui pour y mettre un peu d'ordre, espérant bien qu'après le restaurant il réussira à l'emmener boire un dernier verre chez lui, et puis on verra bien ce qui se passera. Il est déjà super content d'en être arrivé là.

Chapitre 15

15 Avril 2010, appartement de Rano, San Diego

La journée est pluvieuse. Rano vient de rentrer du travail. Pour lui et Susan, les choses se passent bien, très bien même. SAIC leur a vraiment ouvert toutes grandes les portes de la reconnaissance. Il est clair qu'ils ne sont plus vus de la même façon à leur université. Leur recteur les a déjà chacun appelés personnellement pour vérifier que tout se passait bien. Rano n'ignore pas que la franc-maçonnerie est pour quelque chose dans la facilité avec laquelle tout s'est arrangé, le rendez-vous de Susan à Washington, leur détachement chez SAIC, leurs appartements payés, l'accès aux ressources de SAIC, bien plus riches que ce qu'ils avaient pensé. Au départ ils s'étaient demandé en quoi cette société technologique pourrait les aider à avancer dans leurs recherches. Ils avaient bien compris que la question trouvait bien plus facilement sa réponse dans l'autre sens, que leurs recherches aideraient grandement SAIC.

D'abord, ils ont compris que la société était membre du réseau des bibliothèques universitaires, et qu'ils avaient donc un accès aussi facile ici qu'à l'UCLA aux documents difficilement trouvables sur Internet. Mais ils ont surtout découvert que contre toute attente, SAIC possédait une bibliothèque extrêmement riche d'ouvrages introuvables où que ce soit. Ces ouvrages étaient justement de ceux qu'il leur fallait consulter pour pouvoir avancer dans leurs recherches. Il s'agissait d'ouvrages sur les anciennes civilisations, les pratiques spirites, les études paranormales. Ils manquaient par contre d'ouvrages médicaux, mais ceux-là sont facilement identifiables dans le réseau universitaire. Certes les ouvrages originaux se trouvaient à Mc Lean dans leur quartier général, mais ils étaient tous digitalisés et consultables via le réseau interne à haut débit.

Rano, toujours féru de découvertes technologiques anciennes, avait déjà recherché tout ce qu'il pouvait trouver sur le mécanisme d'Anticythère dont Alex leur avait parlé.

Il a ensuite fait des recherches sur ces autres mécanismes géants dont on a retrouvé des traces dans les palais de certains empereurs. Ainsi, il y a plus de 2000 ans, ces empereurs tenaient séance publique devant le peuple, appliquaient les lois et tranchaient les cas présentés devant eux, mais se déplaçaient dans une autre salle pour prendre les mesures réellement importantes. Ces salles presque toujours maintenues secrètes étaient situées de manière symbolique dans l'architecture du palais. En extérieur se situait un cirque, cet espace allongé où se déroulaient les courses de chevaux. Rano découvre que ces courses contenaient toute une symbolique astrologique (E-6). Il y avait douze portes de box, une par constellation du zodiaque. De ces boxes s'élançaient les chars pour tourner autour de deux obélisques, qui symbolisaient le lever et le coucher du soleil. Chaque char représentait un astre mouvant sur la voûte céleste, l'importance de l'astre se reflétant par le nombre de chevaux qui tiraient le char. La couleur des chars était liée à une saison de l'année. Plus tard, toute cette symbolique fut, elle aussi oubliée. La couleur des chars fut la seule retenue, mais associée aux couches sociales de la population, et par la suite, aux partis politiques. Un élément restant sans explication est l'asymétrie de l'ensemble créée par le décalage du podium où siégeait l'empereur pendant les courses. On retrouve par exemple cette asymétrie mystérieuse dans l'hôtel de ville de la ville de Bruxelles, dont le beffroi n'est pas positionné au centre de la façade. D'aucuns expliqueront que cela a une signification alchimique.

Mais revenons à cette symbolique du palais de l'empereur. En examinant plusieurs plans de palais de l'époque, on observe que la salle secrète était positionnée selon un angle bizarre, toujours le même par rapport au cirque. Là aussi, personne ne sait dire pourquoi. Cette salle contenait le gigantesque mécanisme de la voûte céleste animée par un système de clepsydre, alimenté par un apport d'eau continu. Seuls les initiés avaient droit à pénétrer dans cette salle. Doit-on comprendre que cette initiation était liée aux mystères de l'époque ? Personne ne le sait. Doit-on aussi comprendre que le décorum de cette salle a inspiré celui des salles des temples francs-maçons actuels, tous ornés d'étoiles sur fond de ciel bleu. Il est clair que ce mécanisme permettait d'avoir à toute heure connaissance de la position des astres et des constellations, et de prendre à l'heure près, si pas encore plus précisément, les décisions importantes les meilleures qui soient pour l'avenir de l'empire.

La Villa d'Hadrien (E-7), qui n'est pourtant pas un palais d'empereur, recèle le même schéma. Plus loin, Pompée, avant qu'il ne soit empereur, avait demandé à Varron, un de ses amis de construire une réplique utilisant la même topologie, mais en la déguisant sous la forme d'un jardin zoologique (E-8). À l'époque il était en effet formellement interdit de pratiquer l'astrologie sans la permission de l'empereur, or comme Pompée désirait justement devenir empereur à la place de celui en règne, il se gardait bien de faire de l'astrologie chez lui, et s'était donc fait construire secrètement tout l'appareil habituel de l'époque chez un ami. Il est étonnant de constater que le cirque de course de chevaux a été remplacé par un bassin d'eau, comme si ce n'était pas tant la symbolique des chars qui devait être représentée, mais celle d'un espace, d'une dimension et d'une orientation.

De manière incroyable, SAIC a accès aux archives du Vatican, et sous réserve de consulter les documents électroniques dans une salle sécurisée contre tout usage d'appareil photo ou de clé USB, Rano y a eu accès autant qu'il voulait. Il y a trouvé des plans de ces palais et de ces villas qui n'ont jamais été renseignés dans les études archéologiques. Il observe sur chacun de ces documents, dans les attributs de numérisation électronique, un code étonnant. La plupart des documents qui intéressent Rano et Susan sont marqués de ce code, que l'employé responsable des appareils de consultation leur a expliqué comme relevant de l'ordre des jésuites. Les documents les plus récents qu'il a pu trouver sont relatifs à des systèmes mécaniques, armillaires étant le terme exact, installés pour des empereurs chinois jusqu'au 18e siècle, mais aussi plus près de nous à Paris, pour la reine Catherine de Médicis, à peu près à la même époque. Cette dernière s'était fait construire une tour jouxtant son palais, haute d'une trentaine de mètres. On pouvait rentrer dans la tour au niveau de la rue, mais elle pouvait aussi y passer directement depuis sa chambre. Au sommet de la tour se trouvait également un mécanisme animé lui permettant de voir la course des astres, et manifestement d'en déduire les meilleures décisions à prendre pour gouverner son pays. Cette tour est encore visible aujourd'hui à la Halle aux Blés (Bourse de Commerce), mais le mécanisme a disparu depuis longtemps (E-9).

Étrangement pour Rano, ce sont les jésuites qui ont construit et entretenu ces systèmes pendant les derniers siècles où ils étaient encore utilisés. Le Siècle des Lumières aura jeté une chape d'oubli sur cette science et plus personne ne sera revenu dessus par après. En faisant des recherches sur les jésuites, Rano découvre qu'au 16e siècle, l'université de Louvain en Belgique avait comme matière principale l'astrologie, et expliquait à ses étudiants que cette astrologie allait leur permettre d'aider les élus et la caste dirigeante à mieux gouverner, et que pour faire de la bonne astrologie, il fallait qu'ils étudient l'astronomie, les mathématiques, la physique, l'optique et encore d'autres matières toutes liées à la meilleure maîtrise de la science de la prédiction par les astres.

Rano est subjugué qu'une université à cette époque, catholique de surcroît, ait tenu ce langage, alors qu'aujourd'hui il suffit de prononcer le mot astrologie pour se faire mettre au ban des étudiants sérieux.

Rano essaye d'étendre ses recherches sur le thème des naissances et de la descendance des empereurs et des rois, mais les archives du Vatican ne se consultent que sur base de demandes précises. On peut y fouiller à son aise sans déclarer de but précis et dans cet aspect-là, il manque de référence. Il recevra néanmoins deux extraits de texte, où une reine demande à son astrologue de lui dire quel est le meilleur moment pour prévoir sa descendance. Un bien maigre résultat qu'il sera difficile d'utiliser pour étayer leur théorie avec ces citations.

Rano en est là de ses réflexions lorsque son smartphone se met à vibrer. C'est un modèle spécial qui contient deux cartes SIM. Ici aux États-Unis, les cartes SIM ne sont pas encore courantes. Souvent le téléphone est vendu par un opérateur et il n'est pas possible d'en changer par après. Rano est resté très discret sur cette particularité de son téléphone. Il observe maintenant son écran et constate que l'appel passe par la deuxième carte. Il jette un coup d'œil au travers de ses stores pour constater que personne ne vient lui rendre visite, baisse la musique et accepte la communication. Il parle en chinois, en répondant par des interjections, semblant stressé ou énervé par ce qu'il entend.

Après une courte conversation, il raccroche et projette son téléphone sur son canapé, se levant pour aller prendre une bière dans son frigo. Il se rassied et essaye de se détendre.

Cela va faire 2 ans qu'il a rencontré Chang Soung dans le hall de l'ambassade américaine à Pékin. Malgré ses bons résultats et la bonne position sociale de ses parents, il peinait à obtenir un visa pour se rendre aux États-Unis pour y continuer ses études. Pour la plupart des Chinois, les États-Unis représentent le rêve ultime, la consécration, et ceux qui parviennent à s'y rendre travaillent tellement fort qu'ils trouvent toujours un emploi bien rémunéré, à la hauteur de leurs résultats. Chang l'a accosté au bas des escaliers, dans ce grand hall disproportionné, bâti pour impressionner les Chinois. Cela faisait trois fois qu'il introduisait sa demande, et c'était chaque fois non. Chang lui avait demandé de venir boire un verre avec lui, expliquant que lui aussi peinait à obtenir son visa. Rano avait accepté, content d'avoir une occasion de se confier sur sa frustration. C'était pour lui et sa famille une réelle frustration que d'essuyer ces refus et ce retard commençait à mettre en péril sa future année. Il devait soit abandonner et chercher du travail en Chine soit prendre des risques et continuer à persévérer auprès de l'ambassade.

Chang essaye de détendre l'atmosphère, et lui fait boire plus que normale. Il lui pose d'étranges questions sur sa famille, ses habitudes, ses amis, et en vient à lui en dire plus sur tous ces éléments que ce que Rano sait lui-même. De plus en plus surpris, et malgré les brumes de l'alcool, Rano relève la tête qu'il avait affalée sur le formica de la table vétuste du bar où ils s'étaient rendus. Il regarde sans comprendre Chang, ne voyant pas d'où il tient ces informations. Chang lui dit alors qu'il travaille pour le gouvernement et qu'il a en charge de veiller sur les meilleurs éléments du régime. Rano a été identifié comme très prometteur, et Chang est bien décidé à l'aider. Il lui dit qu'il peut lui obtenir son visa, pour autant qu'il accepte de rendre quelques services en échange. Rano commence à voir les brumes se dissiper devant lui. Il comprend que Chang n'a jamais fait de demande de visa, et qu'il est tombé dans un de ces sombres mécanismes du régime où le gouvernement négocie ses visas en échange d'informations. Rano aurait dû s'en douter. Il n'était pas normal qu'il échoue ainsi sans cesse lors de ses demandes, tout comme il n'était pas normal qu'il n'obtienne pas son visa du premier coup avec les références qu'il possédait. Rano a vu le vent venir. Il avait déjà entendu ces histoires, mais pensait qu'elles se limitaient à des bruits de couloir. De toute façon, il n'était pas niais, et savait très bien sous quel genre de régime il vivait. Alors que ces bruits de couloir se matérialisent sur sa personne… Il était très mal vu de se rebeller contre le régime, et avec les quatre bières qu'il venait d'ingurgiter, pour quelqu'un qui n'a pas l'habitude de boire, tout lui devenait à peu près égal.

Il prit une attitude neutre et se résigna à écouter Chang lui dire ce que son gouvernement lui demandait en échange de son visa.

C'était somme toute assez gentil et même presque normal. Il était censé signaler lors de sa présence aux États-Unis, toute information sur de récentes activités militaires ou spatiales ou d'une technologie de pointe.

Quel imbécile il avait été !

Il avait signé le document que Chang lui tendait, soulagé d'apprendre ce qu'on lui demandait, puisque sa spécialité était l'archéologie. Il serait à mille lieues dans son travail d'être au courant de ces sujets dont les chinois sont friands en termes d'espionnage.

Mais mille milliards de Mao Tsé Toung, dans quoi s'était-il donc fourré maintenant ! Il voudrait pouvoir disparaître sous les coussins de son canapé, disparaître à jamais, n'avoir jamais existé. Il avait d'abord fait mine que rien n'avait changé pour lui, et continuait à faire des rapports sibyllins lors de ces appels reçus sur sa deuxième carte SIM, mais dès son déménagement à San Diego, ses compatriotes avaient vite détecté un changement de lieu en localisant sa carte SIM, et il avait peiné à fournir des explications valables. Ils s'étaient renseignés à son université et avaient appris qu'il était détaché chez SAIC.

Oh, mon Dieu, Rano n'osait imaginer le branle-bas de combat qui avait dû se passer de l'autre côté du monde dans les souterrains des services secrets chinois. SAIC, vous parlez d'une aubaine !

Comble de malédiction, les Chinois lui faisaient maintenant du chantage sur sa bourse, et même sur l'emploi de son père qu'il risquerait aussi de perdre si Rano ne ramenait pas d'informations intéressantes.

Rano se leva et alla se taper la tête sur la porte du frigo, furieux sur lui-même d'avoir accepté ce maudit jour de signer ce papier.

Il avait déjà failli dix fois tout avouer à Susan, mais y avait renoncé, de peur d'être renvoyé dans son pays manu militari.

Cette fois-ci, le coup de fil avait été un ultimatum. S'il n'envoyait pas d'information dans le mois qui venait, on allait faire perdre son emploi à son père.

S'ils savaient ce qu'il savait ! La machine à spectrographie, la théorie des microtubules, la navette X-37C, les dates de lancement de celle-ci, le test grandeur nature avec la pyramide.

Il savait tout cela, même s'il n'en connaissait pas les dessous, réservés aux personnes ayant leur clearance ECE, mais on n'avait pas pu lui cacher les dates de décollage, dates butoirs pour toutes les équipes, et Rano n'était pas un idiot. Il savait que les navettes étaient abandonnées et que les Américains avaient mis en vol une navette militaire dont toutes les missions seront secrètes. Un enfant aurait pu conclure la même chose. Mais le public ignorait absolument tout de ce projet, dont le nom de code était devenu projet Icarus. Rano savait que son peuple souffre d'un complexe d'infériorité, à la mesure de l'arrogance de son gouvernement qui estime qu'en dehors de la Chine il n'existe que leurs esclaves et qu'ils n'ont d'autres projets que de soumettre le monde à leur volonté. Mais les Chinois se savent mal positionnés en termes d'inventivité. Ils sont bons copieurs, mais peinent à inventer. Leur programme spatial est en retard de 30 ans. S'ils pouvaient imaginer une seule seconde ce sur quoi lui et Susan travaillaient, à savoir comment rendre l'homme plus visionnaire, il pense que sa famille se retrouverait immédiatement dans les plus profondes geôles du gouvernement, au fin fond de l'Empire, et qu'ils useraient de toute leur cruauté pour forcer Rano à leur transmettre un maximum d'information sur le projet Icarus.

Que faire, se dit-il ?

Dépité, rongé de remords, Rano va se coucher de bonne heure en remettant au lendemain cette cruelle décision.

Chapitre 16

27 juin 2010, Centre spatial de Huntsville, Alabama

Susan se réveille tôt. Il n'est que 6 heures. Bien qu'il soit de coutume pour les Américains navetteurs de se lever vers quatre heures du matin pour se rendre à leur travail au plus tard à cinq heures afin d'éviter les bouchons interminables, elle se trouve dans la petite ville de Huntsville en Alabama. Alex dort encore à ses côtés. Depuis l'épisode de la plage de surf, ils sortent ensemble et Susan a aménagé dans la maison d'Alex, sans toutefois en informer SAIC qui continue de payer son appartement. D'abord il est prudent de préserver ses arrières, aux cas où ils devraient se séparer, ensuite ils ont préféré rester discrets sur le lieu du travail à propos de leur entente. Rano et les collègues sont bien entendu au courant, mais chacun sait manifestement tenir sa langue et de toute façon il n'y a pas de quoi fouetter un chat.

C'est la deuxième fois qu'ils viennent à Huntsville. C'est là que se trouve la plus ancienne base de la NASA et c'est là qu'est développée la nouvelle navette militaire X-37. Alex doit tout prévoir pour l'embarquement du spectrographe. Son boulot précédent lui vient d'ailleurs bien à point et les collègues sur place sont impressionnés par son attention à de petits détails d'arrimage auxquels ils n'auraient pas pensé.

La présence de Susan n'est pas un problème. Ses jours de travail ne relèvent aucunement de SAIC et comme chercheuse elle n'a de compte à rendre à personne sur son emploi du temps en ce moment.

C'est donc sans problème qu'elle a abandonné Rano à San Diego et volé avec Alex jusqu'à cette ville perdue au fin fond de l'Alabama, où circulent encore des légendes sur le Ku Klux Klan et où les tornades sont plus nombreuses que les touristes. Bref, on n'est pas loin du trou du cul du monde, mais on peut le comprendre, la NASA ayant cherché un endroit désertique et discret pour effectuer ses premiers tirs de fusées.

Susan a déjà découvert le musée de l'Espace, avec bizarrement la découverte d'un sous-marin, et aussi au détour d'une salle obscure, le scaphandre du film 2001 l'Odyssée de l'Espace de Stanley Kubrick, ce réalisateur qui aurait prétendument réalisé les prises de vue des missions Apollo. Depuis la publication des photos à haute résolution de la Lune, montrant chaque LEM posé sur son sol, ces légendes urbaines doivent bien se mettre en berne, au grand dam des milliers de conspirationnistes assoiffés de mystère.

Elle a aussi visité le Von Braun Center, sorte de grand stade couvert servant à des conférences ou expositions. C'était à l'occasion d'une convention de cultivateur de champignons. C'est incroyable comme les gens peuvent passer leur temps à des choses simples et parfois qui peuvent paraître futiles. L'endroit était rempli de stands, tous présentant des champignons. Cela lui a rappelé cette autre exposition qu'elle avait un jour vue à Paris, entièrement consacrée à la poupée Barbie. Elle n'aurait jamais imaginé que ce jouet de son enfance était si connu en Europe et encore moins que de grands adultes étaient capables d'en faire leur passe-temps favori.

Aujourd'hui, elle allait s'inscrire à une visite des locaux de la NASA. Un petit train devait les emmener vers 9h et elle ne voulait pas rater cela. Sans doute aurait-elle l'occasion d'apercevoir un bout de la nouvelle navette. Alex ne voulait pas lui en parler, et Susan ne l'embêtait pas avec cela, tout comme avec le reste de son travail qui était classifié. Ils avaient très facilement trouvé une manière de savoir quand arrêter parler d'un sujet, quand celui-ci versait dans la partie classifiée du projet. Plutôt que frustrer Susan par des réponses évasives ou des changements de sujet impromptus, Alex avait décidé de dire chaque fois que Susan le saurait quand le projet sera déclassifié. Il a bon espoir en effet que ce projet tombe dans le domaine public. Son implication touche à trop de sujets humanitaires, et son usage à de mauvaises fins pourrait tomber dans un eugénisme de mauvais aloi. Il pense qu'en 2010 le gouvernement américain a vécu assez d'horreurs que pour ne pas entretenir le feu qui les attise. De plus, SAIC, comme beaucoup de sociétés du domaine militaro-industriel, risque dans les années à venir de devoir se détacher du gouvernement. En Angleterre l'ex DERA est déjà passé par là, et cet organisme de recherche militaire pur jus a dû se résoudre à être privatisé et à gagner sa vie autrement qu'en se gavant de projets secrets aux budgets faramineux.

Les Français ont inventé un autre système pour sauvegarder leurs fleurons Thalès et EADS. Ils ont créé une fausse société privée qu'ils mettent en concurrence sur chaque remise d'offre, et gardent donc le contrôle sur les dérapages budgétaires de leurs deux géants, qui sont encore, on s'en serait douté, rattachés à notre hydre franc-maçonne manifestement incontournable.

Bref, Susan et Alex filent le parfait amour, travaillent de bon cœur sur le même lieu de travail, ou plus précisément dans le même bâtiment sans toutefois être dans le même bureau.

Susan est occupée à sécher ses cheveux dans la salle de bain de leur petit motel situé sur l'artère principale de la ville, la seule artère digne de ce nom d'ailleurs, quand Alex apparaît sur le seuil de la porte. Il a un air embêté et semble tourner sa langue dans sa bouche.

« Je devais te parler de quelque chose depuis plusieurs jours, mais je ne sais comment m'y prendre »

« Attends, je ne comprends rien à ce que tu dis »

Susan termine de sécher ses cheveux pendant que Alex pianote sur le chambranle de la porte, tout en admirant les formes de Susan.

« Voilà, j'ai terminé, que disais-tu ? »

« Je disais que je devais te dire quelque chose »

« Ah bon, eh bien dis-le, qu'est ce que tu attends ? »

Puis, se ravisant après avoir pensé au fait que cela avait à voir avec leur liaison, Susan déglutit et reprend :

« C'est à mon sujet ? Tu as quelque chose à me reprocher ? Ou j'ai fait quelque chose de mal ? »

« Non, non, ce n'a rien à voir avec toi, enfin j'espère »

« Mais quoi alors ? Ce n'est vraiment pas le moment. Il est déjà 8 h 10 et je dois être à l'entrée du centre à 9 heures »

« C'est à propos de Rano. »

« Rano quoi ! Qu'est-ce qu'il a fait Rano ! Tu es jaloux, c'est ça ! »

« Non, non, pas du tout, rassure-toi, cela n'a rien à voir… »

« Mais quoi alors ? Il ne travaille pas assez bien ? Tu sais bien qu'il ne vous coûte rien, et moi j'estime qu'il fait du bon boulot pour notre thèse. C'est un vrai rat de bibliothèque, et sa passion pour les mécanismes armillaire fait des miracles. Nous aurons bientôt restauré non pas un monument, mais la vie d'un savoir complètement oublié de notre science actuelle. C'est inouï la chance que nous avons d'être tombés là-dessus, et moi seule je n'aurais pas le temps de tout compiler, de faire les recherches et aussi, tu ne me l'ôteras pas, de profiter de toi. Alors franchement, je ne pense pas que Rano soit superflu »

« Non, tu te trompes, je ne voulais pas parler de son utilité dans votre projet, ni dans le nôtre d'ailleurs, mais cela a quand même un rapport avec son travail chez nous. »

Susan se tait pendant qu'elle passe ses chaussures et noue ses lacets, assise sur le rebord de leur lit.

« En fait, je n'osais t'en parler, mais j'ai été convoqué par mon supérieur. Il y avait dans son bureau un responsable de la sécurité de l'immeuble. J'ai tout de suite pensé à toi et qu'on allait m'empêcher de continuer à te voir en dehors du travail, mais il n'en a rien été. Il a été question de Rano…À ce stade ils n'ont rien à lui reprocher, mais ils voulaient me mettre au courant d'un évènement qui se serait passé il y a deux semaines ».

« Un évènement ? Quoi, ils ont vu Rano manger ses offrandes à son Bouddha ? » Essaye de plaisanter Susan

« Non, mais c'est quasi ça. Tu sais effectivement qu'il attend toujours que personne ne le voie retirer les offrandes. C'est normal qu'il ait remis son autel dans son bureau, c'est la moindre des choses et vu la taille de son Bouddha on ne peut vraiment rien lui reprocher. Mais ils m'ont appris que les senseurs disposés dans tous les locaux enregistrent toutes les allées et venues, avec une précision d'une dizaine de centimètres, grâce à nos badges que nous devons toujours porter sur nous. Tu sais que si on est surpris sans notre badge nous avons droit à un sermon du chef de la sécurité, et qu'au deuxième cas on subit une enquête »

« Oui, je sais, je me souviens de la fois où j'ai oublié mon badge pour aller aux toilettes et où je me suis fait prendre. Je n'oublierai jamais la tête du garde de sécurité qui m'a croisé dans le couloir. Un vrai robot hurlant. Deux mètres de muscles qui m'invectivaient et aucun bouton pour l'arrêter. J'ai été emmenée immédiatement au poste de contrôle et je n'ai pu m'en aller que quand le directeur du centre est venu leur rendre confiance. Bigre, je n'oublierai pas de sitôt la trouille que j'ai eue et je vérifie depuis que j'ai toujours mon badge sur moi quand je quitte mon bureau. »

« Bon ben justement, nos badges sont donc suivis par des capteurs très précis. De plus en plus de sociétés traitent des matières sensibles, que ce soit de l'information, des médicaments, des métaux précieux ou que sais-je encore. SAIC a poussé la technologie un peu plus loin, et, en plus de veiller à des incursions dans des zones interdites, a mis en place des algorithmes pour détecter tout changement subit de comportement dans nos déplacements. Tu sais aussi, je te l'ai déjà dit, qu'ils analysent nos urines lorsque nous allons aux toilettes. Comme ils savent qui est où, ils peuvent immédiatement associer une détection de drogue au membre du personnel qui s'est rendu en dernier lieu aux toilettes »

« Et demain ils me diront quand je serai enceinte, c'est ça ! J'ai compris, Rano est enceint » irone Susan qui commence à être nerveuse.

« Mais non, ne rigole pas, c'est plus sérieux que ça. Leur algorithme a détecté un changement de comportement de Rano depuis quelques semaines. Il y a juste qu'ils ne comprennent pas ce qui lui arrive. Ils m'ont expliqué que depuis quelque temps, ses déplacements dans son bureau sont devenus beaucoup plus nombreux, et qu'il se rend constamment dans le coin où est situé son autel. Il attend souvent que tu sois partie ».

« Oui, j'avais remarqué qu'il restait plus longtemps, et qu'il semblait aussi plus distrait, mais comme cela ne semblait avoir aucune incidence sur son travail. Que t'ont 'ils dit d'autre ? »

« Ils aimeraient simplement qu'on parle à Rano, et qu'on essaye de savoir ce qui se passe. Tu ne dois pas avoir difficile à faire cela. »

« Ouf, tu m'as fait peur, tu sais. Chaque fois que je rentre dans leur bâtiment et que je vois les deux cerbères avec leurs lunettes noires, j'en ai des frissons dans le dos, alors tout ce qui me les ferait encore rencontrer me fait peur. Tu en as déjà vu un sourire ? »

« Non, pas vraiment. Plus sérieusement, tu peux donc faire cela pour moi ? »

« Oui, rassure-toi, je le ferai dès que possible. …. Oh, mince, il est 8h45, je n'ai plus qu'un quart d'heure pour me rendre au centre spatial ! »

« Ne t'inquiète pas, tu sais qu'on est à un jet de pierre. Je saute dans un short et je vais te conduire. Je déjeunerai après. »

« Merci, tu es un chou ! »

Chapitre 17

28 juin 2010, SAIC, San Diego

Susan frappe à la porte du bureau d'Alex, et attend de recevoir la permission de rentrer. Même se connaissant bien, comme Alex travaille sur des dossiers classés top secret, il est obligé de respecter des règles assez draconiennes. Même son bureau a reçu une accréditation, ses serrures et ses cloisons ont été inspectées par l'organisme de sécurité, et il a reçu un coffre-fort dans lequel il doit remettre les dossiers sensibles chaque fois qu'il quitte son bureau. Personne ne peut bien entendu pénétrer dans son bureau quand ces dossiers sont sortis du coffre. C'est très procédurier et cela peut paraître surfait comme précautions, mais on n'est jamais trop prudent.

Susan respecte cette règle sans problème et attend donc patiemment que Alex ait rangé ce qu'il devait. Ayant reçu son approbation, elle le rejoint et lui annonce avoir parlé à Rano. Ce dernier lui a expliqué que son père est tombé très malade et que cela le rend effectivement très nerveux et qu'il prie beaucoup depuis.

Alex s'estime satisfait de cette réponse et demande s'il ne désire pas rentrer dans son pays. Susan lui a proposé, mais il explique que l'obtention des visas est trop compliquée et qu'il préfère ne prendre aucun risque. Il parle tous les jours à sa mère via Skype et pour le moment elle s'en sort encore.

Alex informe Susan qu'il devra aller informer son supérieur, mais qu'il pense que cela devrait clore l'affaire.

Il se lève alors de sa chaise et se dirige vers la fenêtre. Il a pris avec lui deux billes métalliques qu'il fait tourner nerveusement dans sa main. Il regarde au loin les bâtiments militaires qu'on distingue dans la baie de San Diego. Il sait qu'on ne peut pas le voir dû dehors, car comme tous les bâtiments de SAIC, leurs fenêtres sont complètement réfléchissantes. De plus, la sienne est blindée et elles sont bien entendu impossibles à ouvrir, l'air conditionné officiant pour renouveler l'air.

« J'ai un autre sujet délicat dont je dois te parler. »

« Ah, je suis enceinte, c'est ça ? Les détecteurs de SAIC ont testé mon pipi positif ? » Ironise encore Susan qui se demande ce que la sécurité a encore trouvé.

« Mais non, sotte, il s'agit d'une chose qui te concerne pourtant cette fois-ci, ou qui nous concerne, mais c'est relatif au boulot »

« Au boulot ? Ils veulent arrêter notre coopération ? » Pense immédiatement Susan, ce qui voudrait dire qu'elle devrait retourner à San Francisco. Et donc ne plus voir Alex.

« Non, mais c'est une chose qui pourrait impacter sur ton rapport avec l'université, en effet. Tu n'ignores pas que la prochaine étape du projet est d'envoyer la machine sur laquelle je travaille sur la station ISS, et ensuite sans doute de la réembarquer sur la navette X-37 pour se rendre encore plus loin, passé la ceinture de Van Allen (S-3). »

« Oui, je sais cela, sauf que j'ai dû deviner la moitié, mais tu sais, il suffit parfois de remplir les vides pour trouver les éléments manquants. Je lis les journaux comme tout le monde, et sais bien que les anciennes navettes sont rangées au musée, tout comme je sais qu'il existe une navette de remplacement, théoriquement réservée aux missions militaires. J'ai vu sur Internet qu'il existe trois modèles différents, dont les plus grands peuvent emporter 6 personnes »

« Oui, c'est à peu près cela. Il m'a été confirmé que je devrais rejoindre ISS, et mon entraînement doit commencer au début du mois prochain. La question qui se pose est de savoir si tu viens avec moi ou pas… »

Susan ouvre la bouche, mais aucun son n'en sort…

Alex attend quelques instants, puis reprend.

« Oui, je sais, je suis fautif, j'aurais dû t'en parler plus tôt, mais je ne voulais pas t'emmener dans une mission qui pourrait mettre ta vie en danger et… »

« Mais tu es dingue ! Aller dans l'espace ! Non, je ne veux rater cette occasion pour rien au monde ! »

« Susan, écoute-moi…. Rien ne t'oblige à aller plus loin dans ce projet. J'en ai déjà parlé en interne et mes boss sont d'avis que tu dois nous accompagner. Ta vision et l'apport que tu as eus dans le projet ont été décisifs, et il est plus que probable que tu puisses encore apporter ton aide sur place. Chaque minute gagnée là-haut se compte en millions de dollars et personne ne sait en fait où nous allons ni comment y arriver. Nous devrons sans doute faire de nombreux ajustements. T'avoir sous la main à côté de la machine peut être déterminant dans le succès de l'opération, si succès il y a. Avoir directement impliqué l'Arche d'Alliance et la Grande Pyramide est très osé de la part de SAIC, mais j'ai eu de nombreuses conversations téléphoniques avec Jacques Vallée et il est d'accord avec le pari. Cette mission spatiale va coûter un fric fou, et ils veulent cumuler plusieurs éléments clés de cette science oubliée que nous voulons faire revivre. Mais je te le répète, ce n'est pas un voyage d'agrément et tu connais comme moi les risques inhérents à ces vols spatiaux »

« Alex, je préfère de loin rester avec toi. Si cette fichue navette doit exploser en vol, autant que je fasse le grand voyage avec toi, plutôt que te pleurer ici au sol. Imagine-toi, nous sommes sans doute à un moment clé de l'évolution de l'humanité, nous allons sans doute reboucler une boucle de savoir vieille de plusieurs milliers d'années, reconquérir un savoir acquis d'on ne sait où ni comment. »

« D'accord, mais il y a un autre problème, c'est que si tu viens avec nous, tu dois subir une enquête, obtenir toi aussi une clearance, et tu devras suivre le même entraînement que moi. De plus, tu devras quitter ton statut de chercheuse et tu seras engagée par SAIC, ce qui va mettre un frein à ta thèse. Réfléchis bien à tout ce que cela implique ».

« Alex, si ma vie doit se faire à tes côtés, tout le reste prend moins d'importance. Nous avons plus que bien travaillé Rano et moi et je ne pense pas que mon université soit mécontente de nos découvertes. Tu me vois par après me repencher sur de vieilles pierres d'abbayes cisterciennes ? Que pourrais-je encore faire comme découverte plus importante que celle que nous avons faite, pour autant que tout cela se confirme bien sur. Mais rends-toi compte, pouvoir continuer cette recherche à tes côtés, aller dans l'espace, tout cela est quasi irréel pour moi. Comment as-tu pu imaginer un seul instant que j'aurais dit non ? »

« Je ne sais pas, je n'ai pas idée de ce que tu as dans la tête, ni quelles sont tes aspirations professionnelles. Nous n'en avons jamais discuté, et tu sais que je suis assez gauche avec mes sentiments. J'ai peur de te perdre et je vois toujours les options possibles pencher du mauvais côté. »

« Oh Alex, je t'aime vraiment. Je n'ai aucune arrière-pensée. Tu as 31 ans et je vais bientôt en avoir 33 ans, tu ne penses pas qu'il est temps pour chacun de nous de se caser comme on dit ? »

Alex se détache de la fenêtre et vient près de Susan. Il l'enlace dans ses bras et se serre fortement contre elle. Les mots qu'elle vient de dire lui ont été droit au cœur. Il a toujours eu des difficultés pour parler de projets de vie, craignant à chaque moment d'essuyer un refus. Les propos de Susan le rassurent et il voit enfin quelque chose se construire pour son avenir.

« Merci de me dire ces choses. Tu sais comme cela me touche. Je vais prévenir mes boss que tu acceptes de prendre part à l'expérience. Rano lui n'est pas nécessaire là-haut, mais il pourra rester dans le projet le temps qu'il faudra. Il pourra t'épauler au sol si nécessaire. »

Alors seulement, Alex se penche sur ce visage qu'il aime tant et l'embrasse avec une énorme tendresse.

Chapitre 18

28 août 2010, centre spatial Marshall de Huntsville

Susan a le trac. On est occupé à lui passer son scaphandre. D'ici deux heures elle va s'envoler pour l'espace. Ces précautions sont quasi inutiles, puisqu'ils vont faire tout leur voyage sous ambiance pressurisée, et qu'elle ne fera pas de sortie dans l'espace, mais il leur faut prévoir le pire, comme une fuite de pression. Une météorite peut effectivement percer la coque de leur véhicule et en quelques secondes la pression va tomber à zéro et la température chuter largement sous zéro. Aucun être vivant ne peut résister plus de 5 secondes à ces conditions sans dégâts irréversibles. Susan a obtenu sans problème son accréditation du même niveau que Alex, à savoir le suprême Cosmic Top Secret ECE. Elle a été étonnée de la facilité avec laquelle elle a obtenu ce document, mais Alex a calmé son enthousiasme, lui expliquant qu'avoir ce document ne veut aucunement dire qu'elle va avoir accès à tous les secrets bien cachés du gouvernement, à pouvoir visiter les souterrains de la base 51, à discuter avec des petits hommes gris et toutes ces légendes urbaines. Il lui a expliqué qu'avoir une accréditation, ou une « clearance » en anglais, ne permet rien. On est juste autorisé à avoir accès aux informations confidentielles strictement nécessaires liées au projet sur lequel on travaille. Il lui explique qu'il s'agit du « need to know », ou besoin de savoir. Si ce qu'on a à faire ne nécessite pas telle ou telle information classifiée, on ne va pas être autorisé à y accéder, même si elle est frappée du niveau de secret équivalent à son accréditation.

Avoir à travailler avec des informations classifiées n'est pas une sinécure. Même si elles restent dans son bureau, elles doivent être rangées dans un coffre à chaque absence du bureau, il faut avoir une serrure spéciale, et le pire, c'est quand cette information doit voyager. Elle doit être mise sous double enveloppe, et l'estafette qui la déplace doit cosigner des documents qui doivent être renvoyés par le récipiendaire une fois les documents reçus et la deuxième enveloppe ouverte. Le mystère devient donc très vite une corvée, et beaucoup comprennent vite qu'il vaut mieux ne pas avoir à traiter de données confidentielles. De toute façon, bien souvent, ces secrets filtrent automatiquement, soit par des débordements lors de discussions autour d'une machine à café, soit en reliant diverses données entre elles.

Parmi les informations les mieux gardées sont les plans, ou plus exactement tout ce qu'on ne sait pas dire de vive voix. Et là, si on est pris à transmettre ces documents à des personnes n'ayant pas l'accréditation nécessaire, les peines peuvent s'avérer très lourdes. Alex a entendu que les personnes accréditées top secret « bénéficient » d'une sorte de surveillance discrète, et que le courrier échangé, entrant et sortant, est systématiquement vérifié, allant jusqu'à la lecture du contenu des clés USB, des DVD ou des disques durs. Mais là encore, bien sûr, il y a plein de manques facilement identifiables dans leur protocole de surveillance. Tout ce qui est échangé de la main à la main reste très difficilement vérifiable. Les vrais espions utilisent même un système de « boîtes aux lettres », en déposant les documents dans des endroits originaux, laissant leur contact venir le rechercher après qu'il ait reçu un signal discret. Tout le monde a vu cela dans les films d'espionnage.

Susan est tirée de ses réflexions, car on lui demande de retenir sa respiration. On effectue le test de mise sous pression du scaphandre de Susan. Zut, elle préférait rester prise dans ses pensées, au moins elle ne pensait pas à son trac. Enfin, dans quelques minutes elle va rejoindre Alex et les autres pour prendre le minibus qui va les conduire sur la piste de lancement. Cela fait des années qu'on ne lance plus de fusées civiles depuis Huntsville, mais comme leur mission est plus militaire que civile, ils partiront de ce pas de tir situé à l'abri des regards indiscrets. Susan a déjà été plusieurs fois dans la nouvelle navette, très différente des anciennes. Ici, la navette est configurée soit pour du transport de fret ou de satellite, et est téléguidée, donc sans équipage, soit elle est configurée pour un équipage minimum, comme le personnel de cabine d'un avion. Dans ce cas elle peut encore emporter du fret. Enfin, elle peut être configurée pour emporter une demi-douzaine de personnes, et ils sont alors disposés comme dans un jet privé, trois l'un derrière l'autre de chaque côté d'une allée. Dans ce cas, la soute est réduite au minimum. Cette configuration fait appel à une plus grande version de la navette, mais Susan ne sait pas combien il existe de configuration en tout ni combien de tailles différentes de la navette sont en usage. Lors de sa visite « touristique » du centre spatial, ils ont visité les anciennes installations, ont vu les simulateurs de navette, la piscine d'apesanteur, très impressionnante, permettant aux astronautes de s'entraîner à travailler dans l'espace en totale apesanteur. Elle a vu aussi en extérieur les anciennes fusées Saturn V qui ont emmené les missions Apollo sur la Lune. Ces fusées sont gigantesques, les moteurs énormes, et elle a du mal à penser à la proportion minuscule de l'étage habité qui se trouvait tout en haut de cet édifice immense.

Aujourd'hui les lanceurs sont plus petits, d'abord parce qu'ils utilisent des boosters, placés sur les côtés et non plus des étages empilés les uns sur les autres, et ensuite parce que les charges sont nettement moins lourdes. Plus jamais des missions habitées n'ont dû échapper à l'attraction terrestre. Les missions spatiales qu'on voit décoller en en étant presque blasés ne s'élèvent jamais très haut. Deux cents kilomètres d'altitude pour les satellites orbitaux, et 36.000 kilomètres pour les satellites géostationnaires. ISS orbite à 360 kilomètres en moyenne, et on estime qu'une fusée échappe à l'attraction terrestre lorsqu'elle est à plus de 900.000 kilomètres.

Ah, enfin, on en a terminé avec son harnachement. Quelle histoire que ces combinaisons de astronautes ! Deux heures pour s'équiper ! Elle gagne le corridor et se dirige vers la sortie du bâtiment. Ici tous les bâtiments sont identiques, larges, gris foncé en béton préfabriqué, avec de grands numéros peints permettant de les différencier. Heureusement que la verdure est partout pour égayer cette ambiance un peu trop militaire. D'ailleurs elle ne pourrait pas oublier cette ambiance, car la moitié des entrées de bâtiments sont gardées par des militaires.

Leur autobus est là, et elle cherche Alex parmi les 5 astronautes qui sont déjà dehors à attendre. Tout le monde porte son casque, mais ils ont un genre de cagoule ignifuge qui empêche de voir les cheveux. Pauvre Susan, à quoi va-t-elle ressembler là-haut quand elle pourra retirer cette horrible cagoule ? Le temps est splendide. Ils ont de la chance. Elle reconnaît enfin le profil d'Alex et lui touche le bras. Il se retourne et vient se mettre à ses côtés. Il sait très bien qu'elle a le trac. Lui aussi d'ailleurs, mais Susan est aussi la seule femme de l'expédition. Heureusement pour elle, une autre femme se trouve déjà sur ISS, et elles pourront parler chiffon si nécessaire. Alex aimerait prendre la main de Susan dans la sienne, mais avec leur scaphandre c'est peine perdue, car elle ne sentira quasi rien et ils vont avoir l'air ridicule. Pour détendre l'atmosphère, Alex explique à Susan qu'il est de coutume de faire pipi sur le trajet vers le pas de tir. Le bus s'arrête à mi-chemin et tous les astronautes descendent et font pipi sur la roue arrière du bus. Il avoue lorsque Susan lui demande comment elle va faire que cette habitude superstitieuse est propre aux lancements effectués à Cap Kennedy.

On les enjoint à monter dans le minibus et celui-ci démarre sans attendre. Le pas de tir n'est pas très loin et ils se trouvent bientôt invités à descendre.

Susan lève la tête et contemple la fusée Atlas 5 qui va les emporter dans l'espace. Cette fusée utilise encore la technologie des V2 imaginée il y a 70 ans par Werner von Braun, comme tous les autres lanceurs d'ailleurs. Elle était à l'origine utilisée comme missile balistique. Leur navette X-37C (T-5) est moins lourde et plus petite que les anciennes navettes. Ils doivent maintenant se diriger vers l'ascenseur qui va les amener à hauteur de l'accès par lequel ils vont devoir se faufiler pour pénétrer dans ce qui ressemble à l'intérieur d'un jet privé, mais bizarrement orienté verticalement. Cela lui fait penser à ces drôles de bateaux qui permettent d'évacuer les plateformes de forage en cas d'urgence. Ils sont amphibies et sont disposés quasi verticalement. En pénétrant dedans on a l'impression de rentrer dans une salle de cinéma tellement il y fait sombre, mais une salle dont le plancher serait dix fois plus incliné que d'habitude.

Ici la cabine est complètement verticale et ils doivent donc emprunter une échelle encastrée dans le sol de la navette.

Susan doit se rendre au quatrième des 6 sièges. Alex sera juste devant elle. Les deux premières places sont celles des pilotes et copilotes, pour autant qu'on utilise encore ces termes, se dit-elle. Derrière eux se trouveront deux ingénieurs de l'équipe technique du projet Icarus. Une fois tout le monde installé, et les dernières vérifications effectuées, le personnel auxiliaire quitte les lieux et la lourde porte de la cabine est refermée sur eux. Le silence devient impressionnant, même si encore troublé par les échanges radio effectués par le pilote et la salle de contrôle. Susan peste sur la distance sidérante qui la sépare d'Alex. Impossible de lui tenir la main, pas plus que tantôt. Ni de lui faire un dernier baiser. Merde, merde merde et merde se dit-elle ! Mais tout en pestant sur le concepteur de la navette, Susan doit se plier au protocole, vérifier ses fixations, ses raccordements et actionner divers boutons situés sur sa gauche, sous un hublot que cette version habitée possède. Sur sa droite se trouvent l'allée, puis directement l'autre paroi. Ouh, le premier compte à rebours se fait entendre. Il y en aura un deuxième par après, avec la différence qu'à la fin du premier, si on annule le lancement, les coûts de reconditionnement de la navette explosent. Bon, il n'y a plus qu'à prendre son mal en patience. Ses gros gants ont au moins l'avantage

ALAIN HUBRECHT

de l'empêcher de se ronger les ongles. Ah, début du deuxième compte à rebours, beaucoup plus court celui-là. Mince, ça commence à vibrer de tous les côtés. Ough, c'est parti ! Son siège se met à bouger dans ses fixations comme s'il avait été acheté au surplus dans un stock américain. Elle sait qu'elle va encaisser jusqu'à 3G, ce qui n'est en fait pas difficile à supporter, et de plus ces G ne sont ni positifs ni négatifs, mais orientés vers l'avant, comme lorsqu'on se trouve dans un dragster. Ce sont les G positifs qui sont les plus difficiles à encaisser, car ils font refluer le sang de la tête et le cerveau n'est plus alimenté en oxygène. Les G négatifs sont moins durs à vivre, car ils font affluer le sang à la tête. Ici, lorsque la navette décolle, le sang est poussé vers l'arrière de la tête, et c'est donc plus facile à supporter. Susan sent quand même le poids de sa tête se multiplier par trois, et constate qu'elle ne sait plus la décoller de son appuie-tête. D'où elle est, elle ne peut observer ses camarades, car ils sont tous alignés l'un derrière l'autre. Par contre, la vue est extraordinaire. Elle aperçoit maintenant la courbure de la Terre, puis la navette sort de l'atmosphère. C'est féerique. Elle voit le noir de la nuit vers le haut, et le bleu du ciel vers le bas. Les jeux de lumière à la jointure de ces deux couleurs sont magnifiques. On dirait de la poudre d'or. Au loin, elle distingue un orage et voit de temps en temps des éclairs s'élever au-dessus des nuages et se diriger vers l'espace. On les appelle des Blue Jets et ils atteignent la stratosphère. La NASA craint qu'un jour un de ces Blue Jets ne touche une navette, et elle investit beaucoup d'argent dans des recherches sur ce phénomène encore mal connu. On en a déjà observé qui faisaient 80km de haut. Plus haut encore peuvent se produire des éclairs plus massifs, dénommés Elves (elfes en français), qui ressemblent à des chapeaux de méduses. Ils sont rouges et se propagent de la mésosphère à la thermosphère, une zone se situant entre 80 et 100km d'altitude. Ils peuvent faire 400km de diamètre, mais ne durent que quelques millièmes de seconde. Entre ces deux types d'éclairs très rares se produisent aussi des sortes d'explosion, de couleur rouge également, et qui ressemblent aux bras d'une méduse.

Ah, ils peuvent enfin ouvrir leur casque en faisant basculer leur visière. Pas trop tôt. Elle commençait à se transformer en poisson rouge. Sitôt cette visière relevée, elle s'approche près du hublot pour admirer la vue, et se dit à l'instant combien le monde est beau. Elle sait que sa réaction est typique, que tous ceux qui ont pu admirer la courbure de la Terre depuis l'espace n'en sont pas revenus de l'impression que cela leur a laissé.

Mais sa fascination est écourtée par Alex qui admire comme elle la vue et qui comme elle aussi a collé son nez au hublot. De là, en tournant la tête, il voit Susan sur son côté, mais il est obligé de se tordre le cou dans son casque, comme un Bernard l'hermite qui voudrait sortir de sa coquille. Il sait qu'ils ont maintenant, alors qu'ils sont quasi parvenus à l'altitude d'ISS, à attendre de longues heures afin que leur véhicule atteigne les coordonnées exactes d'ISS et puisse s'y arrimer. Cela leur donnera l'occasion de faire plusieurs révolutions autour de la Terre, en sachant qu'il faut un peu plus d'une heure et demie pour en faire le tour. On est en août et le temps est généralement beau dans l'hémisphère nord, ce qui leur donnera des vues dégagées sur les continents. Les hublots sont assez grands, on se croirait dans un avion de ligne. Alex lui a dit que si la navette doit traverser la ceinture de Van Allen, des volets de plomb vont occulter les hublots pour protéger les astronautes des bombardements de neutrinos et autres particules cosmiques nocives. Il faut savoir que nous recevons environ un milliard de neutrinos par seconde et par millimètre carré. Ces neutrinos nous traversent de part en part, et ne heurtent qu'exceptionnellement des électrons, des neutrons ou des protons de notre corps. On ne sait donc pas vraiment le résultat d'une telle collision. Des astronautes ont déjà observé comme des flashs lumineux dans leurs yeux et on pense que c'est dû à des collisions de neutrinos.

Mais par prudence et parce que ce nombre de particules est beaucoup plus important en dehors des ceintures magnétiques protectrices de la Terre, les expéditions spatiales seront dans le futur prévues pour pouvoir protéger les astronautes de ce mal possible.

Susan est entièrement captée par la beauté des continents qui défilent sous ses pieds. Les étoiles aussi l'impressionnent, car elles sont énormément plus nombreuses que ce qu'elle croyait. Elle avait déjà fait des observations de la voûte céleste par beau temps dans des régions désertiques, et elle se remémore d'ailleurs les nuits passées en Sardaigne avec Rano. Mais rien ne l'avait préparée à voir autant d'étoiles une fois en dehors de l'atmosphère.

Alex lui indique qu'il doit vérifier les conditions de la soute, où leur spectrographe se trouve. Là encore, il retrouve des habitudes de son ancien travail et encore une fois a pu démontrer sa polyvalence.

Leur navette n'est pas grande. Elle est environ trois fois plus petite que les anciennes navettes. La NASA a compris qu'il n'est pas judicieux de vouloir transporter des satellites ou des colis de réapprovisionnement en même temps que des hommes. La gamme X-37 a donc été pensée de manière optimale soit pour lancer de petits satellites, majoritairement militaires, soit réaliser des missions d'espionnage, soit transporter des astronautes vers ISS ou d'autres destinations inconnues.

Susan commence à trouver le temps long. Elle a déjà vu plusieurs fois la Terre entière défiler sous elle. Le vaisseau est silencieux, car les moteurs sont à l'arrêt. De temps en temps une tuyère de positionnement est activée, et cela fait le même bruit que dans une montgolfière quand on actionne le brûleur. Ces tuyères au nombre de 20 sont positionnées tout autour de la navette et permettent de la faire bouger dans n'importe quelle direction, au besoin de tourner sur elle même. Une mise à feu d'une de ces tuyères pendant une fraction de seconde a des effets persistants pendant longtemps, car quasi rien ne freine la navette. Susan découvre avec gêne les possibilités de jeux vidéo de la console vidéo qui se trouve dans le dossier du siège d'Alex, exactement comme dans les avions de ligne. Tout est prévu en effet pour détresser les voyageurs. Dès que ceux-ci ne sont plus pris par leur travail, de multiples options sont prévues pour qu'ils puissent mobiliser leurs pensées sur des activités délassantes et distrayantes. Elle découvre même un jeu où il faut détruire des navettes spatiales d'envahisseurs. Un comble se dit-elle, tout en se prenant quand même au jeu pendant quelques instants.

Ah, on leur annonce qu'ils approchent de la station ISS. D'où elle est elle ne peut rien voir de son hublot, mais au travers des vitres du cockpit, elle voit au loin un point lumineux se mettre à grossir. Ils doivent remettre leur visière et en assurer l'étanchéité. De nouveau, toute la procédure d'arrimage va être contrôlée par ordinateur, et ce ne sera que s'il y a un problème que le pilote devra prendre les commandes. Cet arrimage n'est pas une première, et les premières missions se sont déroulées sans encombre. Tout le monde est donc confiant.

Susan est étonnée de la facilité avec laquelle se passe la réunion de leur navette avec ce monstre d'acier, qui maintenant qu'ils sont arrimés, lui semble gigantesque. Elle est largement plus grande qu'un Boeing 747 ou qu'un Airbus A380 !

Un bruit sourd et un sifflement lui indiquent que le verrouillage du véhicule est terminé. Ils peuvent à nouveau ouvrir leur visière. Elle va bientôt pénétrer dans l'ISS.

Chapitre 19

28 août 2010, à bord de l'ISS

Alex et Susan ont fait la connaissance de l'intérieur de l'ISS. Il n'y a que 200 mètres carrés, mais là haut, il vaut mieux parler de mètres cubes, car il n'y a pas vraiment de plancher et pas plus de mur ou de plafond. C'est donc 400 mètres cubes qui sont disponibles pour les activités des occupants de l'ISS. Ils ont dû écouter avec attention les consignes d'usage et de sécurité et exécuter quelques exercices nécessaires à maîtriser en cas d'urgence. Après plus de quatre heures de procédures et d'explications, on leur donne enfin quartier libre. La machine d'Alex est restée dans la navette. Elle sera opérée de là-bas par facilité et parce qu'elle ne passerait pas dans l'écoutille.

Susan doit réunir leur équipe afin de leur donner quelques explications destinées à mieux comprendre leur expérience et optimiser les conditions de celle-ci. Les occupants de l'ISS dont ils ont fait la connaissance seront également mis au courant de ce qui va se passer, dans la mesure de ce qui peut leur être dit. En attendant cette réunion programmée pour le lendemain, elle compte bien se trouver un peu de moments de détente avec Alex. Ici en haut, le mot « lendemain » porte une autre signification, ou plutôt il a moins de signification, car pris au pied de la lettre, ils vivent un lendemain toutes les heures et demie puisqu'ils voient le soleil se lever à chacun de ces intervalles. Ils sont donc tenus de regarder leur montre pour savoir quand vient l'heure d'essayer de dormir. L'usage est de laisser les gens voulant s'isoler aller dans le module Tranquility. Ce module récemment rajouté à ISS est doté d'une extrémité ayant la forme d'un diamant, chaque facette étant un hublot. C'est donc un superbe endroit pour observer la Terre qui défile juste en dessous. Ce module ne contient pas d'expérience, mais juste des équipements de retraitement de l'air et des déchets, des toilettes et des appareils de sport. Tacitement, le reste de l'équipage reste éloigné de ce module lorsqu'ils savent que ceux qui y sont ne sont pas en opération.

« Alors, tu ne regrettes pas d'être venue » demande Alex à Susan.

« Tu veux rire ! regarde-moi cette vue. C'est à peine croyable. Oh, comme je suis heureuse, tu ne peux pas savoir. Comprends que si je suis archéologue, c'est parce que j'aime notre Terre, notre histoire, l'espèce humaine, et imagine ce que représente pour moi de pouvoir contempler cette Terre sous mes pieds »

« Oui, je m'imagine très bien. Je suis content que tu sois heureuse. En plus le voyage s'est bien passé. Il ne reste plus qu'à s'habituer à ce manque de gravité. Peut-être parviendrons-nous a moins nous cogner. J'ai déjà des bleus partout. J'en remettrais presque ma grosse combinaison que nous avions dans la navette. » plaisante Alex en essayant d'agripper Susan par les bras. Mais celle-ci, à chaque tentative ratée, s'éloigne d'Alex comme si elle n'était qu'une bulle de savon emportée par le vent. Finalement aidée de Susan ils parviennent à se tenir l'un l'autre et à trouver une place dans le module. C'est vraiment bizarre et dérangeant, car il est impossible de s'asseoir. Ils flottent tout le temps, et donc le corps ne cesse de bouger, alors que normalement pour se reposer, on est censé arrêter de se déplacer. Cela les trouble un moment, mais finalement en s'aidant de leurs jambes pour se caler ils parviennent à se sentir bien. Ils sont l'un contre l'autre, se touchant par les épaules, et main dans la main contemplent la planète bleue défiler majestueusement devant eux.

« Alex, tu te rends compte de la chance qu'on a ? Pense à où nous nous trouvons. Vivre un tel moment, une telle vision en compagnie de son compagnon, c'est une chance inouïe ! »

« Oui, je sais. Et nous ne l'avons même pas cherché. J'ai juste un peu poussé pour que tu puisses venir, et encore, mes boss me l'avaient aussi suggéré, mais ils craignaient que tu refuses.

« Tu sais, cela me fait penser à quand j'étais jeune. Lorsque nous allions au ski en famille, avec mon frère nous avons trouvé une promenade qui partait derrière le chalet. En marchant une vingtaine de minutes, on arrivait au pied d'un pan rocheux. On avait l'habitude de nous y rendre et de nous asseoir. De là on contemplait toute la vallée. Nous étions aussi à l'abri quand il neigeait. Le calme de l'isolement du lieu ou personne d'autre ne venait jamais, la vue magnifique, l'admiration que j'avais pour mon frère faisaient comme si le temps s'arrêtait. On pouvait rester là sans rien dire pendant des heures, ou c'est en tout cas l'impression que nous avions tant le temps semblait s'être arrêté. Par après j'ai rarement revécu la même sensation, mais ici, je sens qu'elle est là et je suis heureuse de pouvoir la vivre avec toi. »

« Je ne te savais pas si romantique, mais je veux bien croire que l'endroit où nous nous trouvons se prête à des impressions extraordinaires. As-tu remarqué comme nos yeux sont presque capables de distinguer chaque source lumineuse quand nous passons au-dessus et qu'il y fait nuit ? »

« Oui, j'ai vu. C'est incroyable comme nos yeux sont des choses extraordinaires, créées par la nature. Sur Terre, nous ne pouvons voir des choses plus loin que l'horizon, à cause de la courbure de la Terre, soit environ 25 km. On dit que la nuit on voit une cigarette allumée à 8 kilomètres. Je me suis souvent amusée à regarder les voitures se déplacer sur les routes lorsque je les survolais en avion de ligne, donc à environ dix kilomètres. Mais ici nous sommes à 200 kilomètres et on croit distinguer chaque lampe allumée. »

« Pour revenir sur Terre, ou plutôt pour parler boulot, tu te sens prête pour la suite des opérations ? »

« Oui, j'ai déjà rencontré tous les membres d'ISS et je connaissais déjà nos collègues de SAIC qui sont venus avec nous. Je pense bien m'entendre avec tous. C'est vrai qu'a priori ce n'est pas gagné en tant que femme de venir leur dire comment mener leurs expériences, surtout que j'arrive juste à la fin du projet, ou en tout cas d'où il en est maintenant. Je dois les briefer demain, et vous lancerez l'opération d'ici deux jours je pense, puisqu'il faut attendre que nos révolutions nous amènent au-dessus du Caire. Rano a obtenu la permission de me représenter là bas, au cas où il devrait donner des informations supplémentaires ou décider de je ne sais quelle improvisation. Tu as des nouvelles des préparatifs là bas ? »

« Oui, tout va bien. J'ai encore vérifié sur mon portable pendant le vol. La grande Pyramide va être fermée au public après-demain, ce qui leur laissera le temps d'installer le matériel dans le conteneur situé dans la chambre du roi, enfin la soi-disant chambre du roi. Je n'arrive pas à m'imaginer que nous serons capables d'envoyer notre rayon de lumière vers le conduit menant de l'extérieur à la chambre, et encore moins être dans l'axe. Mais ces nouveaux GPS militaires à micro-ondes mis en service en 2002 font des miracles. Ils sont précis au centimètre. Mes collègues ont l'air super confiant. Tu sais que tu m'accompagneras là haut. Tu verras la Terre beaucoup plus petite, ou plutôt tu ne la verras pas puisque les hublots seront occultés par les blindages contre les rayonnements. Mais nous aurons les caméras extérieures. De toute façon nous n'allons pas là pour admirer le paysage, mais pour coordonner l'expérience. »

« Arrêtons un peu de parler de cela, et prend moi dans tes bras, je me sens vide si loin de ma Terre. Je veux sentir tes vibrations. »

Alex s'exécute volontiers et nos deux astronautes en herbe admirent en silence la Terre qui continue à défiler sous eux.

Chapitre 20

30 août 2010, le Caire, Égypte

Rano est arrivé la semaine passée au Caire. Il loge au Palais Manial en plein centre de la ville. Cet ancien jardin botanique construit sur l'île située sur le Nil a été saccagé par les Russes lors de la construction du barrage d'Assouan. Ils ont en effet mis des baraquements pour y loger leurs ingénieurs. Plus tard, le Club Méditerranée a arrangé le site pour lui redonner un peu d'harmonie et les vacanciers ont cru loger dans de beaux bungalows récents alors qu'il s'agissait des baraques de chantier rénovées. Depuis 1994, le jardin a été réaffecté comme musée, mais le gouvernement et manifestement les Américains ont encore la possibilité d'y loger des personnalités. Rano s'y retrouve donc avec quelques membres de l'équipe, qui, comme lui, n'ont pas d'accréditation Top Secret. La quiétude du lieu est assez incroyable. En effet, à peine sorti par la porte du Palais située dans l'énorme enceinte qui fait le tour du jardin, le bruit de la ville envahit ses oreilles. C'est un tintamarre incessant de bruits de moteurs, de klaxons et de sonnettes. Une fois les oreilles accoutumées, c'est aux chauffeurs de taxi qu'il faut faire face. Ceux-ci font le pied de grue devant l'entrée du Palais, attendant les touristes qui en sortent et espérant pouvoir les ramener chez eux ou sur un site archéologique. Leur vrai but est de vous emmener visiter une fabrique quelconque de papyrus, d'objets en bois ou de maroquinerie, et d'y toucher leur commission au passage. Rano a déjà compris qu'il faut se blinder psychologiquement avec eux, car lorsqu'on refuse de payer ce qu'ils demandent ils vous invectivent comme si vous aviez tué leur frère. Mais il ne faut pas céder. Ils acceptent ce que vous leur donnez, vous injurient encore une fois et partent furieux, mais le lendemain, vous les retrouvez devant le Palais et c'est avec un sourire jusqu'aux oreilles qu'ils vous proposent à nouveau leurs services comme si vous vous étiez quittés la veille comme les meilleurs amis du monde.

Mais aujourd'hui, Rano doit prendre le minibus prévu par SAIC.

Il va les mener en quelques minutes sur le plateau de Gizeh au pied de la pyramide.

Ils sont huit à loger au Palais. Rano sait qu'il y a une cinquantaine d'autres personnes qui seront déjà là. Quelle équipe se dit-il, pendant que le minibus navigue dans la circulation effervescente du Caire. Il observe avec amusement les minis guérites situées aux carrefours, dans lesquelles des policiers notent les numéros de plaque des taxis qui transportent des touristes. On lui a expliqué que ce système vieux de dizaines d'années permet de retrouver très facilement les taxis qui escroquent leurs clients et ainsi assurer un certain niveau de sécurité au tourisme du Caire. La circulation est incroyablement dense pour cette ville surpeuplée.

Ils passent devant des magasins irréels, remplis jusqu'au plafond tantôt de vieux pneus de vélo, tantôt de réveils cassés, ou de pièces mécaniques indéfinissables.

Ah, les voilà enfin sortis de la ville, en route vers le plateau. Il croise un rang d'élèves se rendant à l'école. Ils portent tous le même costume blanc et bleu, ce qui donne un peu d'ordre dans cette ville poussiéreuse où la plupart des bâtiments publics semblent laissés à l'abandon.

Rano aperçoit les pyramides, et plus loin ce qu'il reste du Sphinx. Les pyramides paraissent bien plus grandes qu'en photo. Les blocs visibles à leur base sont presque aussi hauts que lui. Devant la plus grande des pyramides a été dressé une série de tentes militaires de telle sorte à masquer son entrée. Ils passent devant un attroupement de touristes mécontents qui réclament l'accès à la grande pyramide. Il imagine qu'on leur dira de revenir le surlendemain ou qu'on leur offrira l'entrée gratuite sur un autre site. Maigre consolation, sachant que les entrées aux sites archéologiques du Caire sont quasi gratuites.

Rano débarque avec ses collègues et va prendre ses affaires à l'arrière du véhicule. Puis, après avoir encore une fois élevé son regard jusqu'au sommet de cette masse de pierre, il pénètre dans le labyrinthe de tentes où il découvre une armada de techniciens et de gardes de sécurité. La moitié des tentes lui sont accessibles, mais certaines sont gardées et marquées d'un panneau « Restricted – Authorized personnel Only ».

En fait, on ne mettra jamais que c'est réservé aux personnes porteuses d'une accréditation Cosmic Top Secret ECE, car selon le système de gestion du secret, ceux qui ne sont pas dans tel niveau de secret et sur tel projet ne peuvent savoir que le projet existe ou qu'il comporte tel niveau de secret. Celui qui n'est pas doté du bon niveau ignore donc tout simplement pourquoi on lui refuse l'accès à tel local. S'il s'agit d'un document, il ne s'étonnera jamais, car il ne le verra jamais et ignorera toujours son existence.

Tout cela est bien compliqué se dit Rano, pendant qu'il constate qu'ils ont l'air conditionné dans les tentes. Quel luxe !

Il met un certain temps à trouver la personne avec laquelle il doit se mettre en rapport, mais parvient enfin à ses fins. Il sait qu'il ne dormira pas cette nuit. La connexion avec la navette est prévue pour 3 h 15 du matin. Ils ont déjà commencé à rentrer le matériel dans la pyramide. Rano sait que l'Arche d'Alliance se trouve quelque part dans une de ces tentes, ou bien sans doute sera-t-elle apportée au dernier moment. Il n'est pas sensé le savoir, mais Susan le lui a dit, et c'est Alex qui l'a dit à Susan. Comme quoi le bouche à oreille reste très perméable à cette notion de secret. Ils ne doivent pas être plus de dix à savoir réellement ce qui va se passer cette nuit. Les autres se contentent de déplacer des caisses, connecter des appareils, vérifier des accréditations ou des laissez-passer. Rano doit assister à un briefing à 19 h, puis se tenir en stand-by jusqu'à 6 h du matin, heure à laquelle aura lieu un débriefing. Alors seulement il pourra rentrer dormir, mais bien entendu, dormir est la dernière chose à laquelle il pense pour le moment. Rano est tendu comme une corde à linge. Au Palais tout allait bien, mais pendant le voyage, au fur et à mesure qu'il s'approchait du complexe, sa tension augmentait. Il repense à son accrochage chez SAIC lié à son changement d'attitude, à son mensonge sur son père qui aurait été malade, et aux informations qu'il a envoyées à l'ambassade de Chine ces dernières semaines. Il se sent terriblement coupable, et n'ose repenser à son état physique lorsqu'il est allé déposer son enveloppe dans le bois situé derrière son hôtel. Le soleil s'était déjà couché et il a fait mine d'aller se promener dans les environs, ayant bien pris soin de commencer ces promenades du soir des semaines au préalable. Il avait reçu un dessin sous sa porte un jour, avec le plan du bois derrière son hôtel, et une croix rouge là où il trouvera une poubelle. Il était expliqué qu'au pied de la poubelle se trouve une pierre plate qu'il doit retourner lorsqu'il dépose une lettre dans la poubelle. Il constatera qu'une tache blanche a été peinte sur le dessous de cette pierre. Cela permet à l'autre agent de passer devant la poubelle sans s'arrêter et de constater de loin si la poubelle contient un message ou non.

Aucune communication électronique n'est permise, ni email, ni appel téléphonique, et encore moins par un téléphone mobile.

S'il a une urgence imprévue, il doit se rendre à l'ambassade la plus proche et demander à parler au responsable de la plomberie. C'est le terme utilisé pour demander à parler au service de renseignement chez eux. Rano, la mort dans l'âme, mais pour sauver sa famille, a déjà déposé deux courriers dans la poubelle, informant sur la marche du projet et ce qu'il en savait. À chaque fois, son cœur battait la chamade, sa gorge palpitait, son estomac se tordait, et la première fois, il a même dû vomir dès qu'il est rentré dans sa chambre. Depuis, il vit dans l'angoisse qu'on ne l'ait repéré, ou que les poubelles aient été vidées par le personnel de nettoyage, et qu'on fasse quand même du mal à sa famille.

Mais il a constaté que la pierre avait à chaque fois été retournée, en attente d'un autre courrier possible de sa part.

Rano sait qu'il pourra dès demain matin faire de même au Caire, dans l'enceinte même du Palais Manial. Il se dit que les services secrets chinois sont partout. Là, c'est dans une anfractuosité du mur d'enceinte qu'on lui a indiqué où déposer son pli, avec encore le coup de la pierre, mais ici c'est l'inverse. C'est lui qui voit la tache blanche qui masque l'anfractuosité, et lorsqu'il dépose un message, il doit retourner la pierre qui devient anonyme, mais masque son pli. Par Mao Tsé Toung, vivement que cette aventure finisse et qu'il rentre au pays. Tant qu'il sera avec ces Américains, il sera à la solde des services de renseignement de son pays, et cela, il ne peut le supporter. Il sera toujours temps une fois rentré de redemander un visa par la voie normale. Sans doute le laisseront-ils tranquille.

Ils continuent en tout cas à lui mettre la pression, à menacer d'embêter sa famille s'il ne continue pas à transmettre des informations sur le projet sur lequel il travaille.

Rano est tiré de ses pensées par un garde qui s'est approché de lui et lui demande son laissez-passer. Contrôle de routine lui dit-on. Bon sang, il ne manquait plus que cela !

ALAIN HUBRECHT

Chapitre 21

30 août 2010, à bord de l'ISS

Susan a réuni les participants à l'expérience.

Ils sont en vidéoconférence avec le quartier général de SAIC. Grâce à des satellites de la société SAIC, le lien est continuellement gardé entre lSS et la base de SAIC. Ces satellites ont comme fonction officielle de relayer des mesures faites dans les avions de ligne. Des senseurs prennent en effet la température et d'autres caractéristiques des pièces mécaniques, des moteurs et autres pompes dans ces engins volants et les rapatrient à McLean où ils sont analysés en temps réel afin de détecter de possibles défaillances, et pouvoir intervenir au plus vite dès que l'avion se pose à un endroit sur Terre. Ces satellites servent bien entendu à d'autres missions plus discrètes et sensibles.

Ils se sont regroupés dans le module russe Zvezda. C'est le plus spacieux. Susan a connecté le PC portable qu'on lui a prêté sur l'écran enchâssé dans le rack devant elle. Elle a appris que les astronautes ne peuvent en aucun cas emporter leur ordinateur personnel ou de travail, le matériel électronique partant sur ISS ou dans les navettes doit répondre à des critères de sécurité extrêmement stricts.

Susan commence sa présentation en faisant défiler l'image d'anciens conquérants, d'empereurs et de rois, chacun s'étant illustré par ses capacités à accomplir de grandes choses en un laps de temps très court. Certains de ces empereurs ont conquis le monde connu et parfois inconnu en moins de 20 ans.

Qu'est-ce qui animait ces personnages illustres ?

Elle enchaîne en expliquant que les observations du ciel et des astres pendant des milliers d'années avaient conduit les anciens à identifier des corrélations entre la position de ces astres à la naissance d'un individu et les capacités futures de cet individu à pouvoir diriger. Mais cela ne suffit pas, vouloir diriger est une chose, mais encore faut-il prendre les bonnes décisions. Là aussi, ils avaient remarqué que les enfants nés lorsque Vénus se levait, et que Vénus était dans une certaine phase de son parcours dans le ciel, étaient doués pour prendre les bonnes décisions, faire des choix qui s'avéraient plus souvent justes que par le simple fait du hasard. Ils ont commencé à comprendre cela sans doute il y a déjà 10.000 ans.

Ils ont noté les cycles de Vénus, sa brillance, son éloignement du Soleil, et ont probablement appris à procréer à une date leur permettant d'accoucher lorsque Vénus se lèverait avec des caractéristiques optimales. Ils auraient construit des mégalithes spécialisés pour ces accouchements, leur permettant de savoir immédiatement si l'enfant était « bien né ». Certaines peuplades comme les Sardes auraient même poussé cette pratique à l'extrême, allant jusqu'à construire des dizaines de milliers de mégalithes dédiés à cette pratique. On peut même se demander si cette pratique n'aurait pas à la longue amélioré la race humaine, ou plutôt amélioré ses réalisations, en lui permettant de voir quels sont les bons choix dans différents domaines, et pas seulement celui des conquêtes, mais aussi de l'urbanisme, de l'élevage et de la culture et des sciences.

Ainsi les premiers pharaons, Alexandre le Grand, Gengis Khan, Jules César, Hannibal, Cléopâtre et la reine de Sabba pourraient être des enfants issus de cette pratique.

Un chercheur français, Michel Gauquelin, a passé sa vie à réaliser des statistiques sur de grands hommes, nés plus récemment afin de disposer de leurs dates et heures de naissance, afin de voir s'il y avait réellement une influence de la position de Vénus et des autres planètes proches de la Terre sur la propension du bébé à devenir plus tard ce qu'on nomme un grand homme. Il en conclura, toujours en faisant parler les statistiques et en travaillant en aveugle, que chacune de ces planètes produit des caractères différents. Tous les comités ou chercheurs qui ont essayé de mettre à mal les résultats de ses statistiques, rassemblés sous l'expression « d'Effet Mars », ont du se résoudre à admettre qu'il y avait bien un véritable effet des planètes sur le caractère à venir des bébés nés lorsque ces planètes étaient dans des positions spécifiques par rapport à leur lieu de naissance. Ses statistiques montrent que l'angle d'incidence de la lumière d'un astre par rapport à l'endroit où se passe l'accouchement sur la Terre est très important. Il a identifié une fenêtre d'environ 10 degrés au-dessus de l'horizon qui serait la position optimale pour bénéficier de l'effet de la planète. Au-delà de cet angle, l'effet ne se fait plus sentir. Par contre, on note un retour de cet effet après que la planète ait dépassé son point le plus haut dans le ciel, mais l'effet est déjà moindre. Enfin, lorsque la planète se couche, et quand elle est à son point le plus bas, cachée donc sous l'horizon, cet effet se fait encore sentir, ce qui démontrerait que ce ne sont plus des photons, mais une autre particule capable de traverser la matière comme les neutrinos, qui seraient responsable des changements opérés dans le corps du bébé, ou les inertons.

Alex présente alors les graphiques montrant comment la lumière du Soleil réfléchie par Vénus est étrangement polarisée, et comment cette polarisation devient négative à l'approche de l'élongation maximale de Vénus. Il explique que la machine a été conçue pour pouvoir reproduire la gamme chromatique de photons venant de Vénus, et de reproduire leur polarisation. Il présente la technique qui a été utilisée pour produire de la polarisation négative, un véritable challenge pour les ingénieurs de SAIC. Jusqu'à ce jour, personne n'avait encore été capable de produire de la polarisation négative. Cette caractéristique avait été découverte en observant la lumière de Vénus, mais personne ne pouvait expliquer comment elle était produite. Alex et ses collègues ont imaginé forer des minuscules trous dans le filtre polarisant, d'un diamètre quasi égal à celui de la longueur d'onde émise. La machine va donc émettre plusieurs longueurs d'onde et elle utilise donc plusieurs filtres de polarisation différents. Ensuite, pour ce qui est de transformer cette lumière particulière dans la particule qui va modifier le cerveau de l'enfant, c'est encore la grande inconnue, et c'est pourquoi ils ont décidé de laisser faire la nature et d'emporter la machine au-delà de la ceinture de Van Allen. Ainsi, les photons passeront au travers de cette très importante zone électromagnétique, puis dans l'ionosphère et la magnétosphère. La première étape est donc purement technique, et se concentre sur l'Arche d'Alliance. Cette Arche était en effet le but premier du projet Icarus imaginé par SAIC, la relation entre celui-ci et les bébés conquérants et visionnaires n'étant que toute récente et due aux recherches et à l'imagination de Susan.

Comme cette mission était planifiée de longue date, SAIC a décidé de la maintenir, l'enjeu de l'Arche d'Alliance la justifiant de toute façon pleinement. Par mesure de précaution, maintenant qu'on sait que la lumière de Vénus peut avoir un effet sur le cerveau, ils ont pensé utile et raisonnable de s'adjoindre la présence de Susan pendant l'expérience au cas où elle donnerait des résultats inattendus, mais aussi pour qu'elle puisse en retirer de l'enseignement.

Cette première étape consiste donc à produire un rayon de lumière le plus puissant possible et de le diriger vers la Grande Pyramide, selon un axe extrêmement précis, car il doit pénétrer le conduit menant d'une face externe de la pyramide à l'intérieur de la chambre du roi. Là se trouvera l'Arche d'Alliance, placée dans le sarcophage en granit taillé d'une seule pièce. La chambre sera rendue étanche et remplie d'hydrogène. Un générateur basse fréquence de grande puissance sera réglé sur la fréquence de la Terre, soit 440 Hz. C'est la fréquence qui devait être captée et amplifiée dans la grande galerie, épurée par des herses servant de filtre à l'entrée de la chambre du roi, et mise en résonance dans le sarcophage (E-10). Bien que les ventilateurs situés dans les conduits aient été retirés, il reste l'inconnue du fait que ces conduits ne sont pas rectilignes. C'est là que doit jouer la transformation des photons dans ces particules encore inconnues. D'un côté elles traversent la matière, mais d'un autre elles semblent déviées par certaines couches de la haute atmosphère. Les faces des conduits seraient-elles enduites d'une matière réfléchissante, permettant à l'onde de rebondir et d'arriver à bon port, un peu comme un faisceau lumineux se propage dans une fibre optique ?

Ces inconnues continuent à troubler l'équipe de SAIC, mais les éléments de bases sont trop précis que pour ne pas tenter l'expérience. Un fait étonnant est que les conduits n'aboutissaient pas dans la prétendue chambre du roi lorsque celle-ci a été découverte. Les conduits s'arrêtaient à 8cm de la face de la pierre. Ce sont des fissures qui ont fait deviner leur présence. Cela veut bien dire que les bâtisseurs de la pyramide savaient déjà que l'onde qui allait se propager dans les conduits pouvait traverser la matière.

Pendant que Susan reprend la suite de la présentation, Alex s'éloigne et se rend dans le module Unity pour trouver un peu de calme. Ces dernières heures se sont avérées épuisantes, et il ne comprend pas que Susan paraisse tellement bien.

À ce moment, un des hommes de l'équipe le rejoint. Il était dans la navette, mais il ne l'avait jamais vu à San Diego. On le lui a présenté comme étant un technicien en renfort.

« Ça va, pas trop nerveux ? » lui demande-t-il.

« Non, de ce côté, je n'ai pas de stress. Tout me semble sous contrôle ici. C'est plutôt pour ceux d'en bas que je m'en fais. Personne ne sait le phénomène que l'Arche d'Alliance va déclencher. Pour avoir construit cette pyramide, il fallait que ce soit sérieux. Certains ont observé qu'il y a eu une explosion dans la chambre du roi, mais on ne sait pas de quoi. Si comme prévu, c'est de l'hydrogène qui y était envoyé, on peut imaginer en effet une telle explosion. Mais je parle et je ne sais si je peux vous en dire plus. Vous êtes accrédité ? » lui demande Alex.

Sur ce, l'individu lui sort un badge « Cosmic Top Secret ECE » et le montre à Alex sans trop insister.

« Ne vous en faites pas, je ne suis pas ici comme technicien. Je fais partie du quartier général et je travaille sur ce projet depuis une époque à laquelle vous n'étiez même pas né »

« ???. Wow, vous paraissez pourtant encore jeune »

« Détrompez-vous. J'ai 59 ans. Je me présente, Paul Smith, ex projet STARGATE (P-11) »

« Ah, il me semblait bien que je vous avais déjà vu quelque part, mais ce doit être sur les photos de l'équipe de ce projet. Et si je peux le savoir, pourquoi êtes-vous présent pour cette expérience ? »

« Justement, je voulais vous parler, et si possible discrètement.
Même si vous n'êtes pas qualifié en accréditation, nous nous devons de vous mettre au courant de certains points importants. L'expérience de demain possède de multiples facettes, et vous savez qu'on ne dit à chacun que ce qu'il doit savoir. Mais nous arrivons à un moment crucial, et il nous semble important de pouvoir mettre toutes les chances de notre côté. Vous avez certainement entendu parler d'Ingo Swann, puisque vous avez déjà vu des photos de l'équipe STARGATE ? »

« Oui, je vois qui il est. C'est lui qui a mis au point cette méthode de vision à distance lors de la guerre froide. »

« Oui, exactement, mais ce que peu de personnes savent, c'est qu'il avait mis au point une deuxième méthode de vision à distance, qui utilisait la technique de la projection astrale. Vous savez, ces personnes qui prétendent voyager dans notre monde avec leur esprit, ou explorer d'autres mondes »

« Oui, je connais. J'ai un ami qui est fanatique de cette chose. Il m'a parlé de l'Institut Monroe créé par un maître de cette technique »

« En effet, et l'équipe STARGATE a même été faire des stages là bas. Ingo en est revenu avec cette technique, mais à partir du moment où il l'a utilisée, il a commencé à voir des soucoupes volantes ou des extraterrestres pénétrer dans son champ de vision. Le service MIB comme vous dites de SAIC l'a mis à l'épreuve à l'époque pour voir s'il pouvait nous aider à progresser dans notre compréhension du phénomène OVNI, mais il n'a pas pu maîtriser le stress et nous avons dû arrêter nos tentatives. Toujours est-il que nous sommes persuadés que ce don de vision à distance interfère avec le phénomène OVNI, que nous ne parvenons toujours pas à appréhender correctement. On a dû vous dire l'implication de SAIC dans ce domaine. C'est en fait nous qui avons repris tout ce domaine de la NASA. Les corps d'armée comme l'US Air Force nous rapportent tous les incidents, et le Pentagone, la NSA, la CIA et le FBI aussi. N'allez pas répéter ce que je vous dis, mais j'essaye de vous faire comprendre dans quel jeu on joue. Nous contrôlons absolument tout ce qui se fait, se dit ou s'observe à propos des OVNIS. Personne n'en sait autant que nous. Vous avez vu l'autre jour à Mc Lean Jacques Vallée. Lui, c'est notre tête pensante. Il avait demandé à venir, mais comble de la frustration, il est trop grand pour la navette et c'est donc moi qui le remplace. Pour lui comme pour moi, cette expérience est primordiale dans notre compréhension de ce phénomène OVNI. L'idée de Jacques est que cette lumière de Vénus, et sans doute ce qui va émaner de l'activation de l'Arche d'Alliance, peut permettre à l'homme de rentrer plus facilement en contact avec ce qui se cache derrière ce phénomène OVNI. Il pense qu'au-delà de cette caractéristique de clairvoyance produite par Vénus il pourrait se trouver la capacité de rentrer en contact le phénomène extraterrestre. Mais j'utilise ici le terme extraterrestre à mauvais escient. Nous ne croyons pas aux extraterrestres, mais bien à une force intelligente capable de manipuler la matière à sa guise. Nous ne connaissons pas son but. Est-ce ça que certains appellent Dieu ? Nous ne savons pas. Ce qui est certain c'est que cette force est omniprésente et que son pouvoir semble sans limites. On se demande dès lors pourquoi elle s'amuse à nous faire apparaître de petits appareils en forme de soucoupe et des petits hommes verts qui se baladent dans nos champs pour récolter des bouquets de lavande. On nage en plein délire depuis 65 ans ! Nous espérons que cette machine, aidée de l'Arche d'Alliance, va permettre de mieux comprendre cette chose.

Le plus délicat est vous vous en doutez, l'aspect humain que nous ne savons pas trop comment gérer, puisque nous ne savons pas ce qui va se passer. Nous avons une cinquantaine de personnes au sol, mais qui seront toutes hors de la pyramide au moment de l'expérience. D'après ce que nous savons, la pyramide était conçue pour fonctionner en vase clos, sans intervention humaine, hormis le réapprovisionnement en liquide pour générer l'hydrogène, mais cela se faisait sans doute par des conduits encore inconnus qui aboutissaient dans ceux de la chambre de la reine. Nous ne pensons donc pas que des personnes se trouvaient dans la pyramide lors de son fonctionnement. Cela veut dire que l'effet recherché devait avoir un rayon d'action s'étendant en dehors de celle-ci, ou bien que cet effet visait l'autre conduit, celui situé au nord, et là nous sommes dans l'expectative la plus complète sur son but. Nous marchons donc sur des œufs et devrons être attentifs au moindre signe visible d'effet extérieur de l'expérience. Tous nos hommes ont passé une visite médicale poussée et ont signé une décharge. Nous les payons assez cher pour qu'ils nous rendent bien ça. »

Alex a écouté attentivement ces explications et ces mises en garde.

« Mais d'après vous, qu'est-ce qui peut se passer ? »

« Jusqu'il y a quelques mois, nous ne savions pas trop, mais avec les informations apportées par Susan, nous pensons avoir une piste. Cette histoire de microtubules dont les molécules seraient modifiées par des particules émanant de la lumière de Vénus et qui permettraient de devenir clairvoyant nous a immédiatement fait penser à notre recherche de contact avec le phénomène OVNI. Auparavant, nous cherchions du côté de la physique quantique, imaginant des intrications d'électrons entre certains humains et des extraterrestres, mais regardez comme tout a basculé avec Susan. Notre idée originale était biaisée et limitative. Biaisée parce que nous pensions encore trop à un phénomène lié à des entités, et limitative parce que l'intrication quantique ne concerne que deux particules à la fois, or il semble que les contactés sont reliés à un nombre illimité d'entités inconnues. Ainsi, d'une part nous avons des gens comme Travis Walton, Betty et Barney Hill, Anthony Wood et Chris Miller qui seraient des « cibles » intéressantes pour ce phénomène, et d'autre part des gens comme les chercheurs japonais du groupe OUR-J ou Pierre Berthault (Alias Pierre Vieroudy) qui étaient capables de provoquer ce phénomène par leur volonté propre (A-43). Je ne vous cache pas que nous désirons maîtriser ce type de communication, mais aussi comprendre la structure interne de ce qui anime cette chose. Selon toute évidence, elle recèle une quantité de connaissances énormes, y compris des inventions. Vous pouvez imaginer sans peine tout l'intérêt de ce projet en cas de réussite. »

« Oui, mais cela ne me dit toujours pas comment vous comptez vous y prendre pour contrôler le phénomène... » lui rétorque Alex, qui se demande intérieurement jusqu'où son interlocuteur va lui donner ces informations confidentielles.

« Mmmhhh.... Nous aimerions à terme parvenir à avoir une personne qui soit capable de converser avec cette sorte de conscience universelle. Vous avez déjà entendu parler des personnes qui parlent aux animaux, comme Margrit Coates. Nous sommes persuadés qu'ils ne communiquent pas avec les animaux, mais avec cette conscience universelle. Malheureusement, cela reste à sens unique, et même à double sens unique. Je m'explique. Non seulement l'animal ne sait pas qu'il délivre des informations, car la personne accède à l'information de l'animal stockée dans cette conscience universelle sans que l'animal en soit conscient, mais en plus, ces personnes ne parviennent pas à remonter d'un étage dans cette conscience, et à parler à ce qui se trouve au-dessus de la conscience de l'animal. »

« Vous voulez dire que cette conscience universelle est intelligente ? »

« Oui, bien entendu, sinon elle ne provoquerait pas ces apparitions incongrues depuis des milliers d'années ! Nous avons déjà compris qu'elle est capable d'utiliser les minéraux disponibles localement pour matérialiser leur véhicule. Certaines observations ont permis de récupérer de la matière incandescente s'étant échappée de l'engin volant. Un genre de métal en fusion, à chaque fois d'une composition différente. À Hessdalen en Norvège, un spectrogramme a démontré que les métaux présents dans les raies du spectre correspondaient à des métaux présents dans le sol au lieu de l'observation. Il pourrait donc s'agir d'une intelligence capable de manipuler la matière, mais pas de la créer. »

« Mais quel serait le rapport entre cette intelligence, la clairvoyance et les gens qui parlent aux animaux ? »

« Imaginez que notre mémoire ne se trouve non pas dans notre cerveau ou dans notre corps, mais dans cette conscience universelle, dont on doit encore trouver l'emplacement. Pour le moment, disons qu'elle est partout. Ainsi, chaque personne aurait sa mémoire située dans cette conscience, avec un accès privilégie à celle-ci. Grâce à de l'entraînement, certains seraient capables de sortir de leur zone et d'atteindre la zone d'une autre personne ou d'un animal. Nous pensons même, grâce aux expériences de STARGATE, qu'on peut se connecter à la mémoire d'un objet ou d'un emplacement. À ce propos, nous avons remarqué que l'accès à des zones différentes se fait via leur nom, leur adresse, une date, des coordonnées, et que si par après cette clé d'accès est modifiée, le contact avec la zone de mémoire est rompu. Un très bon exemple est celui de l'ambassade que les Américains voulaient construire à Moscou. Ils ont demandé aux « remote viewers » de se projeter dans le temps pour suivre la construction de l'ambassade et observer si les Russes y plaçaient des micros. C'était en pleine guerre froide et au moment du watergate. Ils ont été capables de suivre cette construction jusqu'à une certaine date et puis plus rien, impossible de voir plus loin. Ce n'est que lors de la vraie construction qu'ils comprirent ce qui s'était passé. En effet les Russes mirent des micros et les Américains décidèrent de déplacer leur ambassade dans un autre bâtiment. C'est au jour où ils prirent cette décision que l'équipe STARGATE rencontra son mur, car le statut d'ambassade du bâtiment avait disparu du jour au lendemain.

S'ils avaient demandé de suivre la construction en utilisant l'adresse du bâtiment ils auraient sans doute pu continuer leurs séances »

« Vous semblez dire qu'il y aurait donc plusieurs clés d'accès à une zone d'information, et qu'une fois qu'on commence à y lire, il faut continuer à utiliser la même clé d'accès ? »

« Oui, exactement, et si cette clé vient à disparaître dans le futur, l'accès à cette zone mémoire vous sera bloqué, alors que si vous aviez utilisé une autre clé, vous auriez sans doute pu continuer. On peut avec ces clés voyager dans le passé, dans l'espace du présent et dans le futur. Nous avons aussi compris que les informations sont réparties dans cette mémoire par association d'idée, et non par l'image même des objets. Ainsi, si vous accédez à la zone relative à une locomotive à vapeur, vous pourriez très bien y percevoir des images de tunnel, de terril et même entendre son sifflement caractéristique, mais ne pas voir l'image de la locomotive elle-même. On pourrait aussi présenter la chose comme si cette mémoire contenait une réplique complète de notre monde, une théorie consolidée par les voyages astraux, une méthode d'ailleurs utilisée par Ingo Swann si vous vous souvenez. Mais plus étonnant, cette mémoire contient tout ce qui a trait au passé, et, encore plus étonnant, au futur ! »

« Au futur ? »

« Oui, bien entendu ! Pensez aux recherches de Susan, que vous connaissez bien, si mes informations sont bonnes. C'est justement par la lecture de ce futur contenu dans cette mémoire universelle que les oracles, les prophètes et plus tard les empereurs purent faire leurs prédictions et prendre les meilleures décisions »

« Mais comment accepter le concept que le futur est déjà inscrit quelque part ? »

« Le futur n'est pas inscrit quelque part, c'est le futur « plus que probable » qui est inscrit là bas, ou même peut-être une infinité de futurs possibles, avec l'option qu'ils se modifient encore en fonction d'événements qui se passent sur Terre et dans l'univers, et à chaque fois la palette des futurs se modifie pour s'adapter à ces changements. Au plus le futur se rapproche de nous, au plus sa probabilité de réalisation augmente. C'est pour cela que dans l'Ancien Testament lorsqu'ils parlent du Saint-Esprit il disent que c'est un don acquis à la naissance et qui permet de voir le futur proche et ainsi pouvoir mieux gouverner. C'est vraiment intrigant et très intéressant, vous savez, ce que Susan nous aura appris. Alors que nous ne cherchions que d'un côté, elle nous montre que depuis l'antiquité l'homme a essayé de dompter cette aptitude à lire dans cette conscience universelle. Une chose que nous ne comprenons toujours pas non plus, c'est pourquoi certains savent lire l'avenir, d'autres parler avec les animaux, et d'autres encore observer des OVNIs. »

« Et les fantômes et les possessions, qu'en faites-vous ? »

« Nous ne savons pas. Il semble beaucoup plus difficile de vérifier les informations de ce côté. Alors que pour les exemples que je viens de citer nous avons à chaque fois des preuves irréfutables de la réalité du phénomène, rien ne nous prouve que les fantômes sont une réalité. Pour les possessions, cela semble plus proche de l'hystérie et des troubles de la personnalité. »

« Mais ces personnes qui parlent d'autres langues lorsqu'elles sont possédées ou en transe ? »

« Malgré le nombre de cas, de bonnes enquêtes sur le terrain auprès des témoins directs démontrent presque toujours que les faits ont été amplifiés ou embellis pour rendre gloire à une personnalité adulée par ses admirateurs. C'est comme ces moines qui sont déterrés de leur tombe, intacts après des années. Une simple vérification démontre que les religieux ont reconstitué son visage avec de la cire afin de faire perdurer le mythe du vivant du moine. Triste réalité et désillusion. Mais comme je vous le dis, nous préférons nous cantonner aux domaines où il nous est facile de démontrer la réalité du phénomène télépathique entre un humain et cette mémoire universelle. »

« Mais que voulez-vous précisément de moi ? »

« Écoutez, nous sommes trois ici à comprendre la globalité du phénomène. Les autres sont de simples techniciens. Personne ne sait ce qui peut arriver. Je ne peux pas compter sur les techniciens pour analyser la situation. Au sol, j'ai plus de monde au courant du problème psychique, mais j'aimerais bien pouvoir compter sur vous deux et Rano au sol pour observer ce qui se passe au moment de l'expérience. »

« Mais que voulez-vous que Rano fasse ? Il ne connaît personne là-bas, n'a pas d'accréditation… »

« Tout cela n'est pas nécessaire. Ce que je veux c'est qu'il observe, qu'il détecte tout ce qui pourrait échapper à mes hommes. Bien sûr, si ceux-ci ont l'occasion d'observer quelque chose de franc, de visuel, avec des résultats physiques, ils savent faire le boulot tout seul, mais si les conséquences de notre expérience sont plus subtiles, c'est une vraie opportunité d'avoir un observateur extérieur, indépendant et ayant une bonne connaissance globale de l'historique. »

« Ah, je vois que Susan a terminé sa présentation. J'en vois qui sortent du module »

« Bon, restons-en là, et que ceci reste entre nous quatre. »

Paul et Alex se séparent, Paul pour rejoindre son équipe et Alex pour rejoindre Susan. En fait tous vont se sentir un peu désœuvrés jusqu'au lendemain, quand ils remonteront dans la navette pour s'éloigner encore de la Terre et traverser la ceinture de Van Allen. La présentation de Susan était d'ailleurs programmée pour occuper tout ce petit monde. Bien que gigantesque vue de l'extérieur, la station ISS ne possède finalement qu'un petit volume habitable, et on se marche vite sur les pieds. Le spectrogramme étant resté dans la navette, il n'est même pas possible de le vérifier ou de préparer l'expérience. Du temps des missions Apollo, lorsqu'on faisait encore séjourner les astronautes dans des caissons d'isolation après leur retour, dans une sorte de quarantaine, on les entraînait à l'isolement et au manque cruel d'activités diversifiées. Les plongeurs à grande profondeur connaissent bien cela, eux qui doivent parfois rester 8 jours dans des caissons hyperbares, en isolement complet de l'extérieur, mais avec leurs équipiers.

La soirée se déroule dans la découverte des repas sous tubes, des pailles utilisées pour quasi tous les aliments, souvent réduits en compote ou en soupe, et plus tard, des sacs de couchage verticaux. En effet, la gravité étant quasi inexistante, tout flotte et il n'est pas possible de se sentir allongé. Une entière liberté est en fait laissée aux passagers d'ISS. Ils peuvent dormir dans de petits compartiments qui leur sont alloués, ou attacher leur sac de couchage où bon leur semble, ou encore s'endormir libre de toute attache. Ils doivent juste savoir qu'il y a du bruit et que la lumière est toujours allumée dans les modules. Ils ont donc des bouchons d'oreille et des bandeaux à leur disposition. La nuit virtuelle est la même pour tout le monde, et est calée sur le méridien de Greenwich. Au matin, la salle de contrôle au sol sélectionne une musique de réveil et la diffuse dans les haut-parleurs. Leur choix n'est pas trop classique, car on aura entendu du Spandau Ballet, Cat Stevens, du classique et même la bande-son de Top Gun.

Chapitre 22

31 août 2010, à bord de la navette X-37C

Toute l'équipe est installée dans la navette, les adieux ont été faits à l'équipe d'ISS, car la navette va redescendre sur Terre à la fin de l'expérience. Il n'est plus question de décollage. Leur navette va simplement se détacher d'ISS, utiliser ses tuyères secondaires pour s'éloigner d'ISS et se positionner correctement afin de rejoindre leur orbite haute au-delà de la ceinture de Van Allen. Les volets de protection ont déjà été mis en place, mais ils seront retirés une fois en orbite haute, ce qui leur permettra d'observer la scène. Ils utiliseront le moteur ionique pour augmenter leur altitude. Ce moteur d'une nouvelle génération demande dix fois moins de carburant et grâce à la pile atomique, l'ensemble propulseur pèse lui aussi dix fois moins qu'une formule classique. Ce moteur est couplé, mais c'est une information très confidentielle, à un générateur d'inertons, des particules gravitationnelles qui permettent d'annuler la force d'attraction des planètes. Le moteur à ions peut dès lors propulser la navette sans devoir combattre d'inertie.

Susan a repris la place qu'elle avait au départ. Elle se sent moins stressée, mais particulièrement excitée. Alex, lui, semble plus calme et Susan est même un peu triste de voir qu'elle ne peut partager son excitation avec lui. Elle entend le bruit sourd de la séparation et peu après sent le véhicule s'éloigner d'ISS. Chaque fois qu'une tuyère secondaire fonctionne, on a l'impression d'entendre une explosion. Leur action ne dure jamais très longtemps, en moyenne une seconde.

Après environ une demi-heure de manœuvres, ils sont prêts à actionner le moteur à ions (et à inertons). Le bruit produit par l'éjection des ions ressemble à un sifflement. Les inertons eux ne font pas de bruit. Ils sont éjectés en fonction de la position de la Terre et de la trajectoire de la navette. Alors que les moteurs à ions sont déjà utilisés depuis plusieurs années dans différents satellites ou missions spatiales, c'est la première fois qu'un générateur d'inertons est utilisé dans une mission spatiale, mais très peu de personnes sont au courant de sa présence. L'équipe de pilotage a bien entendu reçu une formation spéciale, et ayant auparavant suivi des cours de pilotage classique, a aussi compris que la navette ne se pilotait pas du tout normalement. Ils sont donc soumis au secret, tout comme les pilotes des bombardiers furtifs B2.

Les autres passagers se rendent compte d'une chose anormale. Ils ne sentent aucune accélération, plus aucun déplacement n'est perceptible dès que le générateur d'inertons est mis en action. Mais comme aucun n'avait été auparavant passager du X-37C et pas plus d'un vol spatial, ils n'ont pas de point de repère et ne peuvent qu'enregistrer l'étrangeté du déplacement.

Comme en plus les hublots sont occultés, l'impression n'en est qu'encore plus étrange.

Le pilote leur annonce enfin qu'ils ont dépassé la ceinture de Van Allen et que la navette est placée sur une orbite géostationnaire à l'endroit voulu. Susan voit les parois protectrices glisser devant les hublots et constate qu'ils ont la tête en bas, ou plutôt que la navette est sur le dos. C'est normal. L'appareil est dans la soute dorsale et doit viser vers la terre. Elle déverrouille son harnais de sécurité et se rapproche d'Alex. Celui-ci l'a mis au courant d'une partie des déclarations de Paul. D'où elle est, Susan sait qu'elle ne saura pas faire grand-chose, et que tout repose sur Rano qui est au sol. Elle regarde Alex se rendre à l'arrière du compartiment où se trouve le panneau de commande de l'appareil. Il ne pleut qu'un jour par an au Caire, et heureusement, ce n'est pas le cas aujourd'hui. La caméra à fort zoom optique de la navette leur permet rapidement d'avoir une vue imprenable sur la pyramide, malheureusement en infra rouge, car il fait actuellement encore nuit au Caire. Elle entend le bourdonnement des moteurs à pas variable du spectrographe qui le mettent en position grâce aux indications du GPS. Ils reçoivent sur un écran une image venant d'une caméra se trouvant dans la chambre du roi. Ils ont en fait placé une dizaine de caméras dans cette chambre, dont plusieurs capables d'enregistrer plus de mille images à la seconde et une capable d'enregistrer 10.000 images à la seconde. C'est ce genre de caméra qui est utilisée pour filmer les explosions atomiques.

Paul et Alex sont côte à côte, et Susan tente tant bien que mal de voir leurs écrans. Paul a une carrure d'ancien militaire et cela ne lui facilite pas la tâche. Heureusement qu'en l'absence de gravité elle peut s'élever facilement jusqu'à voir les écrans dans leur totalité. Elle constate que le sarcophage a été déplacé pour se trouver entre les extrémités des deux conduits. Celui-ci sera bien sûr remis en place après l'expérience, mais pour les hommes de SAIC il est clair qu'il se trouvait là à l'origine.

Ils ont été prévenus que le remplissage de la chambre a commencé et qu'il serait terminé d'ici une dizaine de minutes. Ils ont décidé de mettre le fréquencemètre en route deux minutes avant d'effectuer leur expérience finale qui ne se déclenchera que quand l'ordinateur indiquera un parfait positionnement avec la pyramide. Elle entend d'ailleurs les micro impulsions des tuyères extérieures effectuer ce délicat travail d'alignement sur la position qu'ils doivent atteindre, une position correspondant à la meilleure position de Vénus sur une période de 200 ans, juste au moment de son lever et avec la meilleure polarisation de sa lumière réfléchie.

Susan n'a pas pu s'empêcher de poser la main sur l'épaule d'Alex. Elle sent combien ce moment est important, mais elle a l'impression qu'en créant un contact avec lui elle en gardera un meilleur souvenir. Ça y est, ils reçoivent le feu vert du sol. Alex vérifie une dernière fois que toutes les variables sont correctes, lance un regard d'approbation à

Paul et attend que celui-ci enfonce du doigt le bouton bleu situé devant lui.

Leurs yeux sont rivés sur l'écran donnant dans la chambre du roi....

Chapitre 23

31 août 2010, Pyramide de Kheops, Égypte

Depuis son arrivée, Rano a pu sympathiser avec quelques hommes. On lui a indiqué la présence de Jacques Vallée et de Russel Targ, celui par qui l'histoire du projet STARGATE a commencé. Ils sont tous les deux grands et minces et donc facilement identifiables. Ce sont aussi les rares portant des vêtements civils, les employés de SAIC portant des salopettes bleu foncé et le personnel de sécurité des salopettes noires. Aucune marque par contre ne les relie à SAIC. L'opération ne doit pas pouvoir être identifiée par les visiteurs. Rano a pu converser avec Alex la veille, et ce dernier l'a mis au courant de la demande de Paul. La consigne est de rester discret et de ne contacter Paul et Jacques Vallée que s'il observe quelque chose d'inhabituel.

Il s'est rendu sous une des tentes ou se trouve une batterie d'écrans géants reliés aux caméras placées dans la chambre du roi. D'autres sont positionnées sur les faces de la pyramide et pointent les sorties des conduits.

Rano a demandé autour de lui pourquoi les Américains n'ont pas reconstruit les conditions de l'expérience chez eux, sur une de leurs bases militaires, mais il s'est vite rendu compte que quasi personne ne sait ce qu'il fait. Ils exécutent les ordres, un point c'est tout. Il n'ose pas aller déranger Jacques et Russel, qui ne semblent d'ailleurs lui accorder aucune attention. Énervé, il a quand même pu demander à Alex, la veille au soir s'il avait la réponse à cette question alors qu'il était en communication avec lui. Alex lui a répondu que comme personne ne savait ce qu'allait donner l'expérience, il valait mieux la reproduire dans son site original sous peine de passer à côté d'une de ses composantes essentielles.

Il fait glacial dehors, mais les tentes sont bien chauffées. De toute façon, avec tout l'équipement informatique il se peut bien que l'installation soit déjà occupée à refroidir l'air plutôt qu'à le réchauffer.

Il regarde sa montre et constate qu'il ne reste pas plus d'un quart d'heure avant l'expérience. Il entend d'ailleurs une suite de BIP significatif indiquant à tout le personnel d'évacuer le périmètre dangereux.

Rano a montré son badge qui lui donne accès à la tente aux écrans, et il essaye de se faufiler tant bien que mal malgré sa petite taille pour avoir une bonne vue sur les écrans.

Des microphones haute fidélité ont également été placés dans divers endroits de la pyramide, mais c'est le son enregistré par celui situé dans la chambre du roi qui est diffusé dans la tente.

Plus que deux minutes annonce-t-on.

La tente se fait silencieuse et on n'entend plus que le bourdonnement du générateur de fréquence qui diffuse dans la chambre du roi.

Top, c'est parti, sur l'écran de gauche, donnant à l'extérieur de la pyramide, on distingue la face sud, très imposante de la pyramide. Une lueur bleue blafarde l'illumine, comme si on avait branché un énorme spot à l'extérieur. Sur l'écran central sur lequel Rano revient immédiatement, on ne voit rien, en tout cas pas immédiatement. Aucun rayon de lumière ne pénètre la chambre.

Tout le monde retient son souffle, lorsqu'un halo bleuté semble envahir la chambre du roi. Des micro éclairs zèbrent ce brouillard qui se fait de plus en plus dense. Petit à petit, on distingue une densité plus forte de cette lumière bleutée entre les deux paraboles. La scène est bien visible en plein milieu de l'image, et en grand sur l'écran de droite. Ce halo, porté par l'hydrogène ionisé emplissant la pièce, forme maintenant un véritable rayon lumineux d'environ dix centimètres de diamètre reliant les deux paraboles. Ce sont les particules issues de la lumière du spectrographe qui rebondissent à l'infini entre les deux parois, formant un rayon hyper concentré dont la densité augmente de seconde en seconde. Le système est en train d'orienter toutes les particules dans le même plan, exactement comme dans un laser. Ainsi donc, le principe du maser défini par Chris Dunn semble fonctionner, mais il ne voit toujours pas d'autres phénomènes se produire. L'intensité du rayon grandit de plus en plus, saturant les capteurs vidéo, mais heureusement les caméras ajustent automatiquement leur filtre et ils peuvent continuer à observer la scène. Comme Chris l'avait observé dans le sarcophage de la grande pyramide et aussi dans les sarcophages géants du Serapeum, les faces intérieures sont parfaitement planes et perpendiculaires. Il est difficile d'expliquer pourquoi ils se seraient donné cette peine à cette époque pour y enfermer une momie. Par contre, si c'est pour obtenir des phénomènes de réflexions vibratoires très spécifiques comme cela se produit dans un maser et un laser, on peut tout de suite comprendre l'intérêt. Le parallélisme des faces fait vibrer l'hydrogène exactement comme il le faut pour influer sur les particules.

Soudain, la lentille bascule de 90 degrés, se mettant à la perpendiculaire, interrompant le rayon qui disparaît aussitôt. La salle redevient sombre et seul subsiste encore un faible halo lumineux, semblable à celui qui était apparu au début. Mais plus rien ne se passe. Les personnes présentes se regardent, circonspectes, ne sachant que penser. Tout s'est-il passé comme prévu ? Un simple coup d'œil sur un des écrans démontre que la face sud de la pyramide est toujours éclairée par la navette.

Les hommes de SAIC se concertent et décident après un moment de la réussite de leur expérience. Ils contactent la navette afin qu'elle arrête d'envoyer la lumière.

Rano essaye de ne rien perdre de ce qui se passe, essayant de capter ce que disent entre eux l'équipe de coordination. Il ne lui est pas possible de parler à Susan ou à Alex pour le moment, car les fréquences sont utilisées pour les manœuvres de commandes et les échanges avec la salle de contrôle.

Il décide de rester le plus longtemps possible dans la tente, ou de suivre Jacques Vallée si celui-ci quitte l'endroit.

Il entend qu'une téléconférence sera tenue avec l'équipe dans la navette et qu'alors seulement on décidera de ce qu'il faut faire. Il est important de décider si la navette doit rester là-haut ou si elle peut redescendre.

Chapitre 24

31 août 2010, à bord de la navette X-37C

« Allô, Paul, Alex et Susan, vous m'entendez ? » demande Jacques Vallée. Devant lui, l'écran géant montre les trois personnes avec lesquelles il désire avoir une réunion.

Il se trouve dans un camion sécurisé garé le long des tentes. Le camion est aménagé comme une cage de Faraday, sans fenêtre, sans ligne téléphonique fixe et avec interdiction d'avoir un GSM avec soi, bref la configuration classique d'une salle de réunion classée secret défense.

« Oui, tout fonctionne bien, nous vous entendons » répond Paul.

« Vous avez compris que nous avons arrêté l'expérience après le basculement de la lentille de l'Arche d'Alliance. Nous n'avons plus rien observé ensuite. Le processus de concentration et d'alignement des particules s'est arrêté comme prévu par nos ingénieurs. Avez-vous pu observer quelque chose de votre côté ? »

« Non, rien de particulier. De notre côté nous avons continué à envoyer le rayon lumineux jusqu'à ce que vous nous demandiez d'arrêter » répond Paul. « Selon vous, que s'est-il passé ? Pourquoi le dôme a-t-il basculé ? »

« C'était prévu, ne vous en faites pas. Nous ne pouvions tout expliquer de crainte des oreilles indiscrètes. Nous avons pensé que cette Arche emmagasinait les particules reçues, et permettait ainsi de multiplier sans doute par 1000 l'effet naturel des particules. Mais maintenant, nous ne savons plus vraiment ce qu'il faut faire. Aucun récit n'est assez clair pour expliquer ce que les anciens faisaient de cette réserve de particules. Nous nous doutons qu'elle doit atteindre le cerveau ou le corps de ceux qui veulent en bénéficier, mais nous ne savons pas comment procéder.

« Je pense avoir une idée » dit Susan, n'ayant pas osé prendre la parole plus tôt.

« Dites-nous… »

« Bonjour Monsieur Vallée, c'est un honneur pour moi que de vous rencontrer, même si une grande distance nous sépare. Voilà, j'ai bien réfléchi, et je me demande si finalement cette pyramide n'est pas un système permettant de ne plus devoir attendre le lever d'une planète pour bénéficier de son influence, et encore faut-il que ce soit à la naissance. Paul m'a dit que vous aviez reçu une copie de ma thèse. Si vous l'avez lue, vous aurez noté que les hommes avaient compris ce qu'une naissance au moment où Vénus se lève pouvait avoir de bénéfique aux dons de clairvoyance futurs du nouveau-né. Mes études ne m'ont pas permis de retrouver des traces d'utilisation de la lumière de Vénus à un autre moment de la vie de nos ancêtres, sans doute parce que ce n'était pas possible, le cerveau, une fois adulte, n'étant sans doute plus assez réceptif aux ondes venant de cette planète. Ils se contentaient par la suite d'observer la position des astres, sachant qu'ils continuaient malgré tout à influencer leur comportement, mais pas leurs capacités. Pourquoi ces Égyptiens n'auraient-ils pas pu imaginer construire une machine capable quand même d'améliorer les aptitudes de clairvoyance des adultes ? »

« Je vous écoute, mais je ne comprends rien à votre allusion. Qu'essayez-vous de me faire comprendre ? »

« Je ne sais pas quel est votre but dans cette expérience, mais vous savez en quoi elle m'intéresse. J'ai compris que vous aviez conçu l'Arche comme un condensateur de lumière de Vénus, ou des particules qui nous en parviennent »

« C'est exact, mais nous pensions uniquement au début nous en servir pour essayer de rentrer en communication avec le phénomène soi-disant extra terrestre, une communication qui se serait sans doute créée rien que par la présence de l'arche et de son contenu. »

« Non », réagit Susan « je pense qu'il faut utiliser ce que vous avez stocké pour exposer des volontaires, et voir ensuite s'ils ont de meilleures aptitudes en clairvoyance.

« Qu'est-ce qui vous fait penser à cela ? »

« Voyons, relisez la Bible. À la Pentecôte, les apôtres ont reçu le Saint-Esprit. Souvenez-vous où cela s'est passé. Juste devant le temple de Salomon, où était conservée l'Arche d'Alliance. J'ai bien compris que vous avez pensé à la grande pyramide à cause des bruits qui courent que cette Arche aurait été prise aux pharaons et viendrait donc d'Égypte, et que là aussi des récits parlent de pharaons qui allaient se « ressourcer » dans la grande pyramide, ou, nous le comprenons maintenant, sans doute au moyen de quelque chose qui se trouvait dans la grande pyramide. »

« Mais cela ne nous dit toujours pas quel est le protocole à suivre pour s'exposer à l'action de l'Arche »

« À la Pentecôte, il est dit qu'il y eut un grand bruit, puis que les apôtres ont été entourés de flammes. Nous dirons sans doute aujourd'hui d'étincelles. Le moins qu'on puisse dire c'est que l'Arche ne libère pas son contenu dans la discrétion. Je sais qu'a priori l'Arche n'était plus dans le temple du temps de Jésus, mais il est très difficile de savoir où elle se trouvait à cette époque, ou même si elle existait encore. De son vivant, le général romain Pompée y est allé voir, et n'aurait pas trouvé l'Arche. Rien ne prouve que l'épisode des apôtres n'ait pas pu se dérouler avant sa venue et peut-être l'a-t-on cachée justement sachant qu'il allait venir. Il existe des textes décrivant comment construire le coffret qui la protège, mais aucune indication sur son contenu exact. Les textes classiques parlent des tables des dix commandements et de divers objets de cultes, mais les recommandations pour la construction du coffret semblent démontrer qu'il contenait quelque chose de bien plus étrange, de dangereux et de très lourd. Comme vous n'en aviez pas les plans, je me demande ce que vous avez prévu pour cette libération ? »

« Vous l'avez vu sur les écrans vidéo, nous avions prévu de stopper le chargement après un certain moment. Nous avons inventé un système de stockage des particules qui les guide vers un réservoir en forme de tore dont les parois réfléchissantes sont refroidies au zéro absolu. Les particules vont y tourner à l'infini en minimisant les pertes. Nous avons arrêté la capture après avoir constaté un taux de remplissage du tore de quasi 90%.

C'est le maximum que nous pouvons faire dans le volume qui nous était imparti. Nous pensons bien que les anciens n'avaient pas les moyens de refroidir quelque chose au zéro absolu, mais sans doute connaissaient-ils d'autres méthodes maintenant oubliées. Diverses gravures trouvées en Égypte laissent comprendre qu'ils utilisaient de l'électricité. »

« Ok, je vois, donc j'imagine que si vous avez su faire rentrer ces particules dans votre tore, vous savez comment et quand les en faire sortir »

« Exact. Nous pouvons les focaliser de manière très concentrée, ou les disperser tout autour de l'arche en utilisant l'autre face des paraboles »

« Je serais vous, je ferais cela dans un endroit sécurisé, et serait prêt à toute éventualité. À nouveau si vous relisez la Bible, juste avant que l'Arche ne soit activée, il est dit que deux hommes en blanc sont descendus du ciel. Je ne veux pas faire de l'humour, mais je crois que vous devez vous attendre à quelque chose d'approchant. Vous vous doutez qu'on parle là d'anges ou de astronautes. »

« Nous n'attendons pas d'astronautes ni d'anges, mais en effet nous espérons provoquer des phénomènes qui nous permettraient de mieux comprendre ce que sont réellement ces apparitions d'ovnis. »

Paul intervient à ce moment dans la conversation :

« Vu que certains ovnis ont déjà eu des effets physiques sur l'environnement, comme la désactivation de missiles nucléaires, des morts d'hommes ou la destruction d'avions de chasse, il serait prudent en effet de procéder à la libération des particules dans un lieu sous contrôle. »

« Oui, vous avez raison. Nous pensions ramener l'Arche à la base de Wright Patterson où nous avons pas mal de personnel, mais ce n'est peut-être pas assez prudent. Le mieux serait d'aller sur la base 51. Là au moins nous sommes à l'abri des regards indiscrets et loin des populations civiles. S'il se passe quoi que ce soit, nous resterons en environnement militaire confiné. »

« Vous avez accès aussi facilement que cela à la base 51 ? » interroge Alex.

« Non, détrompez-vous, le lieu est bien gardé, mais nous y avons nos entrées. Je dois remplir quelques documents et je pense que nous y aurons accès la semaine prochaine. Je vais demander que l'Arche y soit transportée. Je vais essayer de vous obtenir des droits d'accès, mais ne vous réjouissez pas, les procédures que vous devrez suivre seront assez draconiennes. »

« Ok » dit Susan « donc, on redescend puis on vole directement vers Las Vegas ? »

« Oui, je pense que c'est le meilleur plan. On ne peut s'offrir le luxe de perdre du temps. Le contenu de l'Arche ne va pas durer indéfiniment. À vrai dire nous n'en avons même aucune idée. Je vous souhaite un bon retour. S'il y a quoi que ce soit comme changement, je contacterai Paul Smith. À bientôt ! »

Chapitre 25

5 septembre 2010, Ambassador Strip Inn Hotel, Las Vegas

Alex, Susan et Rano se retrouvent dans un hôtel situé à quelques mètres du terminal d'embarquement d'où ils s'envoleront le lendemain matin pour Groom Lake, l'autre nom de la base 51, cette base qui officiellement n'est pas sensée exister et où sont testés les prototypes secrets américains. Rano ne pourra les accompagner, car il n'est pas citoyen américain et dans ce cas les procédures prennent plus de temps. Il les attendra donc à l'hôtel.

Alex et Susan n'essayent plus de cacher leur idylle et ont réservé une seule chambre pour eux deux. Le retour s'est bien passé, sans incident technique ou météo les ayant retardés. Ils se sont posés la veille à Huntsville. Paul ne les a pas accompagnés, ayant différentes choses à faire ils ne savent où, mais il doit les rejoindre à l'embarquement le lendemain matin.

Il est 18 h, ils viennent de défaire leurs bagages. Susan s'est précipitée sous la douche, qui est la première douche normale qu'elle peut s'offrir depuis ce matin du 28 août, il y a huit jours, le jour de leur décollage. Elle laisse couler l'eau le long de son cou, la sentant descendre le long de sa colonne vertébrale, chaude et rassurante. Huit jours sous stress, huit jours incroyables, une aventure inouïe pour elle, mais dont ses muscles et ses nerfs s'en ressentaient lourdement.

Les minutes s'écoulent lentement pendant que son corps se détend. Appuyée contre la vitre, elle ne s'est pas rendu compte que Alex est rentré dans la salle de bain et la regarde en silence. Il lui tend sa serviette lorsqu'elle sort, heureuse de voir qu'il est là au moment où son corps enfin apaisé va redevenir plus fragile et demandeur de tendresse. Elle peut redevenir une femme, non pas plus faible que son homme, mais plus sensible, plus douce et surtout aussi réactiver son circuit hormonal et sa programmation génétique qui veut qu'elle cherche à s'accoupler avec un être qui lui apporte un sentiment de sécurité. Alex ne pense pas comme elle. Son esprit ne prend pas ces méandres de réflexions que les femmes peuvent parfois emprunter. Lui, ce qu'il voit, c'est la plus belle femme du monde, des courbes à n'en plus finir derrière cette vitre où perlent des gouttes d'eau qui se dirigent aussi sûrement vers le sol que l'esprit d'Alex se dirige vers Susan et le lit qui les attend dans la pièce à côté.

Heureusement, le timing est bon et quoi qu'ils prennent comme chemin pour y arriver, le lit se révèle bien être leur destination, et Rano ce soir-là ne comprit par directement pourquoi les autres ne l'avaient pas rejoint comme prévu au dîner.

Mais Rano avait des raisons bien plus importantes de s'inquiéter. À peine était-il arrivé dans sa chambre d'hôtel qu'il reçût un appel de la réception, lui annonçant qu'un colis était arrivé pour lui. Il descendit en vitesse en ayant pris soin de vérifier qu'il n'y avait pas de personnes au comportement suspect dans le hall. Il récupéra le colis qui avait un aspect banal, mais ne portait par contre pas de timbre. Il avait donc été déposé directement au comptoir. De retour dans sa chambre, il ouvrit fébrilement le paquet pour découvrir à l'intérieur une pile de photos de sa famille en Chine. On y voyait son père et sa mère, manifestement pris au téléobjectif alors qu'ils étaient chez eux. Sous le paquet, un pli, une lettre pliée en 4. Il la déplia et lu ce qu'il appréhendait « Nous allons bien. Nous t'aimons de tout notre cœur et espérons que tout va bien. Nous attendons de tes nouvelles au plus vite. Ne déçoit pas ton père, tu sais combien il a la santé fragile ». Le message était clair. Ils lui mettaient encore plus la pression. Ce message anodin pesait maintenant comme une masse sur son cœur. Il avait pensé en être quitte après leur avoir envoyé les renseignements sur sa mission en Égypte et tout ce qu'il avait pu comprendre de cette expérience.

Mais non, ils en voulaient encore plus. Quand donc allaient-ils le laisser tranquille ! La mort dans l'âme, il mit son manteau, utile la nuit à Las Vegas, et sortit téléphoner dans une cabine téléphonique. Il donna à contrecœur des renseignements sur les déplacements programmés de sa collègue et d'Alex, expliquant qu'il ne savait rien d'autre pour le moment.

Il ne rentra pas directement à son hôtel, et fit un détour au casino de l'hôtel Luxor situé à un jet de pierre. Ironie du sort, cet hôtel se distingue par sa réplique de pyramide. Elle fait 106 mètres de haut, soit quasi les trois quarts de l'originale. Au pied, une reproduction du Sphinx. Rano essaya de se consoler de ne pouvoir aller à Groom Lake le lendemain en jouant quelques dollars, mais en vérité il essayait surtout d'oublier ses ennuis avec son gouvernement.

Vers 23h, le corps inanimé de Rano fut retrouvé sur le Las Vegas boulevard. Une patrouille de police avait été appelée par des touristes qui avaient découvert le corps sans vie. De rapides constatations mirent en évidence qu'il avait été écrasé. Aucun témoin n'avait vu la scène.

À deux heures du matin, Susan fut réveillée par un appel émanant du commissariat du conté. Après lui avoir demandé si elle connaissait un Rano Saret, on lui annonce son décès et s'il est possible qu'elle vienne reconnaître le corps à la morgue le lendemain. Après un moment de panique, puis d'hésitation, elle explique qu'elle ne peut absolument pas reporter un rendez-vous et qu'elle devra passer le plus tôt possible.

« Alex, réveille-toi… Alex ! »
« Mmmhhh… ; qu'est-ce qui se passe ? Tu as vu l'heure ? »
« Alex, il s'est passé quelque chose de grave. Il faut qu'on en parle ! »

« Hein, quoi, que veux-tu qu'il se soit passé de grave. On a juste dormi. »

« Non, la police vient d'appeler. Rano est mort ! »

« Hou, hein ! ce n'est pas vrai ! »

« Si, malheureusement, c'est sérieux ! Il s'est fait écraser ! »

« Mais où cela ? Il était au restaurant de l'hôtel ce soir. »

« Manifestement il a été jouer au casino, au Luxor à deux pas d'ici. Tu sais, celui qui a cette énorme pyramide. »

« Merde, merde, merde et merde ! Quelle poisse ! Cela risque de compromettre toute l'expérience d'aujourd'hui ! »

« Oui, je sais, j'y ai pensé, mais ne paniquons pas. Je dois aller reconnaître le corps à la morgue. J'ai demandé pour m'y rendre le plus tôt possible, comme cela on pourra prendre l'avion avec les autres. Si tout va bien on sera à l'heure. Mais je me fais quand même du souci. Il paraît qu'un chauffard l'aurait écrasé puis aurait pris la fuite. Ce n'est pourtant pas à un chinois qu'on va apprendre à traverser la route. »

« On doit prévenir les autres ? »

« Non, je ne pense pas. Rano ne devait de toute façon pas nous accompagner et comme il n'a pas de clearance et n'était pas en mission, cela n'implique pas de prévenir la sécurité de SAIC, mais il faudra de toute façon le faire puisqu'il est sous contrat temporaire à San Diego. »

« Oooohhhh ma tête, ça et me réveiller en pleine nuit alors que je dormais si bien ! Pitié ! Tu peux me donner un verre d'eau avec analgésique ? »

« Oui, je te fais cela mon bichon, tout de suite ! »

Pendant que Susan se dirige vers la salle de bain, Alex la suit du regard, ou plutôt suis les courbes de ses fesses, que sa minuscule chemise de nuit a bien des peines à cacher. Du coup il va déjà mieux et quand Susan revient il est déjà replongé dans les bras de Morphée.

Chapitre 26

6 septembre 2010, morgue de Las Vegas

Il est huit heures du matin. Susan se présente à la morgue de Las Vegas qui se trouve au Nord, tout à fait à l'opposé de la ville. Heureusement, celle-ci n'est pas très grande et à cette heure la ville n'est pas très animée.

« Bonjour, je viens pour la reconnaissance d'une personne »

« Ah, bonjour, on vous attendait ! »

« Vous m'attendiez ? »

« Non, pas moi, mais il y a des gens qui sont là pour vous. »

Intriguée, Susan suit le gardien dans quelques couloirs pendant un moment avant qu'on ne lui demande d'attendre dans une pièce.

Cette pièce est vitrée et Susan voit bientôt réapparaître le gardien poussant une civière. Il est accompagné d'une personne en blouse. Derrière eux, un policier et deux civils. Susan reconnaît immédiatement le look si spécifique des agents de sécurité de SAIC.

On soulève le drap et Susan constate avec peine qu'il s'agit bien de son collègue.

Elle fait signe de la tête et l'homme laisse retomber le drap sur Rano qu'elle ne verra plus jamais. Ce n'était pas vraiment un ami, et elle ne le connaissait pas vraiment, mais ils ont déjà tant voyagé ensemble et même quasi couché à la belle étoile que cela fait des souvenirs forts qu'elle gardera longtemps en elle, et qui rendent d'autant plus douloureuse la perte de Rano.

Elle en est là dans ses pensées que la porte de son local s'ouvre et que rentrent les deux civils, suivis du policier.

« Mademoiselle Susan Gomez, c'est bien vous ? »

« Oui, c'est moi. Quelle horrible chose ! »

« Nous craignons malheureusement qu'en plus d'être horrible elle ne soit criminelle, mademoiselle »

« Que voulez-vous dire ? » réplique Susan, encore un peu sous le choc. »

« Non seulement il y a eu délit de fuite, ce qui en soi est déjà un crime, mais nous avons de bonnes raisons de croire qu'il a été volontairement écrasé. »

« On l'aurait tué volontairement ? Mais personne ne savait qu'il était ici, et ce jeune homme n'a fait de mal à personne. Cela a à voir avec le casino d'où il sortait ? »

« Non, nous ne pensons pas. À vrai dire c'est très étrange. Il avait une grosse somme d'argent sur lui. On aurait pu penser qu'il s'agit de l'argent reçu en échange des jetons gagnés au jeu. Vu comme cela, même la présence d'une grosse somme peut s'expliquer. Mais nous sommes presque certains que c'est son chauffard qui l'a mise sur lui. »

« ??? expliquez-moi, car là je ne vous suis plus. Comment savez-vous que cet argent ne vient pas du casino ? »

« Les billets qui sortent du casino sont tous marqués de manière invisible. C'est un truc qu'ils utilisent pour éviter que les clients chanceux ne se fassent attaquer à la sortie. Pendant quelques jours il est possible de pouvoir tracer des billets et je ne vous dirai pas comment ils font pour les associer à chaque personne, mais ils se débrouillent bien. Toujours est-il que ces billets n'étaient pas marqués, et que de toute façon la manière dont votre collègue portait ces billets n'était pas du tout naturelle et qu'on doute qu'il ait fait seulement dix mètres comme cela. Ils tenaient mieux sur lui quand il était couché que debout. »

« Mais qu'est ce que cela veut dire ? Cela ne tient pas debout votre histoire ! »

« La loi de notre pays nous oblige a faire suivre ses affaires avec son corps dans son pays d'origine, puisqu'il n'était pas résident ici. Donc cet argent va être retourné à ses parents. »

« Mais de quelle somme parle-t-on ? »

« Il y avait 50.000 dollars tout ronds dans cette enveloppe, une enveloppe comme il y en a des millions, avec rien marqué dessus. C'est vrai qu'avec cette somme on ne va pas très loin ici, mais de là où il vient, cela peut sortir toute une famille des soucis d'argent. »

« Mais c'est une histoire de fou. On dirait un conte de Noël. Mais oui, ce doit être ça, c'est un chauffard qui l'aurait tué, sans doute en état d'ébriété, et pour se faire pardonner de la famille, il aurait déposé une somme d'argent sur son corps ! Il aurait sans doute justement gagné cet argent au casino. »

« Bien imaginé mademoiselle, mais on vient de vous dire que l'argent des casinos est marqué de manière invisible et ces billets ne portaient pas de marques. Et le gros problème que nous avons, c'est que nous savons d'où viennent ces billets »

« Ah, eh bien voilà, vous avez la solution ! »

« Mais non, mademoiselle, car cela complique énormément l'affaire. Ces billets viennent de Chine, et ils ont été retirés dans une banque il y a seulement deux jours. »

« De Chine ! «

« Oui, et malheureusement par un agent de l'État. Un agent du ministère des Affaires étrangères si nos sources sont bonnes. Mademoiselle Gomez, nous sommes presque devant une affaire d'État, mais comme la victime n'est pas citoyen américain, ce détail sort de nos attributions. Il n'empêche que vous conviendrez que cette affaire est plus que suspecte »

A ce moment, l'homme qui parlait à Susan se retourne et demande au policier de sortir de la pièce.

Une fois entre eux trois, il reprend :

« Nous sommes au courant de la mission que vous accompagnez. Nous avons déjà pris connaissance de votre dossier, de celui de Rano

Saret et d'Alex Bergen. Nous avons aussi pris contact avec votre directeur de mission. Vous comprenez que cette reconnaissance du corps n'était qu'une mascarade pour la police. Eux, ce qu'ils veulent, c'est éviter au maximum d'avoir de mauvaises affaires à Las Vegas. Il ne veulent surtout pas effrayer les touristes. Donc, ils nous laisseront tranquilles et il n'y aura aucune suite officielle à ce meurtre, mais pour nous, il est quasi certain que nous sommes devant une affaire d'espionnage. Le supérieur d'Alex nous a confirmé cette nuit avoir déjà eu une discussion concernant monsieur Saret avec Alex Bergen. Étiez-vous au courant ? »

« Je.. mais… enfin non, je ne pense pas, je ne m'en souviens pas. Nous savions que depuis plusieurs semaines il était nerveux à cause de son père qui était gravement malade. »

« Nous avons pris nos renseignements en Chine. Le père de Rano n'était pas malade du tout. C'était un prétexte pour expliquer sa nervosité. Nous pensons qu'il espionnait pour le compte de son pays. C'est classique et cela se passe souvent. Ce sont des taupes dormantes qui sont programmées par chantages. Elles sont identifiées dès qu'elles ont un problème, dans son cas sa demande de visa. On paye leurs dettes ou on leur fournit des visas et ils sont redevables à vie à leur pays. La plupart d'entre eux ne devront jamais rien faire en échange et mourront de leur belle mort la conscience tranquille. Ici, le cas est grave, très grave, car nous sommes dans une mission classée Secret Defense. »

« Mais Rano n'y avait pas accès. Vu son statut, il n'a pas reçu d'accréditation, et ne pouvait d'ailleurs pas nous accompagner aujourd'hui »

« Vous me faites rire. Comme si vous ne parliez pas avec lui, comme s'il était aveugle ou sourd à tout ce qui se passait autour de lui lorsqu'il vous accompagnait. Ils ont eu l'imbécillité de le laisser rentrer dans les tentes en Égypte paraît-il. On nous a dit qu'il a pu assister à une retransmission d'une expérience très importante. »

« Mais cette expérience n'est pas classifiée. Peu de personnes étaient au courant de la partie classifiée. »

« N'empêche que vous faisiez partie de ceux-là ! »

« Non, mais c'est vrai que j'ai été mise dans la confidence.

« Oui, nous savons. Ce n'est pas à nous de juger des décisions prises par les personnes habilitées. Mais votre collègue, tout froid qu'il est, nous met quand même dans un beau pétrin. Qu'a t'il pu transmettre comme information d'après vous, et qu'est-ce qui pourrait mettre en péril la suite de cette expérience ? »

« Qu'est-ce que j'en sais moi, je ne suis pas au courant de tout. Mais je crois que Rano n'avait aucune idée de la raison pour laquelle cette expérience était classifiée. Lui et moi étions intégrés pour une toute autre raison, et ce n'est que depuis quelques jours que je suis au courant, officiellement, de la partie classifiée. »

« On va vous libérer maintenant. Nous savons que vous devez prendre un avion. Nous allons creuser du côté de sa famille, de ses contacts là-bas, et tenter de retrouver son emploi du temps de ces dernières heures. Si vous observez quoi que ce soit d'anormal, prévenez-nous. Autant vous dire que son appartement à San Diego va être passé au peigne fin. »

« Faite pour le mieux. Honnêtement, je ne vois pas ce qu'il aurait pu transmettre de sensible, mais vous avez raison d'enquêter, on ne sait jamais… «

« Bien, bon voyage alors, et soyez prudente, on ne sait jamais »

Susan prend congé des deux hommes qui retournent voir le policier. Elle ressort à l'air libre, contente de quitter cette atmosphère de mort. Elle est complètement vidée par cette histoire. Rano un espion ! Jamais elle ne se serait doutée de cela.

Que va dire Alex ? Ah, oui, c'est vrai, Alex avait déjà été informé du comportement étrange de Rano, mais cela avait été élucidé à l'époque. Bah, comme ils ont dit, souvent ces taupes passent une vie en sous-marin et ne sont jamais activées. Peut-être que c'est le cas de

Rano. Et pourtant, cette histoire de billet, et de père malade semblent bien indiquer qu'il s'est passé quelque chose. »

Susan regarde sa montre et constate qu'elle a juste le temps de sauter dans un taxi et de rejoindre l'aéroport, ou plutôt le terminal de la compagnie Janet.

Chapitre 27

6 septembre 2010, Groom Lake, aka Area 51

La compagnie Janet appartient en fait à l'US Air Force. Elle transporte les employés de la base 51, cette base sensée ne pas exister. Il y a quelques années, un de ses ouvriers a porté plainte, car il avait été intoxiqué par des produits chimiques et désirait des dédommagements. L'état l'a débouté en expliquant que l'endroit qu'il citait dans sa plainte n'existait pas.

Susan retrouve Alex au terminal. Les opérations d'embarquement se font sous le contrôle scrupuleux de divers hommes armés. On les avait prévenus de ne pas emporter leurs téléphones qu'ils ne pourraient de toute façon pas utiliser sur place. En attendant le décollage, Susan a le temps d'expliquer la situation avec Rano. Alex reste perplexe, se demandant ce qu'il en ressortira.

Leur avion décolle enfin et le vol dure à peine quelques dizaines de minutes. Les volets des hublots sont baissés et doivent le rester tout le temps du vol.

A l'arrivée, il leur est demandé de porter des lunettes spéciales, un genre de lunettes de soudeurs. Les verres sont épais et bizarrement dépolis. On ne peut ainsi pas voir sur les côtés, et devant, on ne voit net que ce qui se trouve dans un rayon immédiat. Au-delà de trois mètres, tout devient flou. Ils doivent porter ces lunettes pour embarquer dans un bus, dont les fenêtres sont également opaques, et lorsque le bus est arrivé à destination, pour se rendre dans le bâtiment où ils ont une réunion préparatoire.

« Heureux de vous rencontrer » leur dit Jacques Vallée lorsqu'ils pénètrent dans la salle de réunion. C'est vrai qu'il les avait vus par caméra interposée quand ils étaient dans l'espace.

Paul est déjà là, et plusieurs autres personnes sont également déjà assises autour de la table. Ils se souviennent à temps qu'il ne faut jamais demander qui est qui dans ce genre de réunion.

Un de ces inconnus prend immédiatement la parole pour parler du meurtre de Rano. Pour eux, c'est clair, il a été tué et il devait être soumis à un chantage. Les précautions ont donc été augmentées, mais il recommande à tous de faire très attention à ce qu'ils vont transporter, écrire ou dire sur l'expérience dans les prochains jours.

Jacques reprend ensuite la parole. Il remercie les personnes présentes pour le travail accompli. Il explique qu'après avoir bien réfléchi, ils vont procéder à la libération des particules stockées dans l'Arche dans une zone déserte de Groom Lake. Ils vont placer tout autour de l'Arche des soldats volontaires, à des distances différentes, pour évaluer le potentiel réel de ces particules. Jacques a insisté pour être en première ligne.

Susan et Alex ne seront pas admis à participer à cette exposition, car ils seront plus précieux dans la phase d'étude de ses effets.

L'Arche est déjà sur place et il propose de s'y rendre immédiatement.

De nombreuses caméras, radars et autres appareils de mesures ont été placés près du site.

Ils reprennent le chemin du bus, remettent leurs lunettes spéciales, remontent dans le bus aux fenêtres opaques et roulent une bonne demi-heure avant de s'arrêter dans une zone absolument désertique et au sol uniformément plat.

Ils ne doivent pas remettre leurs lunettes, c'est déjà ça, se dit Susan qui tient quand même à garder un peu de féminité.

Elle doit monter avec Alex dans un camion blindé, du genre de celui qui se trouvait près de la pyramide il y a quelques jours. Ces camions sont conçus comme des cages de Faraday et blindés contre toute sorte d'autres ondes possiblement nocives.

De là, ils observeront par écrans interposés le déroulement de l'expérience.

Jacques et les autres volontaires se positionnent autour de l'Arche qui se trouve sur un genre de piédestal en bois.

Les hommes se répartissent dans un rayon de 100 mètres Jacques se trouvant à 2 mètres du piédestal.

Des caméras filment tout, y compris la face des volontaires. Ils portent tous des capteurs biométriques et électroencéphalographiques. Une fois harnachés de la sorte, un gros câble noir s'échappe de leur combinaison et rejoint un autre camion à proximité du leur.

La mise en place de cela prend bien une bonne heure. Les pauvres, ils doivent être morts de chaud, en plein soleil et sur ce lac salé. Il avait été question de faire l'expérience la nuit, mais ils ont opté pour le jour afin de pouvoir mieux distinguer toute manifestation étrange.

L'heure approche. Un compte à rebours est activé.

… trois…deux….un… zéro !

Susan a les yeux figés sur l'écran principal, mais surveille du coin de l'œil l'écran situé juste à côté, filmant la face de Jacques.

Le couvercle de l'Arche s'ouvre silencieusement, les paraboles se soulèvent et immédiatement après, comme un halo bleuté sphérique apparaît autour de l'Arche. Ce halo grandit quasi instantanément jusqu'à atteindre une taille de bien 20 mètres de diamètres. Ce halo n'est pourtant pas visible sur tous les écrans. Cette lumière n'est pas visible dans le spectre du visible ou plutôt si, mais elle est polarisée de telle manière qu'à l'œil nu elle est invisible. Au moment où le halo rencontre les volontaires leurs corps semblent devenir bleus. Il se produit un phénomène étrange, on dirait voir des étincelles jaillir de leurs vêtements, de leurs cheveux, mais à y bien regarder il s'agit de genre d'arc en ciel. Pas vraiment des étincelles, mais comme quand la lumière du soleil se reflète au loin sur un miroir. On voit toujours un éclair lumineux. Ici c'était comme s'il y avait des millions de ces éclairs lumineux émanant de leur corps. Cela ne dure qu'une seconde à peine. Le halo s'est immédiatement dissipé après avoir atteint sa taille maximale, avec un effet un peu semblable à celui qui survient tout au début d'une explosion atomique.

Les volontaires n'ont pas l'air d'avoir souffert ni même senti ce phénomène d'étranges reflets.

Susan observe maintenant Jacques.

Il semble perdu dans ses pensées, mais il doit en fait être très concentré. Les autres volontaires ont des comportements différents, mais il semble clair que cette différence est immédiatement liée à l'éloignement de ceux-ci de l'Arche.

Ceux situés à plus de 20 mètres agissent normalement, et ont déjà l'air de vouloir rentrer se mettre à l'ombre et se rafraîchir, tandis que les autres semblent un peu comme Jacques, perdus dans des pensées.

Paul saisit le micro et s'adresse à Jacques.

« Jacques, ici Paul. Tout va bien ? »

« … Oui, tout va bien, rassurez-vous. C'est incroyable. Cette expérience est une réussite. J'ai déjà perçu des sensations nouvelles en moi. »

« Jacques, vous devriez venir voir ce que nos caméras ont pu capter »

« J'arrive tout de suite. Préparez le champagne » plaisante Jacques alors qu'il brise enfin son immobilité.

Les autres hommes le suivent et ils se dirigent tous vers les camions.

Jacques pénètre dans leur véhicule et se défait de sa combinaison et de la centaine de fils qu'on lui a collé sur le corps.

Les spécialistes se chargeront de regarder les mesures plus tard. Il est curieux de regarder les enregistrements vidéo.

« Regardez, sur cet écran venant d'une caméra munie d'un réseau lenticulaire, on voit parfaitement le champ de particules sortir de l'Arche et progresser en forme de sphère jusqu'à environ vingt mètres de distance. Regardez maintenant cet autre écran ayant filmé dans le visible. On voit clairement vos corps se mettre à briller de mille feux, comme si vous étiez revêtus de diamants. Nous pensons que ce doit être lié à la polarisation négative et à la densité de particules emmagasinée. »

« Oui, j'ai vu cela sur place, mais j'avoue que mon cerveau a drôlement encaissé. Sur le moment même, j'ai un peu paniqué, J'ai senti quelque chose d'inconnu, de très fort, se passer dans ma tête. Cela a très vite disparu, mais aussitôt après, j'ai compris que je ne pensais plus de la même manière. Même maintenant quand je vous parle, je dois faire un effort sur moi-même pour continuer à communiquer avec vous. Pendant que je vous parle, je suis assailli de messages de mon subconscient. C'est comme si je planifiais ma vie pour les mois à venir. Je me dis qu'il faut penser à ci et à ça, prévoir ceci, annuler cela… Lorsque je regarde chaque chose, j'ai des impressions qui me viennent à l'esprit. Tenez, si je regarde ce micro sur la table, je sais vous dire qui l'a utilisé auparavant. C'est comme si je pouvais lire dans l'histoire des objets, et si je vous regarde, Susan, je capte de vous des informations diverses et floues, mais si je pense à quelque chose, je reçois l'information qui y est relative. En ce moment, je perçois votre stress que vous avez eu ce matin à la morgue. Mais c'est parce que je pense à votre ami Rano.

Mais, attendez, en ce moment, je perçois qu'il va se passer quelque chose. Oui, maintenant, dehors. Allons dehors ! »

Jacques a déjà poussé la porte et descendu les marches du véhicule pour regarder au loin dans le ciel. Les autres le suivent, formant un groupe derrière lui.

« Que sentez-vous ? Que se passe-t'il ? » demande Paul.

« Je ne sais pas, comme je vous le dis, toutes ces impressions sont nouvelles pour moi et il n'existe pas de mots pour les décrire. Mais là, je suis certain qu'il va se passer quelque chose. J'en suis sur, c'est comme si on venait de me téléphoner l'information dans ma tête. Je n'ai pas eu le temps d'entendre la conversation, mais j'en ai le souvenir. C'est un peu comme quand vous dites « je sais que je sais ».

Tout en donnant ses explications un peu décousues, Jacques tourne la tête dans tous les sens.

« Est-ce que toutes les caméras externes continuent à tourner ? » crie-t-il à l'adresse des techniciens.

« Oui, rassure-toi », lui confirme Paul. Nous avons des tourelles suiveuses, des radars à changement de phase, des caméras à très haute vitesse, tout est encore branché, bien entendu. La moindre mouche qui survolerait le lac serait filmée sous tous les angles. »

« Ok, bien, je le sens, je le sens, mais je ne perçois rien de plus. »

À ce moment, Susan regarde vers les montagnes situées dans leur dos.

« Là, je vois quelque chose ! »

Tout le monde se retourne pour suivre la direction de son doigt.

Tout d'abord ils ne voient rien, puis, comme Susan continue à pointer son doigt dans la même direction, ils aperçoivent à environ un kilomètre, une forme floue, très petite, en suspension en l'air, à environ 300 mètres du sol.

C'est très petit, très ténu, mais c'est effectivement quelque chose d'anormal qui se découpe sur le bleu immaculé du ciel.

Paul porte des jumelles à ses yeux.

« Ça bouge, c'est certain. C'est flou même avec mes jumelles. J'observe des reflets métalliques et des zones noires, mais tout reste flou. On dirait que cela se rapproche »

Un soldat arrive vers eux en courant, tenant dans ses bras une demi-douzaine de jumelles. Toute l'équipe s'en empare et essaye à son tour de distinguer quelque chose.

L'objet continue à se rapprocher, mais continue à rester flou. C'est étrange. On peut maintenant voir comme des formes, mais elles changent sans arrêt et de manière difficilement compréhensible. Il y a comme des protubérances, mais elles semblent continuellement changer de place. Les couleurs sont aussi étranges. Certaines parties semblent métalliques, et reflètent le soleil, d'autres sont noires, et d'autres sont blanches, ou plutôt vaporeuses, comme sans consistance derrière.

À un moment, deux plus petits objets sortent du premier, et se mettent à virevolter autour du premier, comme des oiseaux qui jouent ensemble.

Jacques ne dit rien. Il observe comme les autres, mais on distingue comme un sourire sur ses lèvres.

Les objets se sont maintenant rapprochés et ne sont plus qu'à une vingtaine de mètres, mais de manière extraordinaire il est toujours impossible de distinguer précisément l'objet. C'est comme si on était myope localement. Dans la vie, rien n'est flou, sauf peut-être des nuages ou du brouillard, mais ces choses n'ont rien de mécanique et encore moins d'intelligence.

Ici, il est certain que ce phénomène vient sur eux. Ce serait vraiment étonnant qu'il se manifeste un phénomène naturel encore jamais vu alors que l'expérience vient d'avoir lieu.

Plus personne n'utilise ses jumelles. Tout le groupe regarde, hébété, cette extraordinaire apparition d'un objet impossible.

Le voici qui se rapproche encore, il survole le groupe maintenant, se dirige vers Jacques pour s'immobiliser deux mètres au-dessus de lui. Les deux plus petits objets ne ressemblent à rien. Ce sont de pures sphères floues qui continuent à virevolter autour de l'objet principal.

Entre-temps, les autres volontaires qui se trouvaient dans le rayon de vingt mètres se sont rapprochés de l'objet. Eux aussi semblent comme écouter quelque chose, en tout cas leur expression est celle de personnes occupées à quelque chose, dont l'attention est monopolisée par une activité intellectuelle.

La scène est pour le moment silencieuse. Derrière eux à quelques distances les générateurs des camions ronronnent, mais à part cela, aucun bruit. Les caméras suiveuses tournent leurs objectifs en silence, suivant les déplacements des objets.

« Jacques, tout va bien ? » demande Paul.

« Oui, n'ayez crainte. Nous ne craignons rien. J'essaye d'écouter, de comprendre ce qui se passe. Cette chose ne dit rien, mais en mon corps je ressens de nouvelles sensations, ainsi que dans mon cerveau.

C'est comme devoir apprendre une nouvelle langue. Au début on ne comprend rien, mais vous voyez bien que l'étranger essaye de communiquer avec vous.

Ce qui est très étonnant, c'est que je ressens les intentions de cet objet, ou plutôt ce messager. Elles sont purement pacifiques, mais je vous le dis, je ne comprends absolument rien de ce qu'il veut dire. »

À ce moment, les objets se remettent en mouvement et s'éloignent lentement comme ils étaient venus.

Les caméras suiveuses vont les enregistrer pendant leur départ, et ils constateront plus tard en regardant les films que les objets se sont évanouis sur place au moment même où ils ne savaient plus les distinguer à l'œil nu. Disparus, fondus sur place, comme évaporés !

Jacques et les autres sont de retour dans le camion. Il regarde avec Paul les séquences tournées pendant l'expérience et la venue de l'objet. Ils sauvent tout sur des disques durs externes, ainsi que les données biométriques qui ont été enregistrées.

Les 12 autres volontaires qui se trouvaient dans la zone d'influence doivent passer un examen médical avant de pouvoir rentrer chez eux. Ils doivent rester à disposition de l'équipe et pour l'aspect pratique on leur demande de se rendre à San Diego où se tiendra l'équipe du projet.

Ils logeront dans les bâtiments mêmes de SAIC et ne pourront pas en sortir. Ils sont devenus des prototypes ultra-secrets jusqu'à nouvel ordre.

Alex et Susan reprennent l'avion du soir. Malgré leur fatigue, ils ont insisté pour pouvoir se joindre à l'équipe dès le lendemain à San Diego. L'avion de Janet Airlines les dépose à Las Vegas, et ils ont juste le temps de prendre une communication pour San Diego. À 23h, le taxi les dépose devant la maison d'Alex.

« Ouf, pas fâché d'être de retour chez moi. Non, mais tu te rends compte de ce que nous avons vécu en une semaine ? »

En disant ces paroles, Alex se laisse tomber sur le divan, jetant ses chaussures à terre et étendant les bras pour s'étirer.

« Oui, c'est tout bonnement incroyable, et nous ne sommes sans doute qu'au début de quelque chose dont aucun de nous n'a idée. Pense à cet objet qui est apparu tantôt au-dessus de nos têtes. C'est une chose qui ne devrait pas exister. Cela n'avait pas de forme, ne faisait pas de bruit, semblait vivant avec ces deux autres petits objets qui virevoltaient autour. Mais par contre, personne n'a compris ce que cela nous voulait, même pas ceux qui ont été dans le champ d'action de l'Arche. Tiens, à propos, pourquoi ne sommes-nous pas restés à Groom Lake pour continuer à observer ce phénomène ? J'imagine qu'il serait revenu, qu'on aurait encore pu essayer d'interagir avec lui ?

« Non, ce n'était pas possible. SAIC a peut-être beaucoup de pouvoir et accès à beaucoup d'endroits, mais ils ne sont pas maîtres des lieux sur Groom Lake. Déjà qu'il est impossible d'y passer la nuit. Mais souviens-toi que nous avons tous les enregistrements. Nous pourrons revoir cela demain à notre aise.

Je sais que l'équipe de Jacques Vallée est intéressée par les ovnis, alors que tu es plus intéressée par ce qui s'est passé dans son cerveau et ses nouvelles aptitudes, mais comme tout le monde l'a compris, les deux sont complètement imbriqués. Je me demande comment ils vont gérer les priorités là dedans. »

« Bon, arrêtons de parler de cela et viens près de moi » termine Susan qui pendant leur conversation s'était changée et portait maintenant une nuisette du plus bel effet.

« Mon dieu, tu veux ma mort ! Je suis crevé et tu me demandes d'encore faire du sport ! »

« Arrête de faire ton numéro. Tu sais très bien que cela fait une semaine qu'on dort à la militaire, alors fais-moi ce petit plaisir. »

« Mmmhh, OK, viens dans mes bras me montrer comme tu m'adores. »

Chapitre 28

7 septembre 2010, SAIC, San Diego

Susan et Alex arrivent aux bâtiments de SAIC avec de petits yeux. Fatigués, mais contents de s'être retrouvés dans leur intimité.

Dès leur arrivée à l'étage où a lieu la réunion, une agitation inhabituelle montre qu'il se passe quelque chose d'important. Les contrôles ont été renforcés, et on voit plus d'hommes en costume cravate que d'habitude.

Lorsqu'ils peuvent enfin pénétrer dans la salle, Paul Smith et Jacques Vallée sont déjà là, assis au bout de la pièce comme s'ils allaient tenir une conférence de presse. Ils les saluent d'un signe de tête et prennent deux places encore disponibles.

En dix minutes, la salle est remplie et les portes fermées à double tour. Comme d'habitude, pas de fenêtre, de GSM ou de ligne téléphonique visible. Ils ne sont pas nombreux, sans doute quinze personnes au total.

Jacques commence par un résumé de ce qui s'est passé la veille, pour les personnes qui n'étaient pas présentes ou au courant de son projet dans son intégralité.

Il explique ensuite quelles sont les personnes clés du projet auxquelles il faudra rapporter à l'avenir en cas d'éléments nouveaux.

Alex est cité, ainsi que Susan, à son étonnement. Alex sera en charge d'interpréter les mesures prises dans l'Arche et par les capteurs photoniques, et Susan est chargée de centraliser les questions ou informations liées aux expériences sensorielles des personnes qui ont été prises dans le rayon d'action de l'Arche.

D'autres sont chargés d'examiner les autres enregistrements tandis que Jacques Vallée et Paul Smith s'occuperont de tout ce qui a trait aux apparitions anormales.

Susan comprend qu'on lui a donné un beau rôle, et ne comprend pas bien pourquoi elle a été choisie.

Les soldats « irradiés » sont logés sur place, dans un étage spécialement aménagé. Susan pourra les visiter et les interroger sans restriction.

Ensuite, Jacques présente sa vision de la situation.

Depuis que l'homme existe, il observe des manifestations inexpliquées. Ces manifestations sont étranges, s'assimilent souvent à des formes volantes, qui parfois se posent et dont émergent des formes humanoïdes. Mais entre cet extrême, qu'on nomme rencontre du troisième type, et l'autre extrême, qui peut n'être qu'un point lumineux, il existe une énorme variété de manifestations. Certaines sont mortelles, qu'elles semblent volontaires ou non, d'autres sont absurdes, comme quand les humanoïdes ressemblent aux indigènes et parlent leur langue, à quelques petits détails près. Les formes volantes, quand elles sont détaillées, s'accordent parfois avec les techniques utilisées à l'époque de l'apparition. Des chars volants dans l'antiquité, des bateaux volants il y a deux cents ans, des disques volants il y a 60 ans et des triangles volants il y a 20 ans. Un chercheur français du nom de Bertrand Méheust a d'ailleurs fait un parallèle entre des récits de fictions et des observations correspondantes plusieurs années plus tard, comme si une chose pensée un jour se matérialisait plus tard.

Jacques projette sur un écran les faits qu'il vient d'énoncer :

-   Apparitions inexpliquées
-   Technologie en rapport avec l'époque
-   Souvent une fiction précède l'apparition

- Infinité de formes et de comportements
- Absurdité manifeste fréquente
- Certaines personnes sont des « attracteurs »
- Il est possible de « créer » ces apparitions

Il trace alors une ligne qui divise l'écran en deux. Au-dessus de la colonne qu'il vient de remplir, il écrit non pas OVNI comme tous s'y attendaient, mais « Conscience » et au-dessus de la deuxième colonne il écrit « Saint-Esprit ». Le silence dans la salle devient soudain plus présent. Voilà deux mots que les employés de SAIC n'ont pas l'habitude de trouver dans leurs dossiers. L'assistance se demande où il veut en venir et, alors que l'attention redouble, on sent un léger flottement s'emparer des auditeurs.

« Oui, je sais, vous vous demandez où je veux en venir. Vous êtes pour la plupart venus ici pour entendre parler d'interception de soucoupes volantes et sans doute de technologie extraterrestre, mais nous ne pouvons plus garder le secret plus longtemps. Vous qui êtes réunis ici, il faut que vous sachiez que notre avenir, grâce à l'expérience de l'Arche d'Alliance et aussi, je dois lui rendre hommage, aux découvertes de Susan Gomez ici présente, ne sera plus comme avant. Nous avons de grandes ambitions, et ce que nous espérons découvrir et maîtriser pourrait bien produire le plus grand tournant de l'histoire de notre humanité. Alors que l'homme y était presque parvenu il y a plus de 2500 ans, il a fallu tout recommencer, redécouvrir, et nous ne sommes qu'au début de nos travaux.

J'ai besoin de votre aide à tous. Je ne peux vous garantir que nous allons trouver, ni ce que nous allons trouver, mais je sais déjà que le peu que nous avons déjà découvert vaut le déplacement. Mais laissez-moi terminer cette deuxième colonne. »

Et avec calme, Jacques fait apparaître successivement les lignes suivantes :

- Chasseur-cueilleur-> Cultivateur éleveur

- Apparition de la peur de l'inconnu et des totems
- Sorciers, chamans découvrent la clairvoyance
- Observations des astres
- Grands chefs et découverte du Savoir
- Époque des mégalithes
- Apparition des Mystères et de l'Astrologie
- Mécanismes d'Anticythère
- Empereurs et décideurs
- Apparition du terme Saint-Esprit
- Annonce du Messie
- Religions monothéistes et écritures sacrées
- Siècle des lumières : perte du Savoir

« Laissez-moi vous expliquer. Il y a un an, cette deuxième colonne n'existait pas dans mon étude. Nous étions complètement ignorants de l'interaction existant entre celle-ci et la première colonne. Vous trouverez devant vous une brochure reprenant succinctement les explications relatives à chaque sujet apparaissant dans ces listes. Donc à gauche, nous avons les caractéristiques de quelque chose que nous essayons de comprendre depuis des dizaines d'années, et à droite l'historique de la connaissance que l'homme a eu d'une notion que j'appellerai le Saint-Esprit pour plus de facilité. Combien j'ai pu être aveugle à ce sujet, puisque j'ai présidé à la formation de l'équipe du Stanford Research Institute, en charge justement de mettre en œuvre des capacités de clairvoyance. Comment avons-nous pu passer à côté de la relation entre le phénomène des OVNIs et les capacités de clairvoyance. Eh bien c'est simple, nous manquions des pièces les plus importantes du puzzle et ce sont les recherches menées par Susan qui nous les ont données.

Mais il manque encore un élément, celui du pourquoi.

Depuis que la vie existe sur Terre, une volonté sous-jacente à cette vie semble la faire évoluer dans des directions bien précises. La diversité des espèces, la forme des plantes et des animaux, tout semble organisé et évoluer de bien meilleure manière que si l'évolution devait reposer sur le hasard ou le darwinisme uniquement. Je pense que cette volonté, cette intelligence qui gère l'évolution, se manifeste aussi dans la colonne de gauche, en interaction avec notre conscience.

La colonne de droite, elle, montre comment l'homme a pu, au travers de milliers d'années, détecter et maîtriser la capacité que peut avoir l'être humain pour se connecter à cette conscience, et plus particulièrement pour y capter des informations relatives à notre avenir proche.

Ces deux colonnes ont donc comme point commun le fait qu'elles s'interfacent toutes deux avec une notion de conscience, et plus précisément de conscience universelle, même si je pense que notre conscience à nous se trouve aussi encapsulée dans la conscience universelle et non dans notre cerveau comme le bon sens nous porte à le croire. »

« Pardon, mais se pourrait-il que cette volonté qui préside à l'évolution de la vie ne soit rien d'autre que cette capacité à pouvoir lire le futur ? » interroge soudain une des personnes présentes dans l'assistance.

« Oui, nous avons déjà réfléchi à cette option, et si elle s'avérait exacte cela simplifierait grandement nos recherches, mais cela n'explique aucunement la colonne de gauche. Nous aurions d'ailleurs pu rajouter dans la colonne de gauche OU de droite, les visions des inventeurs, comme celles du bien connu Nikola Tesla (P-13). Et cela me permet d'embrayer sur notre seule explication à cette colonne de gauche, qui est de nous faire entrevoir de possibles évolutions technologiques et indirectement inspirer nos savants et autres inventeurs. Prenez le cas de Jean-Pierre Petit, qui ne cesse de produire des papiers scientifiques sur base des observations ou autres manifestations prétendument extraterrestres (P-9). »

« Mais justement, vous expliquez vous-même que certaines apparitions sont à l'image de certaines scènes de fictions imaginées des années auparavant ! »

« Non, ce n'est pas possible, car dans ce cas, le fait de voir à l'avance ce qui va apparaître des années plus tard n'explique pas la manière dont la chose se matérialise ». Si l'homme peut selon nos recherches et celle de Susan Gomez lire le futur dans une conscience universelle, il ne peut pas à notre connaissance matérialiser lui-même des choses dans notre univers. »

« Pourtant vous avez vous-même indiqué dans votre colonne de gauche, à la dernière ligne, qu'il était possible de créer ces apparitions ! »

« Oui, je vous le concède, mais c'est un raccourci. Il est possible de faire en sorte que ces choses se manifestent sur demande, pas vraiment de les créer de toutes pièces »

« Qu'en savez-vous ? »

« À vrai dire, pas grand-chose, mais jusqu'à présent nous n'avons pas encore de preuve que cela est possible, et comme le phénomène provoqué se comporte de manière absolument identique à celui observé par toute la population, nous supputons qu'on parle du même phénomène. Mais vous avez raison, nous ne devrions pas en être si sûrs. Venons-en à la suite de l'expérience et de nos recherches. Nous avons déjà un compte rendu des analyses médicales et des mesures prises sur les personnes impactées, donc moi entre autres.

Les paramètres physiologiques n'ont globalement pas été modifiés ni pendant, ni après. Aucune perturbation mesurable n'a été enregistrée sur les lieux non plus, malgré les effets lumineux. Les enregistrements vidéo nous montrent exactement la même chose que ce que nos yeux ont vu, et les enregistrements dans d'autres bandes spectrales ne montrent pas de choses supplémentaires. Nous avons manqué de temps pour intégrer un détecteur d'actions dans notre protocole. En tout cas, nous savons déjà que les particules capturées et libérées par l'Arche ne sont pas du domaine du connu, c'est pour cela que nous continuons à croire que la particule axion (11) est la meilleure prétendante. Pour ceux qui n'étaient pas là, je vais vous passer un film relatant l'expérience ainsi que l'approche des phénomènes lumineux qui a suivi. »

Jacques se recule et laisse le champ libre pour l'écran qui montre un montage assez bien fait de ce qui s'est passé dans la navette X-37C, dans la pyramide, puis sur la base 51. Les sphères lumineuses qui se sont produites en spectacles sont montrées sous divers angles, et aussi avec de forts facteurs de grossissement et des effets de ralentis.

« Comme vous le voyez, ces sphères lumineuses qui nous ont fait l'honneur de se manifester sur les lieux de l'expérience semblent se déplacer comme des animaux en bande, ou même en famille. On ne peut parler de formation militaire, alors que pourtant ces sphères ont déjà été observées effectuant des manœuvres quasi militaires. Vous avez pu voir qu'elles n'ont pas de formes distinctes quel que soit le facteur de zoom. Les images spectrales donnent une composition assez banale, faite d'éléments chimiques qu'on peut trouver dans les environs. Les caméras éloignées nous ont apporté la preuve qu'elles se sont bien évanouies sur place, et non en disparaissant à l'horizon.

Nous pouvons conclure que nous ne sommes pas plus avancés à ce niveau, si ce n'est la concomitance avec l'expérience. Je désire assumer que ce lien existe, et que ce que nous avons provoqué avec la lumière de Vénus est bel et bien en liaison avec ces sphères, mais dans quelle direction, dans quel but, cela reste un mystère. »

Susan décide alors de prendre la parole :

« Avez-vous déjà pu observer, chez vous ou chez les autres soldats, des signes de clairvoyance ? »

« Oui et non. Certains m'ont déjà contacté, et moi-même j'avoue observer certains phénomènes, mais c'est difficile à expliquer. D'une manière générale, nous avons des pensées différentes. Nos idées nous semblent plus originales, on se demande d'où elles viennent. Nous utilisons tous un carnet que Paul nous a donné, fais-lui aussi de pages divisées en deux colonnes. Dans la colonne de gauche nous devons noter ce qui survient dans notre tête alors que nous ne nous y attendions pas, et dans celle de droite les idées qui nous semblent liées à notre propre réflexion, des choses qui émanent de toute évidence de notre intellect. »

« Puis-je vous demander d'essayer de décrire le plus possible ce qui caractérise les visions ou perceptions que vous écrivez dans la colonne de gauche ? Je pense que ce serait utile de trouver des facteurs discriminants bien précis et peut-être de pouvoir en déduire certaines liaisons avec notre physiologie »

« Oui, très bonne idée, je vais faire passer l'information et nous vous tiendrons au courant. De toute façon, vous êtes en charge des protocoles liés aux observations sensorielles. Nous organiserons cela dans l'après-midi. Il y a-t-il d'autres questions ? »

« Ici le major Convens. Puis-je vous demander si vous allez réaliser des sessions de concentration pour recréer le phénomène des sphères lumineuses ? »

« Oui, c'est prévu, mais nous devons réfléchir à nos actions. A priori, cela ne nous apportera rien de nouveau. Comme les milliers d'observations déjà consignées dans le monde et celle d'hier après-midi, il ne nous est jamais possible de faire plus que d'observer. Nous aimerions progresser. »

« On pourrait essayer d'en capturer, ou de les descendre avec des missiles ? » continue le major Convens.

« Non » rétorque Jacques Vallée en levant les mains « ce n'est certainement pas ce que nous voulons faire. Nous partons sur l'idée que la chose est pacifique jusqu'à preuve du contraire. Nous sommes par contre ouverts à toute autre suggestion. »

La réunion se termine et rendez-vous est pris pour un autre meeting deux jours plus tard. Susan, elle, verra Jacques l'après-midi. Les différentes personnes présentes se dispersent ou continuent à parler en petit groupe. Alex propose à Susan d'aller manger près de la mer. Le temps est splendide et il a besoin de cela pour décompresser. Il veut aussi parler à Susan, et lui demander si elle sait où tout cela va se terminer.

Ils roulent vers la mer en longeant les rails du tram. Ils doivent traverser un genre de no man's land fait d'habitations en partie abandonnées, où certaines personnes vivent dans leur voiture ou dorment directement sur les trottoirs. Ce n'est pas très agréable, mais c'est aussi ça l'Amérique.

Ils aperçoivent au loin le stade de baseball qui signale le début de la ville quand à un croisement ils constatent qu'un cycliste s'y trouve, étalé par terre et manifestement inanimé. C'est un noir genre rasta comme il y en a beaucoup dans le quartier.

Alex passe au ralenti et constate que l'individu saigne de la tête. La roue avant de sa bicyclette et d'ailleurs tordue. Le pauvre bougre, sans doute drogué, n'aura pas vu une voiture arriver et cette dernière a de toute évidence pris la fuite. Il n'y a pas beaucoup de passage à cette heure-ci. D'ailleurs il n'y a jamais beaucoup de passage ici. Alex gare sa voiture contre le trottoir et retourne voir s'il peut encore aider l'individu. Mais à peine a-t-il parcouru la moitié de la distance qui le sépare du blessé qu'il entend un cri derrière lui. Il se retourne et constate avec effroi que deux individus s'en sont pris à Susan. L'un d'eux est monté à l'avant de la voiture et l'autre est à l'extérieur, sans doute pour en extraire Susan. Alex ne comprend pas la scène. Il peine à discerner ce que veulent ces individus : Voler sa voiture, leur prendre leur argent ? Leur comportement ne va pas dans ce sens se dit Alex. Par acquit de conscience, il jette un regard au noir blessé et constate avec dépit qu'il s'est redressé. Zut se dit Alex, le coup était planifié. Ce sera donc plus dur de s'en sortir. Il se met à courir vers la voiture, mais à sa grande stupéfaction celui qui était resté sur le trottoir ouvre la porte arrière et fait signe à Alex de monter. Alex veut parler, mais l'homme maintenant derrière son volant lui pointe un pistolet en sa direction et lui dit de ne pas discuter. Alex se résigne, ne voulant surtout pas qu'il arrive quoi que ce soit à Susan qui semble terrifiée.

Le rasta monte de l'autre côté et le voilà entouré de ces deux bandits. La voiture exécute un demi-tour et disparaît vers les faubourgs sur les hauteurs.

« Que nous voulez-vous ? Nous ne sommes pas riches. Prenez ma voiture et laissez-nous ici » supplie Alex.

« T'inquiète l'intello. On sait qui tu es et si tu restes gentil on ne te fera pas de mal. »

« Mais nous n'avons pas d'argent, je vous l'assure, et nos familles ne sont pas riches non plus. Vous devez faire une erreur ! »

« Oh que non ! Toi tu t'appelles Alex Bergen et la fille qui a pissé dans sa culotte, c'est Susan Gomez » dit-il avec son fort accent de la zone.

Alex se demande ce qui se passe. Il ne comprend pas. Que peuvent-ils bien espérer d'eux ?

« Si vous n'êtes pas sage, vous irez dire bonjour à votre ami Rano » ricane le conducteur.

Le sang d'Alex se fige dans ses veines, et son regard croise celui de Susan, lui aussi glacé comme un lac de Sibérie.

Rano ! Les Chinois !

Oh non, pense Alex, pas ça ! Il avait espéré que tout cela s'arrêterait et que les doutes sur Rano n'étaient que de mauvaises rumeurs, et voilà que le cauchemar se matérialise devant lui sous la forme de ces trois Afro-Américains. Ils ont dû être engagés par ceux qui ont écrasé Rano, et qui le faisaient manifestement chanter.

La voiture continue à rouler et approche d'un bois. Elle le longe avant de tourner dans un petit chemin qui s'y enfonce. Elle doit maintenant rouler au ralenti vu l'état déplorable du chemin.

Après quelques centaines de mètres, une petite maison apparaît. Les volets sont baissés, mais une autre voiture est visible à l'arrière. D'où ils sont il ne peut voir la plaque. On leur demande de descendre et de pénétrer dans la maison.

Là, ils sont menés dans le living. Il n'y a que deux chaises et une petite table. On leur dit de s'y asseoir. Il fait très sombre. Une fois assis, on leur lie les mains à leur dossier. C'est alors qu'une autre porte s'ouvre et que d'autres individus pénètrent dans la pièce. Ils sont aveuglés par une lampe de poche, mais dès que l'un d'eux ouvre la bouche pour parler ils ont la confirmation qu'il s'agit bien de chinois.

« N'ayez pas peur » leur dit-on « nous ne vous voulons pas de mal. Mais nous avons besoin de votre aide. Si vous coopérez, nous vous relâcherons et vous rentrerez libres chez vous. »

« Mais nous ne voyons pas en quoi nous pouvons vous aider. Ma collègue est archéologue et moi je travaille dans la photonique ! » dit Alex en essayant de gagner du temps.

« Ne vous fatiguez pas, nous savons parfaitement ce que nous voulons et nous savons que vous pouvez nous aider à l'obtenir. Nous voulons parler de l'Arche d'Alliance. Comme si vous ne vous en doutiez pas ! »

« Mais nous n'avons aucune idée d'où elle est, ni même si elle fonctionne. »

« Eh bien alors ce sera simple, nous allons vous garder en otage, et vous demanderez à vos collègues de nous l'apporter. »

« Mais jamais ils ne feront cela. Nous ne sommes pas des leurs, je vous le dis, nous sommes de simples chercheurs. Nous ne valons rien pour eux. »

« C'est-ce qu'on va voir ».

À ce moment, les hommes leur mettent des cagoules sur la tête et Alex et Susan ne peuvent plus comprendre ce qui se passe autour d'eux, sauf qu'on les dépouille de leurs objets personnels, dont leur GSM »

Jacques Vallée est occupé à déjeuner avec Paul Smith et quelques autres personnes impliquées en haut lieu de la hiérarchie de SAIC quand un garde de sécurité vient le trouver et lui chuchote à l'oreille qu'il est demandé à la salle de sécurité pour une raison urgente. Il s'excuse de quitter la table et se rend dans le local dont les murs sont remplis d'écrans.

Une équipe de sécurité et deux hommes en civils sont rassemblés. Les deux civils ont la tenue habituelle chère à SAIC, cheveux coupés en brosse, tour d'oreille bien fait, lunettes noires et jamais un sourire. Il ne faut pas que Jacques en voie plus pour comprendre qu'on a de sérieuses raisons de le déranger. Les civils lui expliquent qu'un appel a été reçu, et qu'on a demandé qu'il soit prévenu qu'il ne reverra Susan Gomez et Alex Bergen que s'il leur livre la machine où et quand on lui dira.

Les deux civils demandent à Jacques de quelle machine il est question, mais il leur répond que pour le moment ils n'ont pas à le savoir. Il leur dit de faire comme s'il allait livrer cette machine, mais de prétexter qu'elle doit encore arriver sur place et qu'il leur faudra attendre le lendemain.

Un des civils explique à Jacques que s'il en va de la sécurité nationale il n'a pas à échanger de la haute technologie contre deux vies de simples chercheurs. Mais Jacques est déjà occupé à penser à autre chose et ne les écoute que d'une oreille distraite.

Il leur dit de faire ainsi et de le tenir au courant, mais il dit espérer les recontacter très rapidement.

Après avoir pris leurs coordonnées, il retourne à grandes enjambées vers les restaurants de la direction et demande à Paul de le suivre. Une fois à l'écart, il le met au courant de la situation. Jacques explique ensuite que c'est le moment idéal pour tester l'effet de l'Arche. Lui-même se porte volontaire et aimerait essayer avant de faire appel aux soldats. Il demande que Paul lui serve de guide pendant l'expérience. Il n'en faut pas plus pour que Paul comprenne où Jacques veut en venir.

« Tu veux essayer de voir où sont les otages, c'est ça ? Du temps de Stargate nous avions déjà effectué de telles missions, avec plus ou moins de succès. Oui, tu as raison, il faut essayer, c'est l'occasion ou jamais. Mais dépêchons-nous. Il faut trouver une salle isolée, sans trop de bruit autour. Théoriquement, il nous faut simplement une feuille de papier et de quoi écrire »

« Ok, suis-moi » lui lance Jacques « je pense que le bureau qu'on m'a donné fera l'affaire. Oh, je brûle d'impatience de voir ce que cela va donner. Je ne m'attendais pas à brûler ainsi les étapes. Je m'étais fait tout un protocole dans la tête, mais sautons sur le hasard, ou plutôt cette circonstance malheureuse. Combien de temps mettiez-vous pour identifier la cache des otages par CRV (Controled Remote Viewing) ? »

« Cela dépendait des personnes et des missions. En général plusieurs heures, parfois même plusieurs jours. »

« Ce n'est pas possible. Nous avons tout au plus une demi-journée, et encore, je ne suis pas certain qu'ils accepteront le délai que j'ai demandé. Je nous donne une heure, pas plus ! »

« Mais c'est de la folie, tu n'as quasi jamais fait cela, et c'était il y a plus de 30 ans. Laisse-moi faire, j'étais très bon au temps de la guerre du Golfe. »

« Non, ça marche avec moi où on accède à leur demande. Il n'est pas question de mettre leur vie en danger ; Si je me souviens bien, votre taux de réussite n'était pas absolu, et plus d'une fois vous avez orienté les recherches à de mauvais endroits »

« Oui, mais au moins, nous avions des résultats. » rétorque Paul, « Je me souviens aussi que vous n'aviez pas de bons résultats à l'époque, et que c'est d'ailleurs pour cela que vous avez rapidement quitté l'équipe et ses recherches. »

« Je sais, mais ici la situation est différente. Soit notre expérience a marché, soit elle a échoué. Je ne veux pas de demi-mesure. N'oublie pas que c'était il y a moins de 24 heures. J'ai à peine eu le temps de me retourner, et cette nuit j'étais trop crevé que pour observer quoi que ce soit. Ah, nous voilà arrivés. Viens, entre et assieds-toi. Je vais baisser les stores pour qu'il fasse moins clair. »

Jacques s'affaire dans le bureau, énervé, inquiet et angoissé à l'idée qu'il va sans doute savoir dans quelques minutes si ce projet qui a coûté une fortune peut déjà démontrer un succès.

Paul se trouve assis dans un fauteuil bas, tandis que Jacques s'est assis à son bureau et regarde sa feuille blanche, faisant machinalement tourner son crayon entre ses doigts. »

« Ok, vas-y, je suis prêt » annonce-t-il.

« Bon, tu as déjà tracé une ligne verticale pour diviser ta feuille en deux, c'est parfait. Relaxe-toi, et arrête de faire tourner ton crayon ainsi. Prend deux bonnes inspirations et expire à ton aise. Maintenant, fais le vide dans ton esprit, essaye de voir du noir, uniquement du noir derrière tes paupières, et sois attentif à toute pensée ou forme qui traverserait ton esprit, telle une étoile filante traverse le ciel nocturne. Aussitôt perçue, elle aura disparu, mais ce sont justement ces stimulus que tu dois noter dans ta colonne de gauche. Ce que tu vas intellectualiser, construire avec ta pensée, tu dois apprendre à l'identifier et l'inscrire dans la colonne de droite pour le chasser de ton esprit. »

« Oui, oui, je sais tout cela, allez, démarre l'expérience ! »

« Ok, on commence. ... » Paul en profite pour enclencher une caméra qui va enregistrer leur conversation et filmer la feuille de papier de Jacques. « Quinze heures quarante-huit, le sept septembre 2010, San Diego, locaux de SAIC. Paul Smith comme moniteur et Jacques Vallée comme sujet de CRV. La session vise à identifier l'endroit où sont retenus en otage Susan Gomez et Alex Bergen, enlevés ce midi »

« Arrête, ce n'est pas la peine de continuer... c'est dingue ! Tout m'arrive en même temps. Je suis débordé de flashes ! »

« Hein, tu veux rire, ce n'est pas possible ? Tu as toujours été mauvais dans tes tests »

« Non, je te jure, je ne plaisante pas du tout ! Dès que j'ai fermé les yeux, j'ai vu arriver des tonnes d'images me montrant Susan et Alex. Tout est arrivé comme on dit que les morts revoient leur vie.

Impossible de noter, cela a été trop vite. Mais je me souviens de quasi tout »

« Qu'as-tu vu, raconte, et tourne-toi vers la caméra pour immortaliser cet instant historique. C'est manifestement un effet de ton exposition aux particules de l'Arche hier. »

« Oui, c'est certain. Ce qui est fou, c'est que depuis hier, je ne me doutais de rien. En moi-même, je pensais même que l'expérience n'avait rien donné, hormis ces sphères lumineuses, mais maintenant, c'est certain, ce que je viens de ressentir est exceptionnel. À peine avais-tu terminé de formuler le sujet de la session et moi fermé les yeux que j'ai commencé à recevoir des flux d'images et de sensations. Tout était présent, des odeurs, des sentiments, des images... »

« Mais vas-y, raconte, n'oublie pas que nous devons libérer nos otages ! »

« Oui, oui, » et Jacques, se tournant vers la caméra, poursuit : « Voilà, je viens de recevoir dans ma tête différentes informations relatives à l'enlèvement de Susan Gomez et Alex Bergen. J'ai tout d'abord vu ces deux personnes discuter dans une voiture, j'ai vu des quartiers pauvres, manifestement du sud-est de San Diego, puis j'ai vu un homme, un noir, couché sur la chaussée à côté d'une bicyclette. Ensuite, j'ai ressenti la peur, j'ai entendu des cris, et j'ai senti que Susan était désespérée. Puis, je les ai revus dans la même voiture, mais avec trois hommes, tous noirs, qui les accompagnaient. J'ai immédiatement senti qu'ils étaient sous le contrôle des trois bandits. Ensuite, j'ai vu un bois, et j'ai vu la voiture s'engager dans un chemin, puis je les ai vu quitter la voiture et pénétrer dans une maison. Là, ils ont été attachés à des chaises et deux Asiatiques leur ont parlé. Puis, tout devient noir et cela s'est arrêté. »

« Incroyable, je n'en reviens pas. As-tu pu voir où se trouve cette maison ? »

« Non, mais laisse-moi à nouveau fermer les yeux. Je vais juste me demander où ils se trouvent actuellement. Ouah, c'est fou, pendant que je te parle, je vois dans ma tête une vue aérienne, je vois le bois, la route, leur maison… attend, je regarde plus loin… oui, je vois une autoroute, oui, je la reconnais, et là plus loin je vois un échangeur…. Ok, je suis certain de pouvoir montrer où est cette maison sur une carte. »

« Tu te rends compte de la quantité d'information que tu viens de recevoir ! Jamais nous n'avons approché une telle qualité, ni une telle vitesse de réception ! »

« Oh, calme-toi, rien ne dit que j'ai raison. »

« Mmmh, c'est vrai, je m'emballe, mais tu sais bien comment différencier les pensées du genre d'information de clairvoyance que nous recherchons, et je compte sur toi pour avoir pu faire la différence. »

« Oh, oui, pour cela compte sur moi, c'est absolument sans équivoque. Je sens sans hésitation possible que ces images et ces sensations sont de la clairvoyance. À nous de voir si elles sont exactes. »

« Attends, et si on essayait de voir si on va réussir à les sauver ? »

« Que veux-tu dire ? »

« « Eh bien, puisque cela marche aussi bien, essayons de voir dans le futur ce qui va se passer ! As-tu déjà oublié ce que Susan nous a apporté dans ce projet, toutes ses références aux empereurs du passé qui utilisaient leur pouvoir pour vérifier dans le futur la pertinence de leurs décisions. Et ses allusions au Saint-Esprit cité dans l'Ancien Testament ? »

« OK, mais que dois-je faire ? »

« Attends, laisse-moi réfléchir deux minutes… oui, ce doit être simple. Demande-toi si en nous rendant là-bas on va revenir avec Susan et Alex, sains et saufs bien entendu. »

« D'accord, attends, je respire un coup….Ah, génial, géniaaal ! »

« Quoi, quoi, que vois-tu ? »

« Tout, je vois tout ! »

« Explique-toi, je meurs d'impatience ! »

« Écoute, c'est encore difficile à expliquer. Dès que je me suis dit dans ma tête que je voulais savoir si on ramènera Susan et Alex, je les ai vus ici, dans le bâtiment, avec nous. Je sentais qu'ils étaient délivrés. Je les voyais heureux et je sentais en mon for intérieur que c'était une scène qui ne s'était pas encore déroulée, mais je la vivais, comme je te vois maintenant. Ensuite, j'ai pensé à leur délivrance, et j'ai vu des hommes armés, habillés en noir, sans doute du SWAT ou quelque chose comme cela, qui entouraient la maison, puis j'ai vu qu'ils enfonçaient toutes les portes en même temps, qu'ils jetaient des bombes aveuglantes. Cela se présentait comme des saynètes, un peu comme une bande-annonce d'un film, un trailer. Ce qui était étrange c'était que certaines zones de la scène étaient floues. »

« Tu entendais quelque chose ? Tu percevais des voix ? »

« Oui, j'ai entendu le bruit des déflagrations, les portes enfoncées, des cris, mais pas de paroles précises. Les couleurs étaient aussi différentes de la session précédente. Mais tu te rends compte de l'efficacité de ce truc, de cette particule qui m'a traversé hier ! Tu te rends compte que si, il y a plus de deux mille ans, les anciens utilisaient l'Arche d'Alliance, ils parvenaient à voir dans le futur comme je viens de le faire, et sans doute que ceux qui naissaient au bon moment du cycle de Vénus étaient aussi particulièrement doués. En fait l'Arche était un moyen de se passer d'attendre le bon moment de ce cycle de Vénus. »

« Non, pas vraiment, puisque pour charger l'Arche il fallait attendre que Vénus soit en bonne position. Non, la différence est que l'Arche parvient à doter un adulte de ces capacités de clairvoyance, de prémonition, tandis que sinon la modification n'opère que sur un bébé à sa naissance »

« Oui, on devra encore mesurer tout cela. Mais en attendant, téléphonons à la sécurité. J'ai hâte de vérifier si ce qui va se passer est cohérent avec ce que j'ai vu. »

Paul arrête l'enregistrement, glisse précieusement la carte mémoire dans son portefeuille tandis que Jacques contacte la sécurité.

Cinq minutes plus tard, ils sont au rez-de-chaussée dans la salle de contrôle, et discutent avec le responsable des forces d'intervention. Ils utilisent Google Earth pour localiser la maison, et ce que Jacques voit correspond bien à ce qu'il a vu dans sa session. Il peut même, instantanément capter d'autres informations et parvenir à décrire précisément l'agencement de la maison, le nombre de personnes, leur armement, et dans quelles pièces sont séquestrés les deux otages.

Se basant sur ces informations, qu'ils ne mettent par ailleurs pas trop en doute, vu le type de société et la personne qui les leur fournit, les forces d'intervention se mettent en route, pendant que toute l'équipe du projet se réunit dans une salle de réunion. Jacques et Paul font un résumé des deux dernières heures.

Il semble clair que le projet est une réussite, mais pas encore dans le sens qu'espérait SAIC. Jacques propose de définir deux équipes, l'une chargée d'étudier le don de clairvoyance, et l'autre d'essayer de mieux comprendre le phénomène des sphères. Il propose que Paul soit en charge du premier groupe et lui du deuxième.

Paul devra tenter, aidé des militaires exposés, d'abord de mieux comprendre l'étendue de leur nouvelle capacité, aussi bien dans le passé, le présent que le futur, puis discerner la notion d'existence, qui semble rattachée plus à une notion abstraite qu'à une présence physique, puis le phénomène de mort, de survie et de télépathie. Ils essayeront aussi de voir dans quelle mesure il est possible de recevoir plus d'information, comme des conseils, ou des descriptions d'inventions comme l'a vécu Nikola Tesla et sans doute bien d'autres. Lui, de son côté, aussi aidé de certains des militaires exposés, mettra au point des protocoles multiples pour tenter de faire apparaître des sphères lumineuses ou d'autres objets, puis de voir s'il est possible d'interagir avec elles, et ensuite de voir dans quelle mesure et comment elles s'interfaceraient avec la notion de clairvoyance.

Programme ambitieux, certes, mis au vu des premiers résultats, sans doute assez réaliste et réalisable.

Regardant sa montre, Jacques s'inquiète de ne pas encore avoir reçu de nouvelles de la libération des otages. Il ferma alors les yeux 5 secondes et annonce à l'assistance que la maison est manifestement encerclée et que l'assaut ne va pas tarder.

Assez content de son petit effet de démonstration en direct, Jacques ramasse ses affaires et accompagné de Paul se dirige vers la salle des gardiens de la sécurité au rez-de-chaussée.

Là, on leur apprend ce que Jacques venait de percevoir, mais la suite est donnée en temps réel par radio.

L'opération ne durera que 3 minutes. Les hommes sont extrêmement bien entraînés à ce genre d'attaque. Chacun sait ce qu'il doit faire, et il ne faut pas plus de deux minutes pour investir une maison, surtout si la disposition des lieux est connue d'avance. Deux hélicoptères à pales et moteurs silencieux avaient été détachés et se trouvaient à faible distance, prêts à intercepter des fuyards au cas où ceux-ci auraient senti le danger ou auraient réussi à s'échapper.

Les bandits n'ont eu le temps d'opposer aucune résistance.

Susan Gomez et Alex Bergen sont immédiatement ramenés chez SAIC tandis que les forces d'intervention restent sur les lieux avec les 5 bandits, le temps qu'il faudra pour faire l'état des lieux et s'assurer de ne rien laisser d'important sur place. En effet, ces personnes ont l'habitude de se suicider afin d'empêcher qu'on puisse remonter à leur commanditaire, et le moindre indice trouvé sur place peut soit les trahir, soit les amener à parler.

Une heure plus tard, Susan et Alex arrivent au poste de sécurité, heureux, mais encore un peu déboussolés de la manière dont les choses se sont déroulées.

Jacques leur explique, et ne peut réprimer une pointe de fierté lorsqu'il voit les yeux de Susan devenir humides. Elle a du mal à croire ce qu'elle entend, mais d'un autre côté elle est soulagée de voir que toute sa théorie avait une base réelle, enfin démontrée. C'est comme si le poids d'une année de supputation non vérifiée disparaissait d'un coup de ses épaules. N'y pouvant plus, sous l'effet de l'émotion, elle fond en larmes.

Alex la prend dans ses bras tandis que les autres personnes présentes se détournent pas discrétion.

Pendant que Susan se remet de son émotion, des nouvelles arrivent au poste, relatives aux kidnappeurs. Ceux-ci sont manifestement liés au gouvernement chinois. Les trois Afro-Américains ne sont que des hommes de main engagés de manière anonyme pour réaliser l'enlèvement. Ils devaient surveiller discrètement les allées et venues de Susan et Alex et leur préparer une embuscade. Ils ne savent rien des deux autres hommes. Ceux-ci ne veulent rien dire, mais la voiture de location trouvée sur place a été louée par l'ambassade chinoise. Le gouvernement américain va demander leur expulsion immédiate et il y a fort à penser que cet épisode va encore refroidir les relations avec la Chine.

Tous espèrent maintenant pouvoir se concentrer sur les deux sujets de recherches, et Susan, revenue dans la conversation, demande si elle peut s'intégrer à une équipe, de préférence celle de Paul, puisqu'elle aurait appris qu'il se chargera du phénomène de clairvoyance ou de ce qu'elle nomme conscience universelle. Jacques acquiesce volontiers, insistant sur le fait qu'elle a déjà tellement fait progresser leur compréhension du phénomène qu'ils ne peuvent lui refuser la chose.

Manifestement, les critères de clearance ne sont plus à l'ordre du jour. La valeur des personnes semble une priorité par rapport aux enquêtes de bonne vie et mœurs, et Susan recevra son papier d'accréditation quasi automatiquement.

Chapitre 29

23 septembre 2010, Désert de Phoenix

Susan contemple l'immensité déserte qui se déroule devant elle. Le soleil est de plomb et la température frise les 60 degrés au soleil. Heureusement, ils ont des tentes et des groupes électrogènes qui leur assurent un air frais. Cela fait 4 jours qu'ils sont ici. Les tentes forment un mini village.

Les deux semaines précédentes ont été fructueuses, au point d'avoir déjà décidé de déplacer l'équipe de Paul dans ce lieu éloigné de tout, à l'abri des indiscrets, et sans rien devoir au gouvernement américain.

Elle tourne sa cuillère dans sa tasse de café instantané. Dans son dos, Alex émerge de leur tente, encore un short et torse nu. Susan porte un pantalon kaki de camouflage « désert » et la chemise en accord, avec aux pieds des combat shoes à hautes tiges adaptées au désert. Celles-ci sont très légères et laissent passer l'air, tout en protégeant les pieds du sel et du sable ainsi que de la chaleur.

Elle a bien dû se rendre à l'évidence, ici, il n'y a plus de place pour la coquetterie, mais vu l'environnement, elle doit bien admettre que tout est mieux adapté pour résister aux conditions extrêmes.

« Bien dormi ? » demande-t-elle à Alex sans se retourner.

« Mhhh, pas mal. Hormis la vue, on se croirait presque dans un hôtel trois étoiles » plaisante-t-il.

« Tu te sens prêt pour aujourd'hui ? »

« Oui, pourquoi pas ? Nous n'avons pas grand-chose à perdre, et les résultats déjà obtenus sont assez encourageants ».

« Tu ne trouves pas que cela va trop vite, qu'on brûle les étapes ? »

« Non, pas vraiment. Tu sais, en temps de guerre, il s'est accompli des miracles question délais, et ne sommes-nous pas quasi dans une situation identique ? »

« Tu exagères. J'avoue que nous sommes logés, nourris et opérons dans des conditions identiques à celles de la guerre, mais ce n'est pas le cas du tout. Rien ne presse et nous n'avons pas d'ennemis »

« Tu veux dire que nous n'avons plus d'ennemis. Il me semble que tu oublies bien vite nos amis chinois, qui n'ont pas hésité à tuer ton assistant et à nous kidnapper »

« Oui, mais je crois que l'expulsion de leurs deux diplomates de pacotille leur a servi de leçon cette fois-ci. Mais réponds à ma question, tu ne trouves pas que tout cela va trop vite, au risque de nous dépasser ? »

« … non, pas vraiment. Jacques garde de toute évidence la tête sur les épaules, et Paul aussi. Regarde autour de toi. Vois-tu quelque chose qui soit bâclé ? Et les protocoles de nos expériences, trouves-tu qu'ils ne sont pas bons ? Moi je suis impressionné par leur professionnalisme, leur esprit méthodique, leurs procédures interminables qui finalement résultent en des décisions claires et bien abouties »

« J'avoue que là aussi tu as raison. Regarde les résultats déjà obtenus depuis notre enlèvement le jour même Jacques démontre la puissance de sa clairvoyance. Une capacité manifestement infaillible, très facile à mettre en oeuvre. Ensuite, avec Paul et son équipe, nous avons travaillé sur les différentes formes de clairvoyances, fait des comparaisons avec la télépathie, effectué des tests de modification du futur et comparé les résultats avec la prémonition. Tu te souviens quand ils ont empêché cette secrétaire de rentrer chez elle en voiture, après qu'ils aient vu qu'elle allait avoir un accident de voiture sur le chemin. De toute évidence, le fait d'avoir vu dans le futur un évènement se dérouler ne veut pas dire qu'il va se dérouler. Il risque de se dérouler si rien d'imprévisible ne se passe entre-temps. Une pièce mécanique qui casse d'usure n'a rien d'imprévisible, une autre voiture qui vous percute n'a rien d'imprévisible, même un cheval qui gagne aux courses n'est pas imprévisible. En fait, seule la prémonition permet de faire des choses imprévisibles, ou bien des actions faisant intervenir le hasard pur, comme la loterie, ou le jet d'une pièce de monnaie en l'air. Tout le reste est la conséquence de l'ensemble des paramètres présents à l'instant t-1, et ceux-là mêmes sont la conséquence de l'instant t-2 et ainsi de suite. Évidemment, au plus on s'éloigne dans le futur, au plus le degré d'incertitude grandit. »

« Oui, tout cela est finalement logique. Mais n'avez-vous pas aussi progressé dans l'analyse de la topologie de l'information ? » continue Alex, tout en rentrant dans la tente pour s'habiller ou sans doute se faire un café.

Susan attend qu'il revienne, mais a saisi une paire de jumelles pour observer l'horizon par acquit de conscience.

« Si, et c'était d'ailleurs un point très important et difficile à comprendre. Quand Jacques a eu ses visions le jour de notre enlèvement, il a quasi tout vu comme au cinéma, mais ce n'est pas toujours le cas. Dans notre cas, il avait déjà connaissance de « la cible », c'est-à-dire nous deux, et il lui a été facile de voir tout ce qui se trouvait à proximité, tout comme identifier notre localisation ou nous retrouver dans le temps, que ce soit dans le passé ou dans le futur. La chose devient plus difficile quand on ne connaît pas la cible. C'est un peu comme un chien qui doit suivre une piste. S'il n'a rien à renifler, il lui est plus difficile de savoir quoi chercher. »

« Que veux-tu dire ? »

« C'est comme pour ces expériences où il faut deviner ce que montre une photo glissée dans une enveloppe. Si l'expérience se fait en simple aveugle, il est possible de se connecter sur la conscience de celui qui a glissé la photo dans l'enveloppe, pour autant que cette personne soit connue de celui qui doit deviner le contenu de l'enveloppe. Sinon, si l'expérience se fait en double aveugle, à savoir que personne ne sait le contenu de l'enveloppe, il devient plus difficile d'obtenir de l'information. Il faut se projeter dans le futur, au moment où on ouvrira l'enveloppe, ou bien se connecter sur la conscience de la photo se trouvant dans l'enveloppe, sans même avoir une vue directe sur cette photo.

On constate dans tous ces cas qu'on doit accéder à la structure mémorielle de l'individu, de l'objet ou de la mémoire du futur, et que les choses ne se présentent plus de la même manière. À ce moment, l'information est répartie par association d'idée, de forme, de couleur, et ce sont ces éléments épars qui arrivent dans la tête du clairvoyant. Il est assez difficile de tout remettre ensemble par après. »

« Tu veux dire qu'il est plus facile de voir une scène au travers des yeux de personnes qu'au travers d'une photo ? »

« Non, mais il y a de ça. Si on sait se connecter à une personne, on peut voir tout ce qu'il y a autour d'elle, et mieux qui si c'était en voyant ce qu'elle voit, mais si on doit se connecter à un objet ou une photo, on arrive dans une zone moins riche de la conscience universelle, ou moins performante, et l'information doit se recréer un peu par rébus, en reliant soi-même les divers éléments liés à cette photo ou à cet objet. C'est un peu comme s'il y avait une hiérarchie ; qu'au plus nous avons de la mémoire, au plus nous pouvons restituer de l'information structurée. »

« Tu veux dire qu'un objet a de la mémoire ? »

« Oui, comme une photo, mais encore en moindre mesure. Notre mémoire filtre en continu l'information qui lui arrive, et ne retient que l'essentiel, et cette notion est encore pleine d'interprétations diverses, mais oui, c'est tout à fait exact que toute chose est reliée à la conscience, chaque être vivant, chaque plante, chaque caillou, chaque objet, chaque molécule ou atome est relié à cette conscience universelle dans laquelle ils stockent ce qui a marqué leur vie si on peut s'exprimer comme cela. Nous avons aussi confirmé cette notion de fonction, qui est aussi associée à une zone spécifique dans la conscience universelle. Prends le cas de cette ambassade américaine à Moscou. C'est un bâtiment, et tu peux interroger sa mémoire en te branchant sur la mémoire des molécules qui le composent, mais tu peux aussi te brancher sur la mémoire de l'ambassade, et si tu utilises ce moyen de branchement, tu n'auras accès qu'à la période temporelle pendant laquelle ce bâtiment aura été une ambassade. Il en va de même avec les êtres vivants. Même si leur âme subsiste après la mort et existait avant leur naissance, si tu veux te brancher sur cette âme après la mort de l'individu, tu essayes un branchement impossible. Nous calons encore sur cette notion d'âme, mais ce n'est pas notre priorité. Nous avons aussi progressé sur une notion de clé d'accès. Chaque entité conserve dans sa mémoire la clé d'accès de toute entité avec laquelle elle a été en relation. C'est pour cela que certaines personnes demandent à pouvoir toucher un objet ayant appartenu à une personne pour pouvoir accéder à l'information relative à cette personne. Une autre chose que nous avons découverte est que lorsque nous allons voir dans le futur, nous ne pouvons qu'obtenir des informations sur ces personnes, et non sur des évènements globaux, comme une guerre, sauf si cette personne est affectée directement par cette guerre, comme par une amputation ou une mort prématurée. Mais rien encore dans la vision ne permettra d'associer cela à une guerre. On s'interroge alors sur les pratiques de l'antiquité, puisque nous savons que les empereurs utilisaient leur pouvoir de clairvoyance pour décider des guerres ou autres grandes opérations. Sans doute se décidaient-ils en fonction de leur avenir propre, à savoir s'ils seraient encore empereurs dans le futur. Ainsi, il ne serait pas possible de connaître l'issue d'une guerre future, mais bien le statut d'un de ses commandeurs. Mais dis-moi, parlons de toi, vous aussi avez fait d'énormes progrès en deux semaines. »

« Tu veux rire ! Jacques est proche de l'attaque d'apoplexie ! Il ne se passe pas une journée sans qu'il ne nous congratule tous comme si nous avions atteint des résultats inespérés, et chaque fois, le lendemain, l'avalanche de résultats recommence. Il faut dire que dans notre équipe, tout est inattendu. Nous n'avons aucun précédent, au contraire de ton équipe avec tout le travail de STARGATE. »

« Je sais que tu m'as déjà plus ou moins raconté ça chaque soir, mais nos journées sont si longues que j'ai du mal à tout retenir. Redis-moi ce que vous comptez faire aujourd'hui »

« Oh, Susan, puis-je d'abord me faire un café et manger un sandwich ? »

« Mais fais seulement mon amour, et mets ta chemise à l'endroit ! »

Alex retourne en grommelant dans la tente, retirant sa chemise par-dessus sa tête.

Susan le suit en silence, et se jette sur lui de telle manière qu'il tombe sur leur matelas de couchage.

« Arrête Susan, tu n'es pas sérieuse. On nous attend et n'importe qui peut venir d'un moment à l'autre. »

« Gros peureux ! D'abord il n'est même pas huit heures, et tu sais très bien qu'on commence la journée à 8 heures trente. Ensuite cela fait quatre jours que nous sommes ici et personne n'est encore venu à notre tente sans que cela soit convenu d'avance. »

« Oui, mais il suffit d'une fois ! »

« Et alors, il est interdit de s'aimer ? Allez, détend-toi gros bêta ! Tiens, puisque tu as tiré ta chemise, je vais te masser le dos pendant que tu m'expliques ton programme. »

« Ok OK, j'avoue que tu as raison. Je me crispe et j'en oublie presque de respirer. Mmmhhh, oui, tu as bien fait, je sens déjà que cela me fait du bien. Que me demandais-tu encore ? Ah oui, notre programme… Aujourd'hui, cela va être super. »

« Raconte… »

« Tu sais qu'au cours de ces deux dernières semaines, nous avons procédé à diverses expériences, ici dans le désert. Si tu m'as rejoint cette semaine, c'est parce que les choses deviennent drôlement intéressantes et que je voulais que tu y participes. Nous avons commencé par des séances de concentrations communes, comme le groupe OUR-J le faisait il y a dix ans au Japon avec un grand succès. La réussite fut au-delà de nos espérances. Nous avons pu reproduire ce qui s'était passé le premier jour de l'exposition, mais ici par notre volonté. Je t'ai montré les films pris à cette occasion, que ce soit de jour comme de nuit. Nous avons compté jusqu'à 80 sphères en même temps, ainsi que des fusions, des fragmentations, d'autres formes aussi, comme des objets amorphes qui changent sans cesse d'apparence, des objets émettant de la lumière rouge ou verte, des objets d'apparence métallique, et aussi, l'aurais-tu cru, des objets ayant la forme de soucoupe volante. Il est donc clair que toute cette armada est liée au même phénomène, mais nous n'avons pas encore compris pourquoi tel jour c'est telle forme qui se manifeste, et tel autre jour telle autre forme, ni ce qui influence leur nombre ou leur comportement.

Aujourd'hui nous avons planifié autre chose, pour la première fois nous avons effectué notre concentration sur une interaction avec ces objets. Nous leur avons demandé quelque chose de bien spécifique, ce qui prouvera, s'ils s'exécutent, que nous pouvons interagir avec eux »

« Et qu'avez-vous décidé ? »

« Nous leur avons demandé de se poser, et de nous laisser les approcher »

« Wow, dis donc, et ce n'est pas dangereux de les approcher ? »

« Écoute chérie, si ce soir je suis à nouveau dans ton lit, cela voudra dire que ce n'est pas dangereux. . mais non, je plaisante, ceux qui les approcheront seront des militaires bardés de senseurs et de vidéo. Jusqu'à présent nos vidéos n'ont pas pu nous apporter quoi que ce soit, ces objets restent flous, inconsistants ou incapables de nous renseigner sur leur mode de propulsion. »

« Je pourrai être là ? »

« Non, tu devras rester ici et observer ce qui se passe au travers des écrans de contrôle. Je serai sur place à environ un kilomètre d'ici. »

« Et votre expérience est prévue pour quelle heure ? »

« Onze heures »

« Si j'ai bien compris, les soldats qui ont été exposés aux particules stockées dans l'Arche se concentrent avec comme intention de faire venir ces objets à lieu et à heure dite ? »

« Oui, comme le faisait le groupe japonais OUR-J et aussi le français Pierre Vieroudy. Eux devaient se concentrer beaucoup plus de temps, presque un mois, avant d'avoir des effets. Ici, on a tout de suite constaté qu'une seule séance de concentration suffisait. En Angleterre, Anthony Woods parvient aussi à avoir des résultats aussi rapides, mais il n'en est pas conscient. C'est toujours indépendant de sa volonté, lorsqu'il est soumis à une forte émotion »

« Ah, c'est vraiment étrange, voilà encore un aspect qu'il faudra sans doute étudier plus tard »

« Pour aujourd'hui, nos cobayes se sont concentrés sur une rencontre du troisième type, si on peut dire. Si les objets acceptent de se poser, ceux qui ont été exposés s'approcheront en premier. Ils seront munis de caméras spéciales et d'autres instruments de mesure comme des gravimètres et des magnétomètres. Ensuite Jacques s'approchera pour voir si les objets réagissent différemment. »

Susan a cessé de masser Alex et passé ses deux bras autour de sa taille, se plaquant dans son dos et goûtant au plaisir de le sentir tout contre elle. Alex regarde sa montre et décide qu'il est temps de rejoindre les autres.

Ils terminent de s'habiller et rejoignent ensemble la tente de commandement.

Les cobayes sont déjà présents, ainsi que Jacques et Paul qui a également rejoint les lieux depuis lundi. Derrière eux la multitude d'écrans habituelle, que d'autres membres de l'équipe s'activent à régler.

On sent la tension monter sous la tente. Pour le moment, les écrans ne montrent encore que le bleu du ciel et le blanc du lac asséché.

Ils ont compris depuis longtemps que les périodes de concentrations peuvent être facilement désynchronisées du moment décidé pour l'apparition. Les cobayes et Jacques sont donc pour le moment libérés de tout exercice de ce genre.

L'heure tourne et chacun s'occupe comme il peut en attendant l'heure du rendez-vous.

À dix heures quarante-cinq, deux camions emportent le personnel prévu pour se rendre à un kilomètre de là. La scène est un peu surréaliste et pour un peu on se croirait sur Mars.

Enfin, tout le monde est en place. Les soldats sont effectivement harnachés comme des astronautes, hérissés d'antennes et bardés de capteurs et de caméras. Jacques a préféré se concentrer sur ses sensations physiologiques et n'a donc qu'une simple combinaison kaki, une casquette et des lunettes polarisées.

À onze heures précises, l'un des soldats pointe le doigt en direction du Nord. Tout le groupe s'oriente dans cette direction et voir apparaître une flottille de sphères. Elles semblent glisser sur un coussin d'air, en silence. Les courbes qu'elles dessinent pendant leur phase d'approche sont parfaites et il semble clair qu'elles sont là pour faire passer un message de beauté.

Arrivées à cinquante mètres, elles amorcent une descente et viennent s'immobiliser à cinq mètres du groupe, flottant à environ un mètre cinquante de haut. Une des sphères se détache du groupe et vient vers eux, en adoptant une sorte d'ondulation.

Elle se met aussi à pulser légèrement.

Elle se faufile maintenant entre les hommes et se dirige vers Jacques, pour venir s'arrêter à un mètre de lui. Même à cette distance, il reste impossible de percevoir le moindre détail de l'objet. C'est comme s'il n'était fait que de lumière. Si on regarde sur le côté, on constate que l'objet devient opaque après deux centimètres d'une zone floue, ressemblant à du brouillard.

Jacques tente alors de s'ouvrir, de faire le vide dans son esprit pour tenter de percevoir une quelconque forme de télépathie, mais rien n'y fait, c'est le blanc, le silence.

Il tend alors le bras et ouvre sa main, paume vers le haut, en direction de l'objet. La sphère se déplace pour venir se poser dans la paume de Jacques. Il ne sent aucun poids, aucune sensation de chaleur ou de froid, pas d'électricité, mais juste une sorte d'engourdissement dans sa main. Voyant la sphère de si près, il essaye d'y voir un quelconque mécanisme, mais il lui est impossible de distinguer quoi que ce soit. Par contre, il discerne dans la luminosité des particules, comme des courants, des mouvements, un peu comme on peut en trouver dans la mer avec les grands courants marins. Jacques a la sensation bien réelle que l'objet est vivant. Il ressent un sentiment d'empathie, une sensation difficile et même gênante à expliquer, comme de l'amour pour cette chose qu'il ne connaît pas. Alors, en une fraction de seconde, elle disparaît pour faire place à un autre objet, qui, après que Jacques se soit ressaisi, s'avère être une croix d'Ankh (E-11), cette croix que tous les pharaons tenaient en main, et que Thot présente à Seti d'une manière non conventionnelle sur une gravure, laissant sous-entendre une fonction non encore comprise de cet ustensile. Une autre gravure le montre au sommet d'une colonne de Djed, un autre objet de l'antiquité égyptienne qui soulève encore bien des polémiques. Pour le moment, l'objet que Jacques tient en main est inerte, de couleur noire et mesure une vingtaine de centimètres. Jacques lève les yeux de l'objet et voit que derrière les soldats, le groupe des autres sphères s'est élevé et repart vers le nord.

« C'est incroyable » dit Jacques dans son micro, à l'adresse de ceux qui sont restés dans la tente de contrôle. « Vous avez vu ce qu'il s'est passé ? Nous avons reçu un objet, un objet qui ressemble à une croix d'Ankh ! »

Jacques tourne et retourne l'objet dans tous les sens, les yeux écarquillés, les soldats faisant maintenant un cercle autour de lui.

Après s'être assuré de la disparition totale des sphères, tout le groupe monte dans les camions et les voilà en route vers le campement principal. Jacques tient la croix comme un fragile bébé. Les autres sont impatients de le voir arriver et regardent les camions grandir au loin.

Jacques descend de son camion et pénètre dans la tente de contrôle. Il débarrasse une table et y pose la croix. Paul s'approche en premier, mais très rapidement la table est entourée de l'entièreté du personnel présent.

Alex et Susan essayent aussi tant bien que mal de jeter un coup d'œil sur l'objet. Jacques explique à l'assistance qu'il s'agit là du premier artefact véritable non pas extraterrestre, mais venu d'un autre monde que celui connu des hommes.

Des caméras sont positionnées autour de la table pendant que Jacques essaye de comprendre dans quel but il a reçu cette sorte de présent, car on peut bien parler d'un présent.

Paul lui suggère alors de se concentrer dans le futur, et de voir comment il peut bien manipuler cet objet. Jacques s'immobilise, ferme les yeux pendant quelques secondes, puis chacun peut voir un sourire radieux se former sur ses lèvres.

« Mes amis, je crois qu'on va s'amuser ! »

« Qu'as-tu vu, raconte » demande Paul, impatient.

« Ah, j'ai compris à quoi sert cet objet. Si cela s'avère fonctionner, je peux vous dire que nous tenons là une découverte incroyable et pourtant combien ridiculement simple et proche de nous. »

« J'en dirai plus sur cet objet plus tard. Je désire d'abord vérifier ce que j'ai compris, et de toute façon il se trouve trop de monde ici pour que je puisse en parler ouvertement. Sinon, concernant l'objet lui-même, à l'œil nu, je n'ai pu déceler aucune ouverture ou aspérité en cachant une, ni vis, ni bouton, rien. Cet objet est parfaitement lisse et ne semble pas pouvoir être ouvert. Je propose de lever le camp et de retourner à San Diego. Nous devons faire le point et prendre des décisions. Demain donc, retour au bercail ! »

Chapitre 30

24 septembre 2010, Désert de Phoenix

Il est six heures du matin, Susan n'a pas vraiment pu dormir de la nuit. Alex n'a cessé de bouger et il faisait très froid, malgré le sac de couchage de l'armée. Elle a fait beaucoup de rêves, dont plusieurs de vol. Elle se voyait survolant la base 51, et observant sur le tarmac des prototypes d'avion aux formes futuristes tandis que dans le ciel des soucoupes volantes exécutaient des ballets aériens. Susan se mêlait à elles et jouait comme on joue avec un chat ou un chien. Comme la veille, elle se lève avant son compagnon et va observer le ciel à l'extérieur. Tout en mesurant l'importance de ce qu'elle vit, elle éprouve toutefois un pincement de cœur en constatant le peu de rôle qui lui est dévolu pour le moment. Pour Alex, c'est différent. Il est tout le temps affairé autour des caméras et des enregistreurs, décidant d'utiliser tel ou tel filtre ou de modifier tel réglage. Mais jusqu'à présent, rien de marquant ne ressort de tous ces enregistrements. C'est comme si on avait affaire à une autre physique. Les phénomènes optiques sont bien vus et enregistrés, mais cela n'apporte rien de plus que ce qu'ils observent avec leurs yeux.

Susan se demande si les autres planètes que Vénus ainsi que les zones zodiacales exercent elles aussi une action sur le cerveau, et sans doute les microtubules. Elle a bien noté que les anciens tenaient compte de la position de Vénus pour planifier leur progéniture, mais il faut admettre qu'ils tenaient compte aussi de tout le reste pour d'autres choses, et que cela échappe à sa logique pour le moment. Il lui semble évident que la capacité de lecture dans la conscience universelle, ou le don du Saint-Esprit, était la première chose recherchée, mais alors, à quoi servaient les autres planètes et constellations ? Pour elle ces autres astres devaient être moins importants, même s'ils influençaient le caractère du nouveau-né d'une manière ou d'une autre, comme l'esprit combatif ou l'intelligence. Elle se doute qu'il y a une influence, allant plus que probablement dans le sens de ce qu'avait détecté Gauquelin, et certains pourront sans doute étudier les caractéristiques lumineuses des planètes et des constellations du zodiaque. Gauquelin n'avait par contre pas observé d'influence de ces constellations. C'est étrange et dérangeant se dit-elle, vu qu'il a été démontré que la constellation d'Orion émettait de la lumière dotée en partie des caractéristiques de celle de Vénus. Voilà de beaux sujets d'étude pour les années à venir, se dit-elle, mais ce ne sera pas pour elle, car elle préfère se concentrer sur cette notion de clairvoyance. Voilà un beau mystère, en relation avec la notion de divin et du pourquoi de l'univers. La plupart des mythes de l'antiquité ont une déesse de l'amour et de la guerre liée à la planète Vénus ; Inanna chez les Sumériens, Ishtar chez les Assyriens et les Babyloniens, Ashtoreth chez les Cananéens, Anat chez les Ugarites, Seshat chez les Égyptiens, Artémis ou Aphrodite chez les Grecs, Tanit chez les Phéniciens et Vénus chez les Romains. Souvent elle est représentée avec un enfant sur les genoux, comme d'ailleurs le sera la Vierge Marie plus tard. Il faut toutefois remarquer que hormis chez les anciens Incas et Mayas, où Vénus était aussi vénérée et très importante dans les calculs astronomiques et les décisions astrologiques, on ne trouve quasi aucune trace de cette planète ailleurs dans le monde. C'est un peu comme si un peuple commun à la zone d'influence méditerranéenne et nordique, sans doute les Celtes, aurait découvert l'influence exacte de cette planète afin d'en faire le suivi astronomique précis pour en extraire des décisions nommées plus tard prédictions astrologiques. La présence en Amérique centrale et du sud de ce même principe pourrait laisser penser à l'existence de contacts culturels anciens. Revenant en

Égypte, sur le zodiaque (1.2) retrouvé dans le temple de Denderah, on remarque que Seshat est représentée aux côtés d'êtres personnifiant l'éveil, la conscience et l'illumination, et présente dans une zone du zodiaque dédiée à la sagacité, les autres zones étant liées à l'instinct, la rigueur, la rationalité, la justesse et la culture. Serait-ce là les traits de caractère liés aux autres astres ?

À propos de ce temple, il existe un papyrus, nommé papyrus de Westcar, qui révèle que le roi Kheops (2650 avant notre ère) aurait détruit à cet endroit un très vieux temple d'avant le déluge, connu pour contenir les livres de Thot qui décrivent les sciences et les techniques de cette époque. Il est intéressant de noter que la personne qui savait où se trouvaient ces livres se nommait Djed, comme les piliers de Djed. L'endroit était nommé à l'époque l'Inventaire d'Heliopolis, un bâtiment qui était sans doute un centre astronomique et astrologique. Ces sciences et ces techniques que le roi Kheops voulait connaître étaient donc plus que probablement liées aux astres et à l'astrologie.

Susan ne sait plus très bien où elle en est, tout a été tellement vite. Sa vie est maintenant liée à celle d'Alex. Ils ont l'air de bien s'entendre. Depuis qu'elle le connaît, leurs rares disputes ont toujours trait à des bêtises de la vie, rien de grave en tout cas, et elle apprécie vraiment sa personnalité. Elle aime aussi son corps, se sentant immédiatement bien dès qu'elle approche de lui, qu'elle lui touche a peau. Elle n'avait jamais ressenti cela avec un autre homme auparavant. D'accord, ils se connaissent depuis peu de temps, mais ils ont déjà vécu tant de choses extraordinaires, vécu en promiscuité dans l'espace ou dans le désert, et puis, ils vivent aussi ensemble sous le même toit depuis quelques mois, ce qui est aussi toujours une épreuve révélatrice. Non, elle l'aime et ne veut pas le perdre. Elle devra donc adapter son plan de vie avec le sien, sans trop lui donner de mou, car elle a ses ambitions à elle aussi, et jusqu'à preuve du contraire, elle estime que les siennes sont plus intéressantes que ses réglages de photons. Hormis les missions archéologiques, elle peut aussi se permettre de travailler de n'importe où, alors qu'Alex doit toujours être près de ses machines. Mmmmh, c'est vrai que ces missions archéologiques ne vont pas être faciles à gérer ; normalement, elles impliquent de longs déplacements à l'étranger et Susan n'aime pas trop cela eu égard à sa relation avec Alex. Mais elle se dit qu'après toutes ces découvertes, son avenir n'est peut-être plus tant dans les vieilles pierres. Elle se verrait bien travailler chez SAIC avec Alex, sur des machines modifiant les facultés du cerveau, mais d'autre part elle sait qu'il n'est pas toujours bon de travailler avec son compagnon. Peu de couples résistent à ce genre de collaboration.

C'est sur cette réflexion que Susan décide de rentrer dans la tente et de secouer Alex. Elle se demande parfois comment il fait quand il est seul pour se lever à temps pour aller travailler. C'est une question que se posent tous les lève-tôt, alors que miraculeusement les lève-tard n'arrivent pas plus en retard à ce boulot que les autres. Comme quoi, il y a une justice en tout.

« Alex, réveille-toi ! J'ai faim et j'aimerais déjeuner avec toi. »

« Grumphh, as-tu besoin de crier si fort dans mes oreilles pour cela ? »

« Allez-ça va, arrête ton cinéma et habille-toi. Il fait magnifique dehors. À propos, tu as bien dormi ? moi pas ! »

« Oh, désolé ma chérie. Moi, j'ai passé ma nuit dans les bras de Morphée. »

« Pourtant tu n'as pas arrêté de bouger. Enfin bref, tu es prêt pour aujourd'hui ? On part ce matin quand tout le monde est prêt ; tes appareils sont encore nécessaires pour toutes ces expériences ? J'avais cru comprendre qu'ils ne captaient rien. »

« Ne te moque pas. C'est vrai qu'on ne capte rien de significatif, mais on devait recevoir un nouvel appareil ce matin, s'il n'est déjà arrivé hier soir, capable de mesurer des champs gravitationnels. Cela vient d'Ukraine. C'est complètement nouveau. C'est un certain Volodymyr machin chose qui a mis cela au point et on aimerait le tester sur ces objets. Peut-être parviendra-t-on enfin à comprendre de quoi ils sont faits ou comment ils se déplacent. On est à peu près sûr qu'ils sont constitués de molécules puisées dans l'environnement immédiat de leur matérialisation, mais nous ne comprenons pas comment ils peuvent se déplacer ni comment ils parviennent à changer de forme. Cela leur demande manifestement un certain effort, puisque leur apparence par défaut est la sphère lumineuse, ou plasmoïde. »

« Oui, mais comme on lève le camp ce matin, tu ne sauras pas t'en servir maintenant. Mais dans tous les cas, il faut que tu te lèves et que tu t'habilles. Une ou deux biscottes ? »

« Deux s'il te plaît »

« Explique-moi ce que vous espérez avec tous ces instruments de mesure que vous n'arrêtez pas de transporter partout où vous allez »

« Oh, SAIC espère découvrir de nouvelles technologies de tous genres, comme la furtivité, l'invisibilité, l'antigravité, et que sais-je encore. Toutes des technologies qui sont utilisées par les soucoupes volantes. À défaut d'en capturer une, beaucoup pensent qu'en les étudiant on parviendrait à comprendre par raisonnement inverse comment elles fonctionnent. Certains prétendent que ces technologies ne sont pas capables de transporter de lourdes charges, ou de s'évader de l'attraction terrestre, et donc peu utiles pour des applications non militaires » « Et les expériences que Jacques mène depuis plusieurs semaines vont dans ce sens ? »

« Non, pas pour le moment, mais vu la rareté des évènements, on ne peut manquer de positionner nos instruments et tenter de glaner de précieuses informations »

« De toute façon on se tire de ce désert aujourd'hui, et je ne serai pas la dernière à m'en plaindre »

« Allez, viens sous la tente et laisse ces biscottes, je pense qu'il y a des choses plus importantes que cela pour le moment…. »

Chapitre 31

4 octobre 2010, quartier général de SAIC, Mc Lean

Susan et Alex tournent dans la SAIC drive à Mc Lean, une rue bordée de bâtiments n'appartenant qu'à SAIC. Ce sont de grands blocs aux vitres réfléchissantes, sans aucune aspérité ni fioriture. Ils se garent et se dirigent vers l'accueil. Ils ont droit aux habituels contrôles d'identité, puis, arrivés devant la salle de réunion, aux contrôles d'accréditation très stricts de la journée. Jacques a convié la crème de SAIC et ils peuvent être fiers de faire partie de « son équipe ».

La salle n'est pas grande, mais à voir la tête des autres personnes présentes, et leur coupe de cheveux s'éloignant du standard de la maison, ils comprennent que le gratin ne vient pas que de la maison. Par modestie, ils s'asseyent dans le fond, même s'il n'y a que 3 rangées de sièges.

Jacques, et cela devient une habitude, prend la parole :

« Bonjour à tous ! Je vous remercie de vous être déplacés aujourd'hui. Je sais que vous avez des emplois du jour chargés, mais il me semblait nécessaire de vous réunir pour vous tenir au courant des résultats de nos travaux. En plus de certains responsables de ces recherches, à savoir moi, Paul Smith, Alex Bergen et Susan Gomez, je tiens à saluer les membres du projet Jason. Jusqu'à présent tenus à l'écart de nos recherches, les avancées de ces derniers jours nous indiquent qu'il est nécessaire de les tenir au courant de celles-ci. Ces trois dernières semaines, nous étions dans le désert de Phoenix. Paul Smith lui était à

San Diego. À Phoenix nous avons testé le résultat de notre exposition aux particules de l'Arche sur les objets volants non identifiés tandis que Paul étalonnait les performances acquises en clairvoyance. Vous trouverez les tableaux récapitulatifs dans le document qui vous a été remis. Vous noterez tous que ce document et ce qui se dit aujourd'hui est classé COSMIC TOP SECRET ECE et j'insiste fortement sur ceci. Ce sur quoi nous travaillons n'a plus rien à voir avec une technologie améliorée, mais avec une vraie révolution dans notre compréhension de notre histoire, du monde de la connaissance et du développement.

Jacques poursuit en faisant le résumé des dernières semaines, et en montre plusieurs films, dont celui du chargement en particule de l'Arche dans la grande pyramide, celui de la libération de ces particules sur la Zone 51, et celui de la réception de la croix d'Ankh.

Alors que l'assistance était silencieuse pendant ces présentations, elle éclate en questions lors de la pause et Jacques peine à calmer les interrogations. Finalement, il fait taire tout le monde en expliquant que ce n'est encore rien à côté de ce qui suit.

C'est ainsi que tout le monde désire écourter la pause et reprendre au plus vite.

« Maintenant que vous avez pris connaissance des faits établis, je vais vous parler de ce que nous avons découvert la semaine passée. Sur base de cet objet reçu des sphères, nous avons mené des séances de clairvoyance, et ce qui en ressort est tout bonnement de la dynamite. Certains d'entre vous se souviennent sans doute du fameux Livre d'Hénoch, un texte apocryphe cité dans l'Ancien Testament. Une des allusions les plus anciennes au Livre d'Hénoch se trouve dans deux fragments recueillis par Alexandre Polyhistor vers le premier siècle avant Jésus Christ. D'après lui Hénoch serait le père de l'astrologie, et il aurait tout appris des anges. En lisant entre les lignes du premier chapitre du livre, dénommé « La chute des Anges », on peut comprendre que ces anges seraient des astronautes arrivés sur Terre il y a des milliers d'années. Ceux-ci se seraient rebellés contre le commandant de leur vaisseau spatial. Pour mettre un terme à cette mutinerie, le commandant aurait décidé de les débarquer sur la première planète habitable venue. Ces astronautes ont aussi été nommés « veilleurs », et chacun d'eux aurait enseigné aux hommes l'art de sa spécialité. Parmi ces 200 veilleurs se trouvait Baraqiel (ou Rakiel selon les sources) qui était en charge des questions d'astrologie. On ne connaît pas la date à laquelle se déroule cette arrivée sur Terre de voyageurs extraterrestre. Certains éléments peuvent laisser penser qu'elle serait contemporaine de Noé, mais comme le livre est un assemblage de différents récits, comme la Bible, la date du récit qui nous intéresse n'est pas implicitement liée à l'épisode de Noé.

Certains égyptologues pensent que ces veilleurs seraient à l'origine des premiers pharaons, et leurs déductions font remonter ceux-ci à plus de 20.000 ans, et leur durée de vie à 1000 ans.

Après un peu plus de 10.000 ans de règne, ils n'auraient plus pu se reproduire qu'en se mêlant aux hommes, et leur descendance n'aurait plus pu vivre que 300 ans, mais ils auraient quand même encore pu régner une autre dizaine de milliers d'années. Enfin, on ne retrouverait plus de leur sang dans les derniers pharaons qui n'auraient plus eu de durée de vie que celle des hommes normaux.

Nous avons contacté un de ces égyptologues qui bousculent un peu les théories officielles, et il nous a fortement conseillé de visiter le Serapeum (E-12) pour avancer dans cette version de l'histoire.

Nous allons envoyer une équipe là-bas dans les semaines qui viennent.

Parallèlement, Peter Tompkins (P-14) qui travaillait à la NSA, aurait enquêté sur d'étranges monuments construits en Irlande il y a seulement un millier d'années. Au nombre d'une centaine, ces constructions défient l'histoire et la science, car personne ne peut leur donner une fonction, un peu comme les nuraghi de Sardaigne. D'après Peter, nous devrions nous pencher sur une explication liée à la clairvoyance. Nous irons aussi voir de plus près de quoi il retourne.

Enfin, sans présupposer de l'issue de ces futures recherches, nous pensons qu'elles seraient liées à la provenance de nos sphères. Dit autrement, ces astronautes descendus sur Terre il y a des milliers d'années ont subsisté hors de leur enveloppe charnelle, et en tant que « veilleurs » continuent à veiller sur l'humanité. Ils ne peuvent plus avoir d'existence physique persistante, mais peuvent se matérialiser, ou plutôt agréger des molécules pendant un court instant et prendre l'aspect qu'ils veulent. En règle générale, ils font cela comme nous déciderions d'aller nous promener, sans but précis, mais certains ont leurs êtres humains favoris tandis que d'autres s'occupent de « veiller au grain » de nos déviances guerrières. C'est ainsi que pendant la guerre froide ils se sont enquis de nos progrès en missiles nucléaires et nous ont montré de temps en temps qu'ils nous désapprouvaient en désamorçant systématiquement nos têtes nucléaires. Ces êtres n'ont rien à voir avec Dieu, ou ce que nous appelons Dieu, mais ils viennent d'une civilisation bien plus avancée que la nôtre. Ils nous ont enseigné comment nous rapprocher de lui en communiquant plus facilement avec la conscience universelle, et donc à lire dans l'avenir.

Ce sont eux qui ont construit ce mécanisme mystérieux dans la grande pyramide, pour pallier à la perte de capacité de clairvoyance de leurs descendants déjà mêlés à la race humaine.

C'est de là que vient l'Arche d'Alliance originelle, et les récits étranges liés à son utilisation plus tard par les hommes qui l'ont dérobée de la pyramide.

La croix d'Ankh est toute autre chose. Je peux vous dire que sa forme est uniquement pratique, on peut la tenir par l'anse ou par le manche, on peut y rajouter un miroir ou un cristal pour la décorer. Cet objet était utilisé par chaque astronaute pour faire perdurer sa mémoire et passer à sa descendance ou ses remplaçants son savoir. Plutôt que tout écrire dans des livres, ils donnaient simplement cet objet comme moyen de se connecter sur leur espace de conscience, celui qui subsistera dans la conscience universelle après leur mort. C'est un genre de clé si vous voulez. Cela aurait pu être n'importe quoi, du genre de ce qu'on donne à renifler à un chien pisteur ou plus exactement ce qu'on donne comme objet à un médium pour avoir des informations sur la personne à qui a appartenu l'objet.

Pour une raison encore inconnue, leur ADN était extrêmement proche du nôtre. Il se dégradait juste moins vite que le nôtre, mais c'était grâce à une technologie mise en place par leur civilisation, technologie dont nous retrouverions encore des traces dans ce fameux Serapeum qu'il nous tarde d'aller visiter.

La croix d'Ankh que nous avons reçue est un exemple parfait d'agrégation de molécules, de forme pensée, abandonnée dans notre monde physique par leur propre volonté. Leur âme, si je peux l'appeler ainsi, n'est pas liée aux molécules utilisées pour se matérialiser, mais ici elle a « collé » sa marque sur cet objet et je peux me connecter à la conscience de son ancien propriétaire, ou plus exactement à l'âme qui me l'a donnée.

Dans la plupart des cas, ces âmes d'anciens astronautes déstructurent leurs matérialisations lorsque leur mission ou « promenade » est terminée, mais il peut leur arriver de l'abandonner, comme ce fut sans doute arrivé à Roswell et à d'autres endroits de crash de soucoupes volantes. C'est aussi le cas lorsqu'on voit des engins perdre de la matière, comme du métal en fusion. Cela arrive lors d'une distraction de leur part. En principe lorsqu'ils dématérialisent leur création, ils font cela en dehors des regards humains, mais sinon, la dissociation des molécules se fait si vite qu'on voit l'objet disparaître sur place, quasi instantanément.

J'ai appris d'eux que pour construire cette croix d'Ankh, ils ont pris des matériaux facilement présents dans le désert où nous étions.

Lorsque j'avais la sphère en main, la croix n'était pas encore dedans, elle n'était pas encore matérialisée, et je voyais plutôt une soupe de molécules mélangée, m'apparaissant comme un plasma. À la vitesse de la pensée, l'être qui la contrôlait à pu assembler ces molécules sous la forme que nous avons reçue.

Comme vous le voyez, nous avons reçu de l'information, mais pas vraiment de la technologie. Je pense comprendre qu'ils ont été frustrés de n'avoir pas pu faire évoluer l'humanité du temps de leur présence ici. Ils ont aidé les hommes à bâtir des monuments parfaits, à construire des machines, à améliorer leur civilisation, mais lorsqu'ils n'ont plus eu de descendance pour tout contrôler, l'homme a échoué à maintenir ce savoir et a tout détruit ou oublié.

Aujourd'hui, avec ce que nous avons reçu, c'est-à-dire un moyen de nous connecter à leur savoir via cette croix, nous pouvons faire énormément de bien à l'humanité, mais nous devons réfléchir à deux fois à ce pour quoi nous avons déjà échoué il y a plus de 2000 ans.

Si ce savoir et la technologie que nous avons mis au point tombaient dans des mains ayant de mauvaises intentions, les personnes au bout de ces mains pourraient faire un tort énorme à leurs ennemis ou à l'humanité entière.

Nous pourrions décider de rendre publique cette technologie, mais ce serait donner un pouvoir énorme à toute personne dotée d'intentions malhonnêtes.

Nous ne sommes pas prêts à cela, et nous sommes loin de l'être.

D'après nous, cela ne pourra être fait avant la création d'un gouvernement mondial, la fin de la notion de religion et de pays.

Cette technologie peut nous mettre à l'abri de tout problème futur. Nous n'aurons plus de soucis de source d'énergie ni de nourriture. La pollution sera fortement diminuée.

Là, comme je vous parle, je ne sais si nous pourrons maîtriser les formes pensées, mais si nous y arrivons, cela résoudrait aussi fortement les soucis de ressources naturelles.

Bref, vous le voyez, nous pourrions avoir un avenir rose si nous parvenons à tous nous entendre.

Messieurs, je propose de nous revoir d'ici deux mois, et que d'ici là un groupe de travail soit créé pour réfléchir à cette question. Entre-temps, nous allons envoyer une équipe en Égypte voir ce que le Serapeum peut nous apprendre»

Jacques termine sa présentation sur ces mots. Comme à son habitude, il aura été efficace, clair et concis. Beaucoup auraient voulu en savoir plus, mais le temps de Jacques est toujours compté.

« Tu t'en rends compte » s'exprime Susan à Alex, « il nous délivre ces informations comme si c'était su de nous tous. Tu avais déjà entendu parler de ce livre d'Hénoch, toi ? »

« Je t'avoue qu'il a fait fort. Les sujets qu'il a abordés méritent au minimum une journée entière d'explications. J'imagine que c'est leur mode de communication à ce niveau. J'ai en tout cas retenu ses allusions à deux prochaines expéditions archéologiques et mon petit doigt me dit que tu en feras partie.»

« Tu crois ? »

« Écoute, sauf avis contraire de je ne sais qui, il me semble évident que tu es la personne la plus indiquée pour étudier la relation entre une construction ancienne et des questions de clairvoyance ou de naissance. »

Chapitre 32

9 novembre 2010, Sakkarah, Égypte

Susan contemple la pyramide à degré de Sakkarah. Perdue au milieu du désert, cette pyramide est un témoin de l'histoire des pyramides. Le long du Nil, sur environ 60 kilomètres, ont été construites de multiples pyramides, toutes reliées au Nil par un double système hydraulique, l'un en surface, et l'autre souterrain, avec dans ce canal souterrain un genre de réservoir de la taille d'un terrain de football. Jusqu'à présent il n'existe pas beaucoup d'explications sur comment et pourquoi fonctionnait cet énorme système. Le Nil était en plus aménagé avec des quais sur toute cette distance de 60 kilomètres. Il fallait donc une très bonne raison pour avoir effectué ce double travail titanesque.

Beaucoup de ces pyramides sont aujourd'hui écroulées ou même disparues, leurs pierres ayant servi à construire des maisons locales quand la fonction de ces pyramides fut tombée dans l'oubli.

La construction de Sakkarah n'est pas visitable, car elle s'est écroulée intérieurement et sa visite serait trop dangereuse.

Cette pyramide est représentative d'une époque où on les construisait par empilement de niveaux, le résultat étant une suite de gradins. Il y eut d'autres formes, comme les formes rhomboïdales ou à doubles angles d'inclinaison.

Les égyptologues classiques enseignent que la technique des

pyramides a été des plus simples vers les plus évoluées, le summum étant la Pyramide de Kheops.

Les égyptologues moins classiques, ceux qui remettent en cause la datation des pharaons, pensent que la technique des pyramides est inverse. Elle aurait commencé par les plus grandes, celles dont la précision est extrême, et le mécanisme intérieur encore incompréhensible pour nos meilleurs scientifiques.

Ensuite, le savoir se perdant là aussi, les pharaons suivants ont tenté de continuer en partie en tout cas, le système mis en place par les premiers pharaons.

Mais ici à Sakkarah se trouve autre chose, quelque chose de tout aussi mystérieux que ce qui se trouve dans la grande pyramide.

Comme le disait Auguste Mariette en 1857, *cette pyramide n'est pas égale aux autres. Elle n'est pas orientée exactement au nord comme les autres, et elle ne possède pas qu'une entrée dans la face nord comme les autres, mais au moins 4 entrées, plus des passages intérieurs, des couloirs horizontaux, des escaliers. Intérieurement, elle possède des chambres, des caveaux et des souterrains qui font ressembler l'ensemble à un vrai labyrinthe. Seule dans son genre, elle présente dans son axe et comme point central de tous les chemins qui y aboutissent à différents étages, une chambre de 7 mètres de large et 13 mètres de haut, dans le dallage de laquelle un énorme bloc de granit, taillé exactement en forme de bouchon, peut à volonté se déplacer et livrer passage pour descendre dans un caveau inférieur dont la destination est difficile à fixer, puisque ce caveau est trop petit pour avoir jamais contenu un sarcophage. Cette pyramide n'est donc une pyramide que par sa forme extérieure,/ … / et au plus je la visitais, au moins je la comprenais.*

Voilà encore une construction bien mystérieuse.

Auguste explique bien dans son livre un élément très important à comprendre en égyptologie, qui est que la plupart des monuments ont été récupérés à plusieurs époques par d'autres pharaons et pour d'autres cultes, souvent aussi avec des rajouts ou des modifications.

Les égyptologues n'insistent pas sur ces différentes évolutions, ou en tout cas n'essayent pas trop d'élucider la question de la fonction d'origine ainsi que la date de pose de la première pierre.

On a bien retrouvé des sarcophages ou des hiéroglyphes dans certaines pyramides, mais ils ont été apportés ou gravés sans doute des milliers d'années après la construction de celles-ci, et ensuite aussi sans doute leur abandon.

Mais Susan n'est pas là pour s'intéresser à la pyramide.

Se retournant, elle contemple le désert qui s'étend devant elle.

Là, plus bas au pied de la dune se trouve comme une faille dans le sol. Une rampe s'y enfonce en effet d'une dizaine de mètres. C'est l'entrée du Serapeum.

Plus loin sur sa gauche, attendant la venue du gardien qui doit leur ouvrir la porte, son équipe composée d'archéologues et de scientifiques de SAIC.

Cela fait une heure qu'ils attendent et il n'arrive toujours pas.

Enfin, un nuage de poussière annonce au loin l'arrivée d'une jeep. C'est bien lui.

Susan l'accueille pourtant avec un grand sourire. Obtenir l'accès au Serapeum n'est déjà pas aisé, mais recevoir l'autorisation d'y emmener une équipe de scientifiques a été une autre paire de manches, et ce ne fut rien à côté de celle de pouvoir démonter les planches qui bloquent l'accès à de multiples couloirs jamais ouverts au public ni même aux égyptologues.

Le petit groupe descend la longue rampe qui s'enfonce dans le sol, et pénètre dans un petit couloir qui après quelques tournants, débouche dans une longue galerie grande comme un tunnel de métro. De chaque côté de cette galerie, on peut voir des niches dont le sol se trouve plus bas de quelques mètres. Dans chacune de ces niches, un énorme sarcophage en granit d'environ cinq mètres de long sur 2,5 mètres de large et 3,3 mètres de haut.

Chacun de ces sarcophages est fermé par un couvercle de granit de quatre-vingts centimètres d'épaisseur. Il a été calculé que le sarcophage doit peser 60 tonnes et leur couvercle une quinzaine.

Il n'y a aucune inscription sur le granit, ni à l'extérieur, ni à l'intérieur. Le sarcophage est d'une pièce, et a été excavé avec une précision incroyable, de plus d'un millième de millimètre. Les parois intérieures sont donc parfaitement planes et perpendiculaires. Il n'est pas possible de passer une feuille de papier à cigarettes entre le couvercle et le sarcophage. Aucun tailleur de pierre ne sait tailler un objet identique aujourd'hui. Et ne parlons pas de l'emmener dans ce souterrain depuis une lointaine carrière.

Il se trouve vingt-quatre de ces sarcophages dans le serapeum.

Les égyptologues prétendent qu'ils étaient destinés à contenir des cercueils de buffles, en l'honneur du dieu APIS, mais pourquoi avoir surdimensionné la dimension intérieure, surtout connaissant les efforts à déployer pour tailler ces boîtes avec autant de précision. Surtout que d'autres parties du serapeum, bâties à d'autres époques, contiennent de simples sarcophages de bois et des squelettes de buffles. Leur taille est extrêmement réduite.

D'après Jacques Vallée, ces conteneurs servaient aux astronautes pharaons pour se régénérer. Leur séjour sur terre leur était néfaste et avait tendance à écourter leur longévité, ainsi qu'à diminuer leur pouvoir de clairvoyance. La croix d'Ankh et l'Arche d'Alliance leur ont servi à maintenir ce dernier pouvoir, tandis que ces caissons leur auraient permis de se régénérer.

Susan est ici avec son équipe pour tenter de comprendre si cette théorie mérite qu'on s'y attarde et si oui, quels éléments peuvent être trouvés ici et ayant un rapport avec celle-ci.

Elle contemple avec respect et admiration le travail réalisé par des hommes, il y a des milliers d'années. Ce gigantesque couloir, bordé de ces salles contenant ces caissons géants et si extraordinairement réalisés.

Son équipe déploie le matériel d'analyse, de mesure et de prélèvement. Pendant ce temps, elle suit le gardien qui va devant elle lui ouvrir les diverses cloisons obstruant des couloirs depuis des années. Aucun égyptologue n'a pu voir ces endroits. Elle découvre alors d'autres couloirs aussi grands que celui qu'elle vient de quitter, et d'autres chambres à caissons.

Il faut noter qu'aucun sarcophage ou squelette n'a jamais été retrouvé dans aucun de ces caissons. On observe que chaque chambre comporte des sortes de rainures sur les côtés, à hauteur des couvercles, qui, en tournant à 90 degrés, auraient sinon heurté les bords des chambres. Ceci démontre que ces couvercles étaient souvent manipulés, sinon on se serait contenté de les placer en les faisant glisser dans l'axe du caisson, depuis le couloir. Mais il est plus facile de faire tourner le couvercle de 15 tonnes sur lui-même plutôt que de le faire glisser, auquel cas il serait tombé une fois en porte à faux.

Tout le monde sait qu'une tombe ne sert qu'une fois, alors pour quoi avoir conçu ces pièces pour permettre d'ouvrir à volonté les caissons ? Et pourquoi avoir conçu ces caissons avec une précision aussi extrême ?

Lorsque Auguste Mariette a exploré il y a presque 200 ans cet endroit, il a frappé certaines parois et constaté qu'elles résonnaient creux à de nombreux endroits. A chaque fois, il a fait creuser lesdites parois creuses et découvert de nouvelles salles. Certaines contenaient des sarcophages de buffle, mais la manière de faire était étrange : parfois il n'y avait qu'un crâne, parfois des os brisés en petits morceaux mêlés avec du bitume, et parfois les sarcophages étaient sans fond, et aux proportions étranges. Mais d'autres pièces ne contenaient pas de sarcophage, et ont laissé Auguste aussi perplexe que la pyramide à degré.

SUSAN se demande combien de salles secrètes se cachent encore ainsi en Égypte, et se demande combien de technologies et de cultes se sont succédé au fil des millénaires aux mêmes endroits, dans les mêmes constructions. Cela la fait penser au même problème européen des premiers sites païens qui ont été choisis pour implanter des églises, et parfois aussi des cathédrales.

Le temps efface bien des témoignages du passé, mais qu'est-il comparé à l'homme qui détruit ou brûle des mégalithes, des sculptures, des livres par milliers pour volontairement faire disparaître les traces d'autres civilisations ou religions.

Peu de personnes pensent qu'il s'est passé exactement la même chose en Égypte, et qu'un pharaon faisait détruire les statues de son prédécesseur, modifier les temples, remplacer les hiéroglyphes.

Il est clair que le serapeum a été de la même façon investi par divers cultes ou activités, et il est bien difficile de savoir retrouver ce qui concernait l'activité originale du lieu.

Heureusement, ici, il y a un élément que les autres occupants ont eu du mal à faire disparaître, ce sont ces énormes caissons de près de 80 tonnes, fait du granit le plus dur. Seul l'un d'eux comporte des hiéroglyphes, mais la piètre qualité de ceux-ci démontre sans hésitation qu'il s'agit d'écrit apposé sur le caisson des milliers d'années après la création de celui-ci, comme c'est aussi le cas dans bien d'autres constructions.

Susan avance dans un des couloirs ouverts par le gardien, utilisant sa puissante torche pour éclairer les moindres recoins de l'endroit mystérieux. Elle visite un couloir contenant 28 momies de bœufs, mais cette partie n'est manifestement pas de la même époque que celle où se trouvent les gigantesques caissons. Ici, tout est moins bien travaillé, la taille et la précision ne sont plus du tout représentatives de ce qui l'intéresse. Des statues et des inscriptions retrouvées sur les lieux et au-dehors montrent que le culte d'Apis s'était maintenu longuement et avait été repris par les Grecs qui avaient même continué à utiliser le Serapeum. Elle délaisse donc cet endroit et retourne dans l'allée souterraine principale.

Avant de faire le voyage, elle s'est renseignée sur cet endroit et le moins qu'on puisse dire est que son histoire n'est pas toute simple. En remontant du temps où le Serapeum était encore utilisé, juste avant qu'il ne soit enseveli par les sables, le bâtiment servait de sanatorium. Les malades venaient se mettre à l'abri des chaleurs du soleil ou de la sécheresse de l'air dans les galeries souterraines. Il y avait divers artisans en surface, comme des boulangers, ainsi qu'un marché aux légumes. Divers petits temples avaient été construits par les Grecs, comme ce temple d'Astarté, déesse de Vénus, dans lequel certaines personnes s'enfermaient volontairement afin de trouver la sagesse, comme les ermites ailleurs dans le monde. On les appelait des reclus. Pour gagner leur vie, ils interprétaient les rêves des visiteurs, en leur parlant par une petite fenêtre donnant à l'extérieur. Lors de la découverte de ces cellules pour reclus, les archéologues ont d'abord cru à des cellules de prison. Il faut savoir que la moitié des papyrus découverts en Égypte viennent du Serapeum. Mais ces documents ne sont pas assez anciens que pour nous éclairer sur l'origine du bâtiment. Un des reclus les plus connus du Serapeum se nomme Ptolémée, et serait resté plus de dix ans dans sa cellule. Ils y gagnaient assez d'argent que pour en envoyer à leur famille.

On peut aussi lire que le Serapeum lui-même fut habité par des devins. Un des plus grands historiens de l'antiquité, Manéthon, explique que pour les cénobites païens de cette époque, la configuration astrale du ciel de naissance de certaines nouveau-nés leur donnait la capacité d'être devin, ou « inspirés », et qu'à cette époque il était d'usage qu'ils aillent plus tard dans les temples pour y avoir des songes ou expliquer celui des visiteurs.

Le serapeum était donc un « rêvoir ».

En parallèle, le lieu servait à adorer Apis, le dieu Taureau, symbole de la vie. À sa mort, son nom devient Osiris-Apis et plus tard Serapis, d'où vient le nom serapeum.

Il n'y avait qu'un Taureau déifié vivant à la fois, et sa vie était limitée à 25 ans, sur base de calculs astronomiques. Mais ces données ne sont pas confirmées, car le culte d'Apis contenait aussi des rituels mystérieux comme les autres mystères de l'époque, et de nombreuses informations ont donc été cachées ou modifiées. Ce culte du dieu Apis remonte au moins à l'an 1400 avant Jésus-Christ, lorsque Amenhotep III aurait fait ériger le Serapeum. Mais à nouveau, l'art du réemploi aurait peut-être amené ce pharaon à réutiliser une installation existante pour y héberger son culte nouveau.

Sur ces souvenirs de ses lectures, Susan se retrouve dans la grande galerie. Les caissons se trouvent dans des niches perpendiculaires, et le niveau de la galerie correspond au sommet du caisson. Les niches sont réparties en quinconce. Comme le dit si bien Antoine Gigal, personne n'est capable de dire à quoi ont servi ces caissons, et les diverses tentatives de datation ne se basent que sur des objets trouvés sur place ou sur des gravures faites a posteriori sur un des caissons.

Elle demande à son équipe de mesurer le volume intérieur, ainsi que la qualité de ses surfaces et de ses angles. Les résultats confirment ce que Chris Dunn avait déjà mesuré en 1985, soit une qualité hors du commun, digne d'une pièce de mécanique de précision. Bon sang, Susan se demandait où elle avait bien pu voir un volume pareil et un usage mystérieux, et voilà qu'elle pense au sarcophage de la grande Pyramide, celui qui contenait l'Arche d'Alliance.

Se pourrait-il que ces caissons doivent leur qualité intérieure à un besoin de capter et maintenir une vibration ? Mais pourquoi sont-ils si grands, alors que celui de la pyramide était nettement plus petit ? Et pourquoi sont-ils si nombreux ?

Il est certain aussi qu'ils devaient fermer hermétiquement, et que l'épaisseur et le poids de leur couvercle devaient être motivés par une raison bien précise.

Susan pense que si ce couvercle était si lourd, c'était pour empêcher à quiconque de le déplacer pendant le fonctionnement du caisson. Il fallait réunir un certain nombre d'hommes et des appareils spéciaux pour l'ouvrir.

Son équipe est occupée à faire des microprélèvements à l'intérieur des sarcophages, dans l'espoir de retrouver des traces d'un liquide ou de matières qui seraient restées accrochées au granit. On l'appelle soudain au caisson numéro 3.

« Madame Gomez, venez voir ! »

Susan court dans la galerie, emprunte l'escalier qui descend dans la niche, puis remonte une échelle pour enfin redescendre dans le caisson où on pourrait dresser une table et installer 10 convives autour tellement cet espace est imposant. Il se dit que Mariette a une fois reçu un invité de la sorte.

« Qu'avez-vous trouvé ? »

« Regardez ici, avec l'appareil de fluorescence on voit clairement une ligne à cette hauteur, et la couleur n'est pas la même en dessous qu'au-dessus. Cela veut dire qu'un liquide venait jusqu'à ce niveau. Nous allons maintenant tenter de définir de quel liquide il s'agissait. »

« Super, continuez, moi je vais voir si je trouve d'autres indices. »

Susan, satisfaite de la découverte, se met à réfléchir, tout en marchant le long de la grande galerie. Elle s'imagine que des êtres venaient dans ces caissons pendant un long moment, sinon il n'aurait pas fallu ces lourds couvercles. Il ne devait pas faire chaud, et s'ils restaient dans un liquide, ce dernier ne devait pas être chaud non plus. Brrr, voilà de quoi rentrer en hibernation se dit-elle en tremblant. Mais oui, voilà, c'est cela, ils venaient non pas pour se régénérer, mais pour rentrer en hibernation. S'ils étaient 200, ils pouvaient se répartir la tâche et dominer l'humanité pendant bien plus longtemps s'ils se remplaçaient chacun à leur tour. S'il y a 24 sarcophages, cela voudrait dire qu'ils pouvaient régner huit fois plus longtemps, mais cela voulait aussi dire qu'ils n'étaient plus qu'environ 170 d'actifs.

S'ils passent chacun à leur tour 10 ans dans un caisson, cela leur fait une durée de vie augmentée à 2250 ans plutôt que mille ans.

Ils font huit rotations chacun, c'est-à-dire qu'ils sont huit à se partager un caisson. Mais la raison aurait pu être inverse. Constatant qu'ils vieillissent plus vite que sur leur planète d'origine, ils auraient eu tendance à ralentir ce processus de vieillissement accéléré en hibernant. Il ne s'agit donc plus de rallonger leur durée de vie, mais de la maintenir.

Susan retourne près de son équipe dans le troisième caisson.

« Alors, vous trouvez quelque chose ? »

« Oui, nous avons trouvé des traces de sulfate de magnésium, ou du sel d'Epsom si vous préférez. Ce sel très spécial était connu des Égyptiens. Alors que Cléopâtre l'utilisait pour ses produits de beauté, il permet aussi au corps de flotter dans l'eau comme dans la mer morte. C'est aussi très bon contre les infections. »

« Cherchez encore s'il n'y a pas d'autres produits présents, je pense qu'ils utilisaient ces caissons pour hiberner et ainsi prolonger leur vie, ou bien qu'ils se dégradaient trop vite ici et voulaient ralentir le processus »

Susan regarde l'homme devant elle s'affairer avec ses multiples appareils d'analyses et éprouvettes d'échantillons. Ils ont même emporté un mini spectrographe. Évitant de les déranger, elle s'assied dans un coin et les observe tout en réfléchissant. Quelque chose ne colle pas encore. Pourquoi ces caissons doivent-ils être si parfaits à l'intérieur ?

On sait que l'hibernation ralentit la transcription de l'ADN, et donc la détérioration de celui-ci. L'ADN se met en boule comme un hérisson et rend plus difficile l'accès à ses gènes.

Mais pourquoi des parois parfaitement parallèles ou perpendiculaires ?

Et si plutôt que réfléchir à la température du corps en hibernation, assurée par la profondeur du serapeum, elle pensait aux vibrations émises par le corps. Tout comme le caisson de la chambre du roi dans la grande pyramide capture les particules et les fait rebondir à l'infini, se pourrait-il qu'ici ce soient les vibrations du corps qui soient retenues dans le caisson, et que ce dernier conserve donc au mieux les vibrations émises par toutes les cellules du corps, plutôt que les voir partir dans tous les sens et se perdre. Susan se promet d'en parler à Alex. Il devrait pouvoir lui confirmer cette hypothèse.

« Madame, venez voir, nous avons encore trouvé quelque chose d'étrange ! »

« Quoi, je ne vois rien ? »

« Si, regardez ici. Nous éclairons la surface de granit avec de la lumière polarisée, et regardons le résultat avec des lunettes spéciales, c'est pour cela que vous ne voyez rien. Tenez, prenez cette paire.»

« Mais je ne vois toujours rien ! »

« Maintenant, tournez la tête et dites-moi ce que vous voyez »

« Ca alors, je vois une tache de lumière qui n'était pas là juste avant ! »

« Effectivement, la surface de granit que vous avez devant vous a été traitée d'une manière inconnue et invisible. Nous avons du tester plusieurs sources lumineuses pour en être certain, mais notre attention avait été attirée par des micro cavités observées sur la surface extrêmement plate du granit. Ces microcavités doivent avoir la taille d'une certaine longueur d'onde, et ont la particularité d'inverser l'angle de polarisation des particules qui la heurtent. »

« Mais à quoi cela peut-il servir ? »

« Ben ça alors, comment voulez-vous que je sache ? À ma connaissance, il n'existe aucun filtre ou réflecteur fabriqué sur terre capable de produire cet effet. »

« Bon sang !» s'écrie Susan qui sort en courant du caisson, puis emprunte la galerie vers la sortie tout aussi vite. Une fois dehors, elle sort son téléphone satellite de sa poche et appelle Alex.

« Alex, c'est moi, Susan, je suis ici au Serapeum. »

« Bonjour mon amour, il ne fallait pas utiliser le téléphone satellite pour me dire que tu m'aimes, mais c'est trop gentil de ta part »

« Arrête, bien entendu que je t'aime, mais j'ai une question urgente pour toi. Les techniciens ont observé que les surfaces à l'intérieur des caissons sont couvertes de microcavités, d'une taille sans doute identique à la longueur d'onde d'une particule. Ils m'ont montré que cela avait comme effet de polariser négativement la lumière de leur lampe. Cela ne te rappelle rien ? »

« Bien sûr ma chérie, c'est le même phénomène qui se produit quand Vénus approche de son élongation maximale, celle qui semble être recherchée par tes monuments, tu sais, là en Sardaigne, le Noriges ou quelque chose comme cela »

« Les nuraghi, grand sot ! Mais qu'est-ce qu'on peut en conclure ?»

« Et bien, voyons,... d'après moi le fait d'être entouré de ce genre de réflecteur fait que tu bénéficies de l'effet Vénus tout au long de son cycle et non plus seulement à deux moments bien précis »

« Mince ! Tu n'as pas idée de ce que cela veut dire. »

« Non, en effet, si tu me disais ce que tu as trouvé d'autre ? »

« Je n'ai pas encore trouvé, mais il semble que les caissons étaient remplis d'eau mélangée à du sel d'Epsom, ce sel qui fait flotter et qu'on utilise dans les caissons d'isolation sensorielle. Comme ces caissons sont sous Terre, à température constante d'environ 14 degrés, je me suis dit qu'ils utilisaient ce lieu pour hiberner. Un bon couvercle de 15 tonnes devait empêcher d'être dérangé par le premier venu. Sans doute savaient-ils faire cela, comme les tortues, les ours et les marmottes.»

« Mais qui ça, ils ? »

« Mais les anges déchus, les astronautes quoi, ceux qui font apparaître les sphères lumineuses, ceux qui nous ont donné la croix d'Ankh ! »

« Ouh, ben dis donc, en voilà encore du neuf ! En tout cas, félicitation à ton équipe, et à toi d'avoir eu l'idée de les emmener là. Mais je te propose de raccrocher, sinon le boss va hurler en voyant la note.»

« Ne t'inquiète pas, avec ce que je rapporte, il ne risque pas de crier. Je t'embrasse. »

Susan replie la longue antenne du téléphone satellitaire et le remet en poche, songeuse.

Ainsi, ces êtres, en plus de rallonger leur durée de vie, se régénéraient aussi en capacité de clairvoyance. Sans doute cette capacité diminue-t-elle au fil de la vie, ou bien peut-elle être augmentée sans cesse jusqu'à atteindre un niveau exceptionnel ?

Elle se dit que sur leurs planètes ils devaient avoir d'autres moyens de parvenir à cela, mais que sur Terre ils ont dû se débrouiller avec les moyens du bord, tout en usant de leurs connaissances. Personne aujourd'hui sur Terre ne peut construire de tels caissons. Les machines n'existent pas, et il n'existe pas non plus de machines pour créer ces microcavités.

Mais avec de l'intelligence et des connaissances, ces êtres sont manifestement parvenus à fabriquer des appareils et des machines, disparus aujourd'hui, pour tailler la pierre de manière extraordinaire, et réaliser des systèmes hydrauliques ou chimiques parfois très complexes, au point qu'aujourd'hui on se demande encore comment cela fonctionnait.

Susan, songeuse, regarde le soleil qui descend déjà bas sur l'horizon. Plus loin, la pyramide à degré de Sakkarah la regarde de manière impassible. Combien de milliers d'années ces êtres ont-ils vécus sur terre, où ont-ils été, que nous ont-ils enseigné.

Bon sang, pourquoi tout ce savoir s'est-il perdu !

Toutes ces guerres de religion, qui ont brûlé et détruit les connaissances des autres.

Un peu lasse de ces pensées, Susan traîne le pas vers l'entrée du Serapeum. Il se fait tard, elle est fatiguée. L'excitation de ces dernières heures a masqué sa fatigue.

Elle redescend dans la galerie et propose aux autres d'arrêter les travaux pour aujourd'hui.

Chapitre 33

15 novembre 2010, San Diego, Californie

Alex rentre dans le restaurant « Gaslamp Strip Club», son restaurant préféré depuis qu'il a découvert cette ville. Il se présente à l'hôtesse et lui dit qu'il est attendu, mais il a déjà vu Susan près de la fenêtre qui lui fait de grands signes de mains. C'est là qu'ils s'étaient déjà assis tout au début de leur idylle.

Elle sirote déjà une caipirinha, son cocktail préféré. Il fait chaud dehors, mais ici la température est bien fraîche. Elle a mis un top blanc très échancré, des manches coupées dans la longueur tombant de part et d'autre de ses bras bronzés. Alex remarque qu'elle est parvenue à s'acheter des boucles d'oreille en forme de croix d'Ankh.

« Eh bien dis donc, fameuses tes boucles d'oreilles. Décidément, tu es vraiment prise par ton boulot ! »

« Il ne s'agit pas de mon boulot, il s'agit de ma vie. Je n'ai jamais fait quelque chose d'aussi intéressant, et j'en suis personnellement fière, car j'en suis responsable en partie. Tu n'es pas content, toi, d'être impliqué dans ces recherches ? »

« Si, bien entendu, mais tu sais, moi, je ne suis pas versé comme toi en archéologie ou en histoire. »

« Mais non, je ne parle pas des vieilles pierres, mais de ce nous découvrons sur la clairvoyance, et aussi sur ces êtres venus sur Terre il y a des milliers d'années, tu ne trouves pas cela fantastique ? »

« Oui, d'accord, c'est incroyable, mais qu'est ce que cela va changer pour toi, pour nous deux ? »

« Mais tu sais que tu m'étonnes ! Tu participes à la découverte de la chose qui a le plus influencé l'évolution de l'espèce humaine, tu apprends qu'il existe un endroit dans l'univers où se trouve la connaissance sur tout et même sur le futur, et tu es presque prêt là-dessus à me demander ce que je vais prendre comme dessert ! Imagine ce que cela peut changer pour l'humanité future, pour notre enfant même, si nous en avons un un jour, et pour la science, les technologies… Tu me désespères ! Pourtant c'est toi qui a commencé un jour à te demander ce que voulait bien dire le logo de SAIC apposé sur la porte de la navette spatiale. Souviens-toi. Tu es un curieux, tu as fait des études très techniquement avancées, cela veut dire que tu aimes le progrès, les découvertes…»

« Ben, disons que c'est mon métier, et pour le logo de SAIC, je faisais mon boulot. C'est vrai que j'en ai peut-être un peu trop fait, mais avoue que cela n'a rien à voir avec ce qui nous est arrivé par après »

« Mais justement, c'est ça qui est extraordinaire, on est rentré grâce à nous, à l'équipe, dans une nouvelle ère, plus rien ne sera comme avant ! »

« Eh, oh, ne t'emballe pas. Rien ne dit que SAIC va faire bénéficier le monde de ses découvertes, et je te rappelle que nous sommes tenus au secret. Moi, je n'espère rien, et si je regarde en arrière, il semble qu'il y a bien des découvertes qui ont été mises dans des tiroirs plutôt qu'utilisées pour sauver l'humanité. Tu vois, au moins, moi, je n'espère rien, je n'attends rien, alors comme cela au moins je ne serai pas déçu s'il ne se passe rien »

« Oh, ce que tu peux être négatif ! L'avenir appartient aux ambitieux, aux visionnaires, et pour cela il faut de la bonne humeur, de l'optimisme. Et puis, même…même si SAIC ne fait rien, nous, on pourra faire l'amour sous la lumière de Vénus et avoir un enfant formidable. »

« Oui, mais tu oublies qu'il faut faire cela neuf mois avant »

« Tu vois, toujours tout diminuer ! Non, franchement, moi j'y crois, et je suis certaine qu'ils vont faire quelque chose de bien de tout cela. Mais dis donc, j'ai faim et je propose qu'on commande. On prend une grillade, j'imagine, comme d'habitude ? »

Chapitre 34

15 janvier 2011, Glendalough, Irlande

Susan termine de prendre son petit déjeuner. Elle a passé la nuit dans un bed & breakfast du village. Elle a bien eu besoin du deuxième édredon pour ne pas avoir froid dans son lit. L'immeuble n'est pas vieux, mais manifestement leur chaudière doit avoir son âge et semble avoir du mal à chauffer les pièces en hiver. Cela la change de la Californie ou du désert égyptien.

Susan a demandé à son université d'ouvrir une nouvelle section, consacrée aux monuments et mégalithes qui s'avèrent opérer une modification de leur environnement ou modifier des flux de particules.

Le recteur de l'université s'est d'abord montré réticent, mais un appel de SAIC l'a vite mis d'accord, SAIC lui ayant confirmé qu'ils financeront les recherches de Susan.

Le projet des sphères est en effet terminé pour elle. Le projet a été entièrement classé TOP SECRET et Susan n'a plus droit de savoir ce qu'il deviendra. Alex continue à y travailler, mais est retourné à son activité première, à savoir la mise au point de la machine à lumière. C'était surtout grâce à Susan qu'il avait pu suivre ce projet après l'expérience de la pyramide, mais maintenant que Susan n'est retournée à l'université, ils n'ont plus vraiment de raison de le joindre aux travaux relatifs à la clairvoyance ou aux sphères lumineuses.

Susan a présenté une liste de monuments qu'elle envisage d'examiner plus attentivement, sachant maintenant que l'homme dans le passé a su construire des bâtiments capables de traiter des particules de manière à améliorer ses capacités. Présenter ce projet au directeur de sa faculté lui a fait évidemment froncer les sourcils. Jamais on n'avait entendu parler de cela, et en temps normal, elle aurait essuyé un refus, mais avec l'appui de SAIC et quelques explications discrètes de leur part, il a finalement accepté sans émettre de réserve. C'est important, car toutes les universités du monde fonctionnent de la même manière ; il faut des subsides pour payer les chercheurs, et les chercheurs qui reçoivent des subsides sont ceux qui produisent le plus d'articles dans des revues scientifiques de renom, comme la fameuse revue Nature. Le nombre de fois que leurs articles sont cités est aussi maintenant un élément déterminant. Les chercheurs passent donc quasi plus de temps à écrire des articles qu'à faire des recherches, et c'est sans parler du jeu vicieux des subsides qui viennent de sociétés privées qui aimeraient tant que les recherches aillent dans le sens de la commercialisation des produits de ces sociétés.

Tout cela fait que la plupart des recherches sont orientées vers des domaines qui donneront lieu à la commercialisation de nouveaux produits comme des médicaments. C'est pour cela que les maladies rares ne reçoivent plus de crédits, ou qu'aucune recherche n'est faite pour des remèdes qu'on pourrait se procurer gratuitement plus tard. Susan est terriblement contente d'avoir ainsi été aidée par la société d'Alex. Elle sait bien que cette société pense pouvoir en obtenir des retombées, mais d'ici là, Susan va faire ce qu'elle aime, et c'est cela qui la rend heureuse en ce moment. Jusqu'à preuve du contraire, elle n'a pas encore entendu parler d'un mauvais usage prévu de leurs découvertes de ces derniers mois. En tout cas, ce qui est sur, c'est qu'Alex est resté à San Diego et que Susan est retournée à Los Angeles. Ils se voient les week-ends. Soit Alex vient chez elle, soit elle va chez lui. Ils apprennent à se connaître. Il est clair qu'Alex est moins romantique que Susan, moins fougueux ou idéaliste. Susan s'est dit que c'était peut-être mieux comme cela, que cela la tempérait et la faisait réfléchir à deux fois avant de prendre une mauvaise décision. Jusqu'à présent, Alex a accepté les choix de Susan, même si cela veut dire qu'elle sera souvent absente pour des voyages à l'étranger.

Après être retournée dans sa chambre pour prendre son manteau et son bonnet, Susan quitte l'hôtel et prend sur sa droite pour se diriger vers la tour ronde du village. C'est une des dernières tours qui subsiste en Irlande. Elle est typique par ses dimensions et ses détails. Elle se situe à seulement une centaine de mètres de l'hôtel, dans le fond de la vallée, sur l'emplacement d'un ancien cimetière monastique dont on voit encore les tombes.

Son entrée se trouve à trois mètres et demi de haut, mais elle n'est pas visitable par le public, aussi Susan a-t-elle du demander qu'un employé de l'église proche de bien vouloir lui apporter une échelle et lui ouvrir la porte de la tour.

Une personne l'attend en effet au pied de la tour et l'échelle est déjà en position.

Après l'avoir remercié et pris ses dispositions pour pouvoir refermer la tour et rendre l'échelle, Susan pénètre dans le monument mystérieux. Celui-ci fait 31 mètres de haut et est en parfait état. Il y a 4 planchers intermédiaires, permettant de passer du sommet d'une échelle au pied de la suivante. Cela ne laisse pas beaucoup de place par étage pour entreposer quoi que ce soit, tout au plus deux mères carrés. Le diamètre intérieur de la tour est d'environ 2,5m. Les murs sont très épais, et c'est sans doute ce qui fait leur robustesse. Huit fenêtres très simples donnent une vue sur l'extérieur, dont 4 au dernier étage puis une par étage intermédiaire. Au pied de la tour, on distingue une minuscule ouverture de moins de 10 centimètres. À ce jour personne n'a d'explication pour ce trou. À vrai dire personne n'a d'explication pour quoi que ce soit dans ces tours. Les syndicats d'initiative cachent leur ignorance derrière des panneaux explicatifs donnant de fausses explications. Ils se sont tous mis d'accord pour dire que la tour servait de clocher et de refuge en cas d'attaques de Vikings, les moines s'y réfugiant avec leurs objets précieux le temps de l'attaque. Mais ces explications ne tiennent pas la route. Toutes les tours rondes d'Irlande sont construites hors de l'enceinte de leur monastère, dans le cimetière où étaient enterrés les moines. De plus il était facile aux assaillants d'attendre que les moines meurent de faim ou de soif. Et bien que leurs entrées soient situées entre 3 et 8 mètres de hauteur, l'espace intérieur est si restreint qu'on ne saurait y mettre plus de 6 personnes et quelques coffres.

Mais les syndicats d'initiative locaux continuent à vouloir faire croire à cette explication, modifiant volontairement les dimensions intérieures de la tour et l'échelle des personnages représentés sur les panneaux explicatifs.

Sur ces panneaux touristiques, au lieu de 1 mètre 30, les murs ne font plus que 40 centimètres et les personnages ne font que 90 centimètres comparés au diamètre extérieur des tours, donnant ainsi l'impression que les tours disposaient de plus d'espace intérieur pour stocker les richesses des moines et sans doute des vivres pour tenir un siège.

Cela démontre l'embarras des autorités locales et autres historiens pour trouver une explication à ces tours qui ont à l'époque marqué par centaines le paysage irlandais.

À tel point qu'en 1830, l'Académie Royale d'Irlande lança un concours à qui donnerait la véritable explication des tours rondes. Un certain Henry O'Brien rentra une étude très fouillée de ces constructions, intitulée « Les tours rondes d'Irlande, ou les mystères de la franc-maçonnerie, du Sabaïsme et du bouddhisme ». En résumé, l'étude conclut à un symbole phallique, symbole omniprésent d'après l'auteur, dans la quasi-totalité des religions depuis des temps très anciens. Malheureusement, le concours fut tronqué, sans doute pour ne pas offusquer ces honorables membres de l'académie, et le prix passa sous le nez d'Henry O'Brien.

Ceci pour dire qu'il y a près de 200 ans l'homme se demandait déjà à quoi pouvaient bien servir ces tours. Auparavant, il se contentait de répéter des explications entendues de-ci, de-là sans exercer son esprit critique ni avoir observé ces tours d'une manière plus attentive.

C'est ainsi que les explications les plus diverses furent émises. On a donc d'abord parlé de refuge, de tour de garde, de clocher, et de manière plus intéressante, de lanternes des morts. L'idée des lanternes des morts est de placer une lanterne au sommet d'une tour afin que la nuit, les âmes errantes, n'ayant pas compris qu'elles étaient mortes, distinguent au loin cette lumière et s'en rapprochent jusqu'à comprendre que cette lumière se trouve au-dessus d'un cimetière. À eux dès lors de comprendre qu'ils sont morts et doivent rejoindre le paradis.

La raison pour laquelle cette idée est à prendre au sérieux est qu'elle est très répandue. On trouve ainsi en France plus d'une centaine de lanternes des morts, construites à partir du 10e siècle. Les constructions dans ce cas sont plus modestes et beaucoup plus variées dans leurs formes et leurs dimensions. La seule qui ressemble de près aux tours d'Irlande est celle de Saint-Pierre d'Oléron, mais celle-ci est de construction beaucoup plus récente et on peut penser que l'architecte s'est inspiré des tours d'Irlande en pensant que c'étaient des lanternes des morts. Ceci a entraîné une confusion regrettable par la suite, car il a été bien démontré que les tours d'Irlande n'ont pas abrité de lanterne, ni de cloche, et ne servaient pas non plus à faire le guet.

Une autre hypothèse bien défendue est celle du symbole phallique, liée au bouddhisme qui à l'époque est venu faire des adeptes jusqu'en Irlande. Mais alors pourquoi au milieu du cimetière et pourquoi si peu de ressemblance avec un phallus ?

Il existe une autre hypothèse intéressante, qui est celle des champs d'énergie. Georges Prat, le spécialiste des réseaux vibratoires liés aux monuments, une technique appelée par ailleurs géobiologie. Les prises de mesures de cette « science » nécessitent toujours un être humain comme élément intermédiaire. En gros c'est le principe de la baguette de sourcier, mais on peut utiliser n'importe quoi. Il existe des appareils électroniques, mais il est reconnu que la mesure fonctionne aussi bien en utilisant uniquement le plan imprimé sur papier de l'appareil que l'appareil lui-même. Georges a parcouru le monde à la recherche de monuments anciens et constate que les vibrations sont plus intenses là où ces monuments ont été construits. Il a catalogué plusieurs fréquences vibratoires liées à différents minerais, le plus fréquent étant le nickel, qui a donné lieu au réseau Hartmann. Au plus rare est le minerai, au plus espacé est le quadrillage du réseau. En général, le maillage est parallèle à celui de la latitude et longitude, mais parfois il est incliné de 45°. Georges Prat prétend que bon nombre de monuments anciens sont construits là où plusieurs réseaux se croisent. Il explique aussi pouvoir mesurer des vibrations provenant d'entités défuntes ou mythiques. Ainsi, lorsqu'il se trouve devant une tour ronde d'Irlande, il explique mesurer de bas en haut les vibrations d'un moine de l'époque, puis d'un Saint et enfin du Christ.

Selon lui, les tours servaient de cheminée pour envoyer dans l'atmosphère les vibrations des moines enterrés à leur base, afin de participer à une œuvre cosmique.

Susan était déjà au courant des travaux des géobiologues, mais n'a jamais pu corréler leurs dires avec des faits vérifiés. Mais vrai ou pas vrai, Georges a toutefois mis le doigt sur un élément intéressant. Chaque tour varie en hauteur, et la hauteur de la porte d'entrée varie aussi étrangement selon la tour, entre 0 mètre et 8 mètres de haut. Il a aussi constaté un rapport quasi immuable entre la distance séparant le haut de la porte avec le haut de la tour, et la circonférence de la tour à hauteur du haut de la porte. Ce rapport est toujours le même, et correspond étrangement au nombre d'or. Ce nombre d'or (1,61803399…) est le seul nombre complexe qu'on retrouve dans la nature à une infinité d'endroits. Manifestement l'ADN présent dans la faune et la flore utilise très souvent cette suite pour générer ses éléments. Ce nombre d'or est utilisé pour créer de multiples formes et proportions. Il est basé sur la suite de Fibonacci (E-13) où chaque membre est égal à la somme des deux précédents comme ceci 0 1 1 2 3 5 8 13 21 34 55 89 144 233 377 et ainsi de suite.

Le nombre d'or s'obtient en divisant n'importe quel membre de cette suite par son précédent. Ainsi, si on divise 377 par 233 cela donne 1,618025 ce qui est déjà une très bonne approximation du nombre d'or. Au plus on avance dans la suite, au plus le nombre d'or devient précis.

Susan s'est dit que cette proportion était utilisée pour rendre les tours harmonieuses, mais quelque chose ne va pas. En effet, sous la porte d'entrée, la tour est remplie par du remblai. À la base de la tour, il n'y a pas d'interruption entre le remblai et le terrain, comme s'il était nécessaire que la Terre communique directement jusqu'au niveau de la porte. De plus, il semble clair que les bâtisseurs de ces tours construisaient les murs des tours en remplissant le vide intérieur par du remblai jusqu'à ce qu'ils soient satisfaits par quelque chose. Et c'est alors seulement qu'ils plaçaient la porte et construisaient le reste en tenant compte du nombre d'or. Donc, le nombre d'or est pour l'esthétique, mais pas la hauteur de la porte qui semble régie par un phénomène encore inconnu. Mais ce qui intéresse principalement Susan, c'est qu'elle a lu que les pierres utilisées pour construire les tours ont une forte teneur en quartz comme le granit et le basalte, ce qui leur donne des propriétés diélectriques intéressantes, mais lui fait aussi penser aux caissons du serapeum. Une autre personne s'est fait remarquer par ses recherches sur les tours. Il s'agit de Philips Callahan (P-1), entomologiste, ornithologue, philosophe et explorateur. Son métier d'entomologiste l'a amené à étudier les propriétés de réflexion de la lumière infra rouge des antennes des mites. Plus tard, lorsqu'il était en service militaire près des côtes irlandaises, il était posté près d'une tour ronde, attaché à une station radar. Il a observé une analogie entre les antennes des mites et les tours rondes d'Irlande, qui elles, semblaient pouvoir refléter les ondes radars.

Le cerveau de Susan se met à tinter quand on lui parle de granit et d'ondes, ou de particules. Elle a déjà entendu cela plus d'une fois. Et si ces tours avaient un effet sur le cerveau des moines ? Si les ondes réfléchies, qu'elles soient optiques, électriques ou encore d'une autre sorte, étaient réglées pour améliorer les facultés de clairvoyance des moines ? Mais encore, pourquoi les avoir mises dans les cimetières ?

Susan pense alors que comme pour les antennes de téléphones mobiles qui doivent être à une certaine distance de l'utilisateur pour être efficace, les tours aussi devaient se trouver loin des moines pour opérer. Elle se souvient d'une information étrange. À l'époque, seules les tours étaient en pierre, le reste du monastère était toujours construit en bois. Est-ce que cela aussi était fait pour mieux laisser se propager les ondes ?

Susan prend plusieurs photos dans la tour et plusieurs mesures au télémètre laser. Elle prend aussi le taux d'humidité et l'onde de résonance de la tour avec un appareil spécial. Elle regarde sa montre et se dit qu'il est temps d'appeler John Quackenboss.

Cet ancien fermier à la retraite vit à Alexandrie aux États-Unis. Il avait lu les travaux de Callahan et s'en était inspiré pour construire des tours en réduction et les positionner au milieu de ses cultures. Il avait constaté que cela améliorait le rendement de celles-ci, un peu comme la culture biodynamique suggère de positionner des pierres à teneur en quartz dans les champs pour aussi en améliorer la production.

Arrivée dans sa chambre, Susan recherche le numéro de John dans son ordinateur portable, puis forme le numéro sur son téléphone portable.

« Allo… Monsieur John Quackenboss ? »

« Oui, c'est bien moi. Bonjour, j'attendais votre coup de fil »

« Voilà, je suis actuellement à Glendalough. Je suis arrivée hier et j'ai été visiter la tour ce matin. Je ne vous dérange pas ; il n'est pas trop tôt pour vous ? »

« Non, non, allez-y, j'ai gardé mes habitudes de fermier et je me lève toujours tôt »

« Bien, j'ai pu observer la tour de près et prendre des mesures. J'ai aussi les fréquences de résonance et je verrai si cela peut nous servir. Mais en attendant, je voulais savoir pourquoi vous m'aviez demandé de vous appeler une fois que j'aurais visité la tour. »

« Je voulais m'assurer du sérieux de vos recherches, et ne pas devoir divulguer des informations au premier venu. Quelle hauteur au-dessus du sol avez-vous mesurée pour le linteau de la porte d'entrée ? »

« Quatre mètres vingt »

« Bien, c'est bon, je vous fais confiance. Vous voudrez bien m'excuser, mais je possède des informations que je préfère ne pas confier à n'importe qui, et depuis que Callahan a parlé de moi dans ses livres, j'ai toutes sortes de gens qui me contactent sans que je puisse vérifier leur sérieux. Pouvez-vous me préciser ce que vous cherchez à savoir sur ces tours ?»

« Comme je vous l'ai déjà dit, je suis archéologue, et j'essaye de retrouver quelles sont les constructions du passé réalisées pour transformer la matière, ou plutôt les particules. Je sais que Callahan pensait que ces tours capturaient et stockaient des ions, ou du rayonnement venant du soleil ou du ciel, pour en faire profiter les moines et les plantations. Cela avait un lien avec l'ionisation du sol, qui varie aussi dans l'atmosphère. À une certaine hauteur au-dessus du sol, l'ionisation de l'air augmente fortement. Cette hauteur varie en fonction du sol. C'est sans doute pour cela que la hauteur des portes des tours varie aussi. Qu'avez-vous pu conclure sur ce possible effet, puisque vous avez répliqué ces tours dans vos cultures ? »

« Eh bien, chère mademoiselle, au risque de vous déplaire, avec le recul que j'ai maintenant sur mes essais, je dois avouer que je n'ai pas vraiment constaté d'effet. D'autres fermiers ont tenté comme moi de reproduire l'effet décrit par Callahan sur les cultures et n'ont pas non plus observé d'amélioration. »

« Mais alors, avez-vous une idée de ce que ces tours faisaient, si elles faisaient quelque chose ? »

« Vous m'avez bien dit être payée par SAIC pour ces recherches, c'est bien ça ? »

« Oui, tout à fait. »

« Bon, vous avez déjà entendu parler du projet STARGATE ? »

« Oui, et une des personnes à qui je dois rendre des comptes est justement Jacques Vallée, et j'ai aussi travaillé avec Paul Smith, deux membres du projet STARGATE »

« Je m'en doutais. Ou plutôt je pense que je l'avais déjà un peu compris. Je vais vous donner une information qui n'est pas secrète, mais que peu de personnes connaissent, et je crois que cela vous orientera dans vos recherches. Lorsque je cultivais encore, et que Callahan avait publié son livre parlant de mes essais, j'ai reçu la visite d'un certain Peter Tompkins. Cette personne écrivait à ce moment un livre sur les méthodes alternatives de culture. Aujourd'hui on dirait biodynamique. Le titre de son livre en préparation était « Secret of the Soil », ou SOS en abrégé, et si vous regardez sa couverture vous verrez qu'en dessous du titre il a marqué les trois lettres SOS verticalement. Ce n'est pas anodin. Le but de son livre était d'aider l'homme à sauver sa planète. Il a écrit un autre livre intitulé « La vie secrète des plantes » où il parle de la conscience des végétaux. Bizarrement, il a aussi écrit un livre sur les pyramides égyptiennes et un autre sur les pyramides incas.

Ce Peter, et ne me demandez pas comment je le sais, était en fait un agent secret de l'OSS, le service d'espionnage américain qui fut remplacé après la Deuxième Guerre mondiale par la CIA. Il avait été engagé pour travailler dans le service de guerre psychologique. Vous savez à ce propos que c'est la CIA qui a initié le projet STARGATE, je suppose. Ne me demandez pas pourquoi non plus, lors de la construction du quartier général de la CIA à Langley en Virgine, le même Peter a été invité à créer une énigme, concrétisée par l'artiste Jim Sanborn et exposée dans la cour intérieure du bâtiment (T-6). Cette sculpture se compose de plusieurs parties, et malgré que des milliers de personnes ont déjà cherché à comprendre ces messages, ils ne sont pas encore totalement déchiffrés. On sait que cela parle d'une chose mystérieuse enfouie près de là, ainsi que d'une référence aux mystères de l'Égypte. Même Dan Brown fait une référence à cette sculpture dans son livre « Le Symbole Perdu », mais vous savez comme moi qu'il ne va jamais chercher bien loin ses explications. Peter aurait officiellement quitté le métier d'espion en 1948, refusant de joindre la CIA. Voyez donc dans ceci un lien entre une considération que la CIA a voulu symboliser ou lui rendre hommage, et la notion d'ondes et de conscience auxquelles Peter s'intéressait. »

« Mais vous m'avez dit n'avoir pas pu mettre en évidence un effet des tours sur les plantes, ou du moins de leurs répliques, et de mon côté, j'ai vérifié sur des photos aériennes et je ne vois aucun changement concentrique ou en spirale dans la végétation autour des tours. »

« Oui, cela ne m'étonne pas. Selon moi vous devriez vous limiter à cette histoire d'effet sur les moines. Tenez, je vous donne un autre indice. Il se fait que je connais Joseph Moneagle (P-8). Joseph est aussi un ancien membre du projet STARGATE. Vous savez sans doute que le projet STARGATE a été officiellement arrêté à la fin des années 80, mais qu'en fait il a été classé Secret Defense et qu'il est plus que probable que ce soit encore SAIC qui le dirige depuis.

Joseph n'a pas continué a travailler dans le projet, comme la plupart des premiers membres. Il a écrit quelques livres, mais c'est le seul qui s'est penché sur cette faculté extraordinaire qu'ont les Remote Viewers de l'équipe STARGATE de voyager dans le temps, et surtout dans le futur. »

« Vous confirmez que le projet STARGATE pouvait voir dans le futur ? »

« Non seulement voir, mais aussi interagir, interroger des personnes dans le futur ! »

« C'est bien que vous en parliez. D'après moi, ils ne parlent pas aux personnes, mais à leur conscience, ou plutôt à leur mémoire, et il existerait un protocole qu'ils avaient partiellement mis en œuvre, pour interagir avec cette mémoire. C'est un peu comme quand on ne trouve pas un mot, on attend, on parle d'autre chose, et quelques minutes plus tard ce mot nous vient en tête. C'est un peu le même genre de protocole. »

« Mmm. je vois à peu près ce que vous voulez dire, mais je n'en sais pas plus dans ce domaine. Ce que je voulais mettre en évidence, c'est qu'il semble exister une connexion entre ces tours rondes d'Irlande et ces histoires de conscience et de clairvoyance, en passant par les recherches menées en secret par différents organismes que j'ai cité. »

« Oui, je comprends. Cela me rassure de savoir cela et me conforte dans mon idée que les tours ont un rôle sur les moines, mais je ne vois pas encore comment »

«Pensez à la matière dans laquelle elles sont faites. Et demandez-vous quel rôle cette matière peut bien avoir. »

« C'est du granit, toutes les tours sont faites en granit. »

« Callahan avait démarré sur une bonne piste, mais a vite dévié vers un système d'ionisation. Sa première idée devait être meilleure. C'était celle où la tour renvoie vers les moines des ondes venant du ciel ou du soleil, en les transformant au passage. »

« Oui, c'est vrai ça, où serait l'intérêt de les renvoyer si ce n'est après les avoir transformées »

« Que cherchez-vous en fait ? »

« Je ne sais pas, mais jusqu'à présent j'ai trouvé des monuments orientés vers le lever de Vénus, dans le but probable d'imprégner les bébés à la naissance, venant au monde dans le bâtiment. Il était facile de vérifier que le bébé était venu au monde lorsque la planète Vénus se levait, ce qui serait un signe que l'enfant serait doté plus que d'autres de dons de clairvoyance. Ensuite nous avons la grande pyramide qui elle peut fonctionner comme une unité de stockage de cette onde qui vient de Vénus. Les anciens pouvaient ensuite déplacer l'unité de stockage et libérer les particules à un autre endroit pour en faire profiter des adultes, mais sans doute dans une moindre mesure.

« Dans une moindre mesure ? »

« Oui, le bébé à la naissance est particulièrement réceptif à cette onde, et plus tard il le sera encore, mais dans une moindre mesure et uniquement pendant des configurations de ciel particulières. Nous avons aussi trouvé, encore en Égypte, des souterrains où se trouvent des caissons de granit qui polarisent négativement les particules qui y pénètrent. Mais pour que cela ait de l'effet, il faut rester des années sans doute dans ces caissons. »

« Des années ? »

« Oui, mais d'autres indices sur lesquels je ne peux m'étendre ici semblent démontrer qu'ils savaient comment y faire. De toute façon à cette époque ou plus proche de nous il était coutumier de s'enfermer pour dix ans dans une pièce de la taille de ces caissons. »

« Vous voulez rire ? »

« Non, pas du tout, pensez aux ermites au Tibet, décrits par Alexandra David Neel, ou aux autres ermites en France. Il y en aurait encore 200 aujourd'hui, vivant dans de minuscules réduits. »

« Ok, je vois, d'après ce que vous m'avez dit, le traitement de cette lumière de Vénus dont vous parlez n'est pas systématique. On dirait qu'il est chaque fois différent même »

« Oui, mais n'oubliez pas que l'on compte plusieurs systèmes du même type, parfois jusqu'à 20.000 comme en Sardaigne, mais évidemment pas comme dans la grande Pyramide. Je sais qu'il a été construit des centaines de pyramides, mais je ne pense pas qu'on y ait trouvé la structure du processus trouvé dans la grande pyramide. »

« Sur base de cela, je ne peux que vous encourager à consulter un géologue, et faire des mesures de polarisation de la lumière de Vénus réfléchie par les tours »

« Oui, vous m'ôtez les mots de la bouche. Mais je dois avoir du matériel plus précis que celui que j'ai avec moi pour cela. Mais je vous remercie pour cette discussion, vous m'avez bien aidée et je sais quoi faire maintenant. Merci beaucoup Mr Quackenboss. »

« John s'il vous plaît, appelez-moi John. »

Susan dépose son portable, songeuse. Elle regarde par la fenêtre et distingue au loin la tour.

« Bon sang, qu'est-ce que tu nous caches ! » se demande-t-elle. Elle se dit aussi qu'il est incroyable que même en enquêtant sur ces tours elle entende encore parler de SAIC. Ils sont partout se dit-elle, ou plutôt partout où on parle de clairvoyance. Elle songe au cheminement pris par John pour lui servir sur un plateau ces informations. Mais elle pensera à cela plus tard. Pour le moment, elle est ici dans ce trou perdu où hormis l'église et son hôtel il n'y a quasi rien. Il lui manque des appareils de mesures.

Machinalement, elle prend la revue de l'hôtel sur la table de nuit et feuillette ses pages. Elle tombe sur un article sur les invasions viking, contemporaine de la construction des tours. Son œil est attiré par le mot polarisation. Étonnée, elle relit le paragraphe qui dit que pour naviguer sur les mers et ne pas se perdre, les Vikings utilisaient une « Sun Stone », une pierre qui polarisait la lumière du jour et leur permettait de trouver où se situait le soleil derrière les nuages. Ainsi donc la polarisation de la lumière était connue en Europe du Nord à cette époque.

Susan a récupéré un morceau de roche au pied de la tour et compte bien la faire examiner au labo dès son retour.

Pensive, elle referme la revue et s'allonge sur le lit et regarde le plafond.

« Voyons, il ne peut y avoir que deux raisons pour surélever la hauteur de la porte, soit pour qu'elle corresponde à une autre hauteur, comme celle du monastère, soit qu'elle atteigne une valeur précise liée à un phénomène encore inconnu. Comme le plancher était toujours en contact direct avec le bon sol via du remblai, c'est certainement la deuxième option qui est la bonne. Donc si le sol rentre en jeu, c'est qu'il doit y avoir un phénomène géomagnétique, ou quelque chose lié à l'ionisation de l'air. On sait que cette ionisation électrifie en quelque sorte l'air, et que le niveau d'électrification varie en fonction de la hauteur. Donc ils allaient sans doute chercher un certain niveau d'ionisation afin que le processus qui devait se dérouler dans ou autour de la tour fonctionne de manière optimale. Voyons, si cette tour pouvait refléter sur les moines les ondes venant de Vénus, il manquerait le bénéfice de l'élongation maximale, qui rend négative cette polarisation. Ainsi, en admettant qu'ils aient trouvé un truc pour le faire, les moines pourraient bénéficier toute l'année des bienfaits de Vénus, un peu comme dans ces caissons d'hibernations au serapeum.

Si ces tours vibrent à la fréquence du granit, peut-être amplifient-elles aussi ces ondes, et peut-être que la roche dont elles sont faites inverse leur polarité.

Et les moines alors ? Maintenant Susan comprend pourquoi tous les monastères étaient construits en bois, alors que les tours étaient toutes en pierre. Les tours avaient une fonction, et le monastère se rendait le plus perméable possible aux ondes produites par les tours. Les moines, eux, avaient donc leur faculté de divination augmentée. À l'époque c'était l'église qui dirigeait le pays. Saint Patrick aurait instauré le christianisme en Irlande au 5e siècle, en insistant de manière anormale sur le rôle de la trinité, donc sur le Saint-Esprit. Le monastère de Glendalough a été construit à cette époque. L'Irlande comptait une centaine de rois à l'époque, qui se partageaient la gestion de l'île. C'est à peu près le nombre de tours construites. Vers l'an 800, les Vikings ont commencé à attaquer l'île. Pendant des dizaines d'années, ils ne faisaient que de petites expéditions ponctuelles, n'emportant pas plus de richesses que ce que leurs bateaux pouvaient contenir. C'était effectivement les monastères qu'ils visaient, car c'est eux qui contenaient le plus d'objets précieux. Peut-on imaginer que ces tours auraient été construites uniquement dans le but de se protéger de ces attaques ? Elles auraient été bâties pour améliorer la capacité de clairvoyance des moines et donc leur faculté de prévoir les incursions viking ? Non, cela ne paraît pas correspondre. Il existait déjà des tours des siècles avant les premières invasions.

Dans l'antiquité, il existait des oracles, des prophètes, des devins et des astrologues pour épauler les empereurs dans leur gouvernance, sans oublier leur connaissance de comment faire ces devins et autres spécialistes en clairvoyance. Mais nous avons très peu d'information sur ce qu'il subsistait de ce savoir au 6e siècle, date de construction des premières tours. Toute cette connaissance a été récupérée par la chrétienté. On devine que les reclus du serapeum de Memphis ont donné les reclus et les ermites contrôlés par l'église, mais que subsistait-il encore de l'aspect divination là derrière ? Tout a été transformé en acquisition du Saint-Esprit, mais avec tout le flou historique qui entoure cette notion propre à la trinité depuis la création de la Bible.

Il ne faut pas oublier non plus qu'au 5e siècle, l'Irlande était encore grandement contrôlée par les rituels celtiques.

Au fond, on a bien construit pour se défendre de l'envahisseur des châteaux forts, des citadelles et des fortifications, autant d'ouvrages en pierre nécessitant de grands travaux. Ici, il ne s'agissait que d'une simple tour aux dimensions intérieures minimales. Et au lieu d'avoir une attitude réactive, c'est à dire attendre que l'envahisseur approche pour le combattre, pourquoi ne pas avoir eu une attitude prédictive, c'est-à-dire tout faire pour pouvoir prévoir l'arrivée de l'envahisseur et prendre les dispositions nécessaires pour l'éviter.

Chez les Celtes, un devin se nomme un « vate », mais cela, c'est un terme gaulois. Le terme irlandais est « faitsine ». Tous ceux qui officiaient comme druide celte sont devenus des prêtres chrétiens une fois convertis, mais non sans garder des traces de leurs anciennes pratiques. Certains parleront même de christianisme celtique. L'Irlande est le dernier bastion européen resté celte aussi longtemps. Il reste très peu d'écrits de cette époque préchristianique.

Alors, ces tours sont-elles liées à un savoir ancien détenu par les faitsines, ces devins celtes convertis au christianisme ? Ceci pourrait expliquer pourquoi elles ne se trouvent qu'en Irlande, mais auraient quand même été bâties au début de leur époque chrétienne. Le livre pourtant bien documenté de Christian Guyonvarc'h sur la « Magie, médecine et divination chez les Celtes » ne souffle mot de ces tours.

Susan se dit qu'on ne pourra tirer de conclusion qu'en parvenant à réactiver une de ces tours et constater l'effet qu'elle a sur des personnes vivant à proximité.

Déçue, elle se remet debout en vue de faire une dernière promenade.

Prenant la direction de la tour, elle dépasse celle-ci et se dirige vers le lac en contrebas.

Ce lac ne fait pas plus de trois cents mètres de large. Encore un peu et on pourrait voir la tour s'y refléter. Toujours pensive, elle s'assied sur un rocher et tout en laissant son regard se poser sur l'eau immobile, elle continue réfléchir.

Pourquoi se dit-elle, l'homme a-t-il construit des monuments mystérieux, parfois énormes, et que leur fonction s'est perdue au fil des siècles. Il semble en être de même pour bien des fêtes païennes, dont on conserve qu'un simulacre.

Combien de milliers d'années a-t-il fallu à l'homme pour constater, comprendre, interpréter et implémenter les phénomènes liés à la planète Vénus et à la clairvoyance ?

Qu'avaient à voir les Mystères de l'antiquité avec ces monuments ? La franc-maçonnerie en a peut-être récupéré les rituels et leur symbolique, mais leur vraie raison d'être nous échappe. Susan se demande si on va la suivre longtemps dans ses recherches, et si un jour elle trouvera la vraie clé de tout cela.

Va-t-elle abandonner ces recherches difficiles et rejoindre Alex ? Leur équipe avance bien dans la conception de la machine et ils auront certainement un poste à lui donner dans la nouvelle structure qui va bientôt être mise sur pied.

Elle a entendu que Jacques Vallée est critiqué par certains membres de SAIC qui ne veulent pas admettre que toutes les apparitions d'ovnis viendraient de ces entités désincarnées. Jacques est parvenu a démontrer que ces entités existaient, pouvaient « matérialiser » un ensemble de molécules collectées dans les environs, mais cela ne prouve effectivement pas que toutes les observations sont liées à ces entités.

Susan reprend le chemin de son hôtel. Le temps a passé vite et il commence à faire noir.

Soudain, sur sa droite au-dessus du lac, quelque chose se passe. Susan tourne la tête et voit une brume se créer au-dessus de l'eau.

De petits éclairs de lumières zèbrent le nuage sombre, comme des décharges d'électricité statique. Le nuage grandit jusqu'à prendre la taille du lac.

D'un coup, dans le silence le plus total, le nuage fait place à un énorme objet, noir, triangulaire, quasi aussi grand que le lac. Il n'est donc qu'à quelques centaines de mètres de Susan.

Elle peut voir les détails de la face inférieure de l'énorme engin. C'est comme si elle était parcourue de tuyaux et de stries.

L'objet plane à une trentaine de mètres au-dessus de l'eau.

Après quelques secondes d'immobilité, trois énormes lumières s'allument aux trois angles du triangle. Il effectue un quart de tour, mais Susan ne peut comprendre comment est la géométrie de l'objet. Il semble se transformer pendant qu'il tourne sur lui-même, et même s'il ressemble toujours à un gros triangle d'environ 20 mètres d'épaisseur, elle n'est plus sûre de ce qu'elle voit. Doucement l'objet s'élève vers le ciel. Arrivé à environ deux cents mètres, il s'arrête.

Susan n'a pas d'appareil photo sur elle. C'est bien sa veine. Elle saisit son smartphone, mais constate que la scène est très noire et qu'on ne verra quasi rien.

Alors, au centre de l'appareil, une lumière rouge s'allume. Comme les autres, elle est énorme, elle fait plusieurs mètres de diamètre. Le lac est illuminé et semble rougeoyer.

Et soudain, alors qu'elle prend autant de photos que possible, l'objet disparaît, comme ça, sur place, mais à sa circonférence Susan voit qu'il subsiste une centaine de petites sphères lumineuses comme elle a vu en Arizona.

Ces sphères se meuvent vers le centre de la figure, se fondent en une seule, légèrement plus grosse, puis, une fois la manœuvre terminée, la sphère restante se dirige vers la tour sur la droite de Susan. Elle n'en croit pas ses yeux. Ce n'est pas un hasard, c'est bien un message qu'elle reçoit. Devant elle se passe une chose énorme et Susan le comprend maintenant.

Elle reçoit en fait la réponse aux questions qu'elle se posait il y a quelques minutes. Elle suit des yeux la sphère qui approche de la tour. Elle voit l'objet rentrer dans la tour, comme si elle était absorbée par les blocs de roche. Et puis plus rien. Elle réentend le chant des merles qui se remettent à chasser les vers de terre et des croassements de grenouilles qui doivent gambader près du lac.

Tout s'est passé si vite. Il aura fallu moins de dix minutes à Susan pour observer cette scène. Elle pense déjà à téléphoner à Jacques, à lui expliquer ce qu'il vient de se passer. Son coeur bat encore dans sa poitrine lorsqu'elle atteint le pied de la tour. L'échelle n'est plus là et elle ne peut pas y entrer, mais d'autant qu'elle puisse voir il n'y a plus rien qui se passe dans la tour.. Elle reste encore une demi-heure à attendre au cas où ils se manifesteraient encore.

Quelle beauté, quelle joie pour elle d'avoir vu cela !

Elle a enfin une observation qui relie les sphères, les soucoupes volantes et les monuments mystérieux.

Ainsi la croix d'Ankh n'était pas une chose isolée. Il y a bien quelque chose qui relie tout cela.

Encore tremblante, mais emplie de bonheur, Susan pousse la porte de son hôtel. Elle regarde la personne qui se trouve derrière le comptoir, mais elle ne semble pas vraiment lui prêter attention hormis le petit signe de tête de courtoisie. Manifestement personne n'a rien vu. Il faisait déjà noir et le lac est isolé du village pas un bois et des champs.

Elle se rend au bar et commande une caipirinha.

Chapitre 35

14 juin 2011, San Diego, Californie

Susan referme son laptop et le range dans son sac de transport. Quasi six mois se sont passés depuis son voyage en Irlande. Elle n'a pu contrôler la suite des évènements. De toute façon, ce qu'elle avait vu était trop gros que pour ne pas faire de vagues. Une fois Jacques informé, elle a du rentrer immédiatement. Son contact, non pas du troisième type, mais d'un nouveau type pas encore catalogué ne pouvait rester sans suite. Jacques a organisé des réunions avec de nombreuses personnes restées anonymes, et elle a dû y être présente à chaque fois. Ils ont bénéficié d'un jet privé de SAIC pour se déplacer aux nombreux endroits où ils devaient rencontrer ces personnes. Elle aura vu des gens du congrès, de la CIA, de la NSA, du Pentagone, et d'autres dont soit elle n'a pas reconnu les insignes, soit qui étaient en civil. Le pauvre Alex a du rester à San Diego.

Une équipe a été envoyée à Glendalough pour effectuer les mesures que Susan n'avait pu faire. Ils ont constaté qu'à quelques centimètres près, la porte de la tour est bien située à une hauteur ou la couche d'air ionisé change brusquement. Cela est lié à la composition du sol et au relief avoisinant. Pour autant que rien ne change à propos de ces deux paramètres, ce niveau reste constant. Au moyen de filtres, ils ont pu mesurer que la lumière réfléchie par la tour était bien polarisée négativement, ce qui confirme l'hypothèse de Susan que cette tour sert à augmenter l'effet bénéfique de Vénus tout au long de l'année, pour les personnes situées dans un rayon d'une centaine de mètres, et ce même si elles sont situées derrière des murs, qu'ils soient en bois ou en pierre. Alex a confirmé la capture d'axions pendant les expériences de la pyramide et l'ouverture de l'Arche. Ces particules aux vertus merveilleuses sont capables de traverser la matière comme si c'était du beurre.

Sa réunion la plus imposante fut pourtant celle où il y avait le moins de monde. Elle s'était rendue à Washington avec Jacques. Ils s'étaient rendus dans un petit immeuble sur les hauteurs et avaient rencontré un certain William Skinner, un géant habillé en civil, mais aux allures de militaire. Ensemble, ils s'étaient rendus au Pentagone. William avait montré son insigne et les gardiens ne leur avaient plus rien demandé lors de leur passage aux trois postes de contrôle consécutifs, alors que de toute évidence toutes les autres personnes devaient à chaque fois y montrer patte blanche. Ensuite, ils avaient escaladé une de ces énormes rampes reliant les différents étages, étaient rentrés dans un bureau sans fenêtre et avaient demandé à son occupant d'aller faire un tour dehors pendant une heure. Une fois la porte refermée, William avait approché d'une armoire et en passant sa main dans l'espace restant entre l'armoire et le mur avait fait jouer un déclic. Il avait ensuite poussé l'armoire sur la droite comme si elle avait glissé sur des rails. Cela avait fait apparaître une baie dans le mur, donnant sur un escalier qu'ils avaient emprunté, en refaisant glisser l'armoire derrière eux. William s'est à ce moment retourné vers eux en leur disant que les architectes du Pentagone s'étaient amusés comme des enfants lors de l'élaboration des plans, mais que ceci n'était rien comparé à ce qu'ils ne verront jamais.

Arrivés en haut de l'escalier, William a appuyé sur un bouton qui a dû actionner un signal. Après quelques instants, une autre armoire a glissé sur des rails et ils ont vu devant eux un autre bureau tout aussi anodin que celui qu'ils venaient de quitter.

Dans ce bureau les attendaient deux personnes.

Elles avaient un âge certain, sans doute la septantaine. Toutes deux étaient en civil, ce qui semble normal à cet âge.

Ils furent conviés de s'asseoir et on leur demanda ce qu'ils voulaient boire. Après quelques paroles anodines destinées à calmer l'ambiance, on leur fit les présentations, chose à laquelle Susan ne s'attendait évidemment pas après le luxe de précautions prises pour arriver ici. William leur présenta donc Henry Kissinger et Étienne Davignon. Susan ne les connaissait que de nom, mais on lui précisa que Henry était membre du Council On Foreign Relations (CFR depuis 1955) et que Étienne était Président du groupe Bilderberg. Diantre se dit-elle, en quoi ces deux pontes peuvent-ils bien s'intéresser aux ovnis.

Susan se souvenait que le CFR était un think-thank créé en 1921, et qu'il avait été suivi la même année par divers think thank internationaux ou nationaux, regroupant les personnes les plus influentes. En Angleterre, ce fut Chatham House, ou RIIA, présidée par la Reine d'Angleterre elle-même, et en Belgique, pays d'Étienne Davignon, l'Institut Egmont, présidé comme par hasard par le même Étienne. Il est très difficile de dire ce qui a été l'élément déclencheur de la création de ces groupes qui rassemblent les personnes les plus puissantes au monde. Mais le groupe Bilderberg, lui, a été créé plus tard, après la Deuxième Guerre mondiale. Susan ne savait donc pas quelle casquette Étienne portait à sa réunion, Bilderberg ou Institut Egmont.

Qu'à cela ne tienne, on lui dit des choses qu'elle du jurer de ne jamais répéter, des choses qui lui ont éclairé la situation mondiale eu égard à ces observations de soucoupes volantes.

Manifestement, ces groupes savent ce qu'elles sont, mais n'ont jamais voulu dire la vérité, préférant tantôt laisser croire que leurs prototypes secrets sont des soucoupes volantes, ou que les soucoupes volantes viennent d'un autre monde et pourraient nous attaquer.

On lui dit que jamais les débris d'une vraie soucoupe volante, avec de vrais extraterrestres n'avaient été retrouvés où que ce soit. On lui dit aussi que jamais on n'avait observé l'approche d'un vaisseau spatial de la Terre, venant de l'espace. Ils n'ont jamais compris ce qui se passait, mais grâce aux moyens mis en œuvre pour observer l'espace aérien et cosmique ils ont vite compris que ces objets ne venaient pas d'autre part. Ils ont quand même décidé de laisser planer un doute sur des risques d'attaques de la Terre par des extraterrestres, afin d'entretenir à peu de frais une stratégie de la tension, toujours bonne à maintenir pour garder le contrôle de la population. La CIA a payé pendant longtemps les studios Disney pour produire des films montrant des soucoupes volantes et des extra terrestres attaquer la Terre, et l'industrie d'Hollywood continue dans cette direction sans plus même se faire prier. Mûrement réfléchie, cette stratégie de la tension, utilisée à bon escient (cela dépend du point de vue, bien entendu) permet de faire accepter à peu près n'importe quoi aux citoyens. Pour ce qui est de nos fameux ovnis, très peu de personnes sont au courant de cette situation, de ce non-risque manifeste, ou en tout cas de l'absence de liaison directe entre les milliers d'observations annuelles et de potentiels visiteurs extraterrestres.

Maintenant, avec la dernière observation de Susan, la situation devient tout d'un coup, après quatre-vingt-dix ans, très différente.

Tout ce que leur a dit Jacques Vallée des résultats obtenus depuis un an, corroboré par l'observation de Susan, prouve qu'il existerait bien des civilisations extraterrestres dans l'Univers, et qu'au moins une de celles-ci aurait croisé la course de la Terre il y a des milliers d'années.

Il est plus que probable que ce sont eux qui auraient essaimé sur le globe des techniques de construction, qui auraient aidé à fabriquer des outils et des machines aujourd'hui disparus, qui auraient enseigné les sciences comme les mathématiques, l'astronomie et expliqué comment l'astrologie pouvait influencer non seulement le caractère, mais aussi, et surtout la capacité de clairvoyance, renommée plus tard par les chrétiens le Saint-Esprit. Mais ce dernier concept fut plus tard, après le Siècle des lumières, versé dans le puits du spiritisme et autres pratiques paranormales mal vues de la nouvelle façon de penser.

Aujourd'hui, on enseigne dans les écoles de commerce, de politique et d'économie comment faire des plans stratégiques, comment avoir une vision, sans plus du tout savoir que ces termes avaient un vrai sens dans le passé, et aujourd'hui relèvent plus de la loterie et du hasard que d'autre chose. Car ces études qui forment sur base de cas vécus ne se penchent aucunement sur cette capacité qui est celle de pouvoir prédire ce qui va se passer et en déduire quelles sont les meilleures décisions. Or notre société va mal, quel que soit le sens dans lequel on la regarde. Plus personne ne sait que faire, que ce soit à l'échelle macroscopique, internationale, ou à l'échelle microscopique, d'une petite PME. Les moyens de communication et les médias ont de plus raccourci les cycles d'influence de manière extraordinaire. Un plan stratégique se faisait il y a vingt ans sur 5 ans, mais maintenant personne ne peut plus dire de quoi demain sera fait. Des icônes de notre histoire économique vacillent et s'écroulent en quelques mois comme Kodak, Polaroid, Chrysler, Général Motors. D'autres sociétés, plus actives dans la finance, prennent des directions sans issues ou corrompues et doivent déposer le bilan en quelques années. Pourquoi, pourquoi avoir fait ces choix sachant qu'elles allaient être découvertes tôt ou tard ? Et il y a peu, c'étaient les banques elles-mêmes qui se prenaient un mur incroyable après avoir inventé et misé sur les produits toxiques. Les répercussions de cette dernière catastrophe n'ont d'ailleurs pas fini de nous secouer, et nous devons prier pour que notre société occidentale ne s'écroule pas complètement, s'il en est encore temps. Ah, prier, ce verbe est pourtant fortement lié à cette notion de clairvoyance, alors, pourquoi semble-t-il ne plus fonctionner ? L'église a remplacé les dieux antiques par la Trinité, et on peut y rajouter la série de saints qu'elle s'est créée. Tout ce qui est au Paradis des chrétiens ou lié à celui-ci est bon à prier, car cela revient à s'adresser à la conscience universelle. Prier vers quelque chose de virtuel revient à s'adresser au Tout, à cette forme d'intelligence qui gère cette conscience universelle et en sort les bonnes réponses quand on la questionne, que ce soit relatif à une chose, au passé ou au futur. Mais ce qui n'est pas enseigné, c'est l'art de l'écoute. Les ermites et les reclus avaient le temps d'apprendre à écouter, mais aujourd'hui, qui sait encore comment déchiffrer les messages venant de là ? Personne n'enseigne la différence entre notre intellect, qui est en fait une machine câblée située dans notre cerveau, qui traite des idées de manière séquentielle, les une après les autres, en fonction de ce qu'on rentre dans notre cerveau comme données (de nos cinq sens, de notre conversation, de ce qu'on voit) et aussi des dernières informations qui ont été accédées dans notre mémoire propre. Cet intellect ne fait qu'enfiler des perles, en choisissant toujours celle qui est le plus proche de lui. Oui, nous agissons et parlons comme des automates, sans aucun esprit de libre arbitre. Et donc aucune école n'enseigne comment faire la différence entre les idées et informations venant de cet intellect et les informations venant de notre conscience, qui, comme ce pourrait s'avérer, se trouve mêlée à la conscience universelle, et donc nous parle de la même manière. Ceux qui ont des « guts » savent écouter leur conscience, ceux qui parlent aux animaux savent écouter la conscience de ces animaux, les médiums, spirites et diseuses de bonne aventure savent aussi lire dans la conscience de leurs clients, mais aucune école ne montre comment faire la différence entre ces deux catégories d'informations. Même les spirites et autres assimilés ne parlent pas de cela, pensant avoir un don pour entendre des voix dans leur cerveau. Personne ne parle de cultiver ce don, de l'améliorer, et encore moins d'utiliser l'astrologie, la conception ou des machines à lumière pour rendre plus efficace l'accès à cette source d'information incroyable.

Susan regarde la rue défiler derrière les vitres de la voiture qui la reconduit à son hôtel. La voilà arrivée. Elle prend congé de Jacques qui loge ailleurs et se dirige vers sa chambre quand son téléphone sonne.

C'est un français, qui dit se nommer François Favre (P-4). Il a entendu parler d'elle lors d'une réunion se son Groupe d'Études et de

Recherches en Parapsychologie, un groupe qu'il a créé au début des années 70. Il désire la rencontrer, expliquant que c'est important et qu'il ne peut s'expliquer au téléphone.

Susan lui propose de venir la rejoindre tant qu'elle est sur la côte est, c'est-à-dire dans les jours qui suivent.

François lui laisse ses coordonnées et lui promet de sauter dans le prochain avion pour Washington.

Susan raccroche et se laisse tomber sur son lit. Il est déjà sept heures du soir. Le repas de midi n'était vraiment pas terrible, et elle a l'impression de se trouver dans la zone ici, au nord de Washington. Il pleut maintenant. Soulevant la tête, elle ne voit que des boulevards qui s'entrecroisent, des lampadaires, des bandes d'herbe et des voitures aux phares déjà allumés qui vont et viennent dans un ballet silencieux, le macadam reflétant la lumière de leurs phares. Bon sang, que c'est triste se dit-elle!

Elle en a marre de ces réunions, de ces secrets de polichinelle, de ces non-dits. Elle se demande où Jacques veut en venir.

Ici rien ne l'intéresse, et maintenant elle s'est engagée à attendre ce François Favre qui lui veut elle ne sait quoi.

Elle allume la télévision et commence à se déshabiller pour prendre une douche avant d'aller manger au restaurant de l'hôtel.

Elle prendra du saumon et ira se coucher tôt. Elle est fatiguée et même un peu énervée par la tournure des évènements. Elle a l'impression que quelque chose ne tourne pas rond.

ALAIN HUBRECHT

Chapitre 36

16 juin 2011, Washington, Virginie

Il fait beau ce matin et Susan est de meilleure humeur. Elle a passé la journée de la veille à visiter Washington et ses différents monuments, histoire de décompresser. Devant la Maison Blanche, elle a observé combien les écureuils n'ont plus peur des touristes et s'approchent d'eux pour avoir de la nourriture. Le soir, elle est allée manger une vraie pizza italienne, servie sur du papier kraft et une planche en bois. Vrai de vrai, elle n'en avait jamais mangé des comme ça. Il faudra qu'elle remercie la personne qui lui avait renseigné cette adresse. Ce matin, elle prend son temps pour prendre son petit-déjeuner. Elle a déjà fait sa valise pour le check-out et n'attends plus que l'arrivée du français qui a traversé l'Atlantique pour lui parler.

Ah, que ces gens sont compliqués, mais elle doit reconnaître que le sujet l'est aussi, et que ses implications peuvent avoir des conséquences imprévisibles. Elle avait déjà vu avec les Chinois ce qu'une nation pouvait essayer de faire pour s'approprier des connaissances, allant même jusqu'à tuer ses compatriotes.

Elle espère que celui-ci ne va pas lui l'embarquer dans des histoires sans fin. Sa voix au téléphone lui a inspiré confiance. Son anglais n'était pas très bon, le français de Susan n'était plus de première fraîcheur, mais ils se comprenaient et c'est l'essentiel.

Elle attend maintenant dans le hall de son hôtel, feuilletant les journaux du coin, toujours aussi épais. Elle est occupée à penser au gaspillage que cela génère quand la porte s'ouvre et qu'un professeur tournesol rentre de manière gauche dans le hall d'entrée. L'hôtel n'est pas grand, en tout cas le hall, et il la voit immédiatement. Il s'approche et lui tend la main, avant même qu'elle ait eu le temps de se lever pour l'accueillir.

Ses vêtements étaient fripés du voyage en avion. Sa barbe lui envahissait tout le bas du visage, lui donnant un air excentrique et un peu brouillon, mais finalement assez sympathique.

« Madame Gomez j'imagine ? »

« Oui, c'est bien moi. Et vous êtes Monsieur Favre ? »

« Oui, je suis content de vous voir. J'arrive à l'instant de l'aéroport et j'ai le ventre un peu creux. Cela vous dérange si nous allons au bar et que je commande un sandwich ? »

Les deux personnes se dirigent vers le bar, complètement désert à cette heure de l'après-midi.

« Je dois vous remercier de m'avoir attendu. Je sais que vous vivez sur la côte ouest, mais pour moi c'est tellement plus facile de venir ici. Vous savez, je ne suis qu'un simple chercheur indépendant et je n'ai pas de bourse ou de budget pour couvrir mes frais. Mais l'important est que je sois là. Je suis psychiatre de formation, et j'ai consacré ma vie à l'étude de la parapsychologie. Je me suis penché sur les phénomènes de clairvoyances et sur les soucoupes volantes et j'ai créé une association d'étude de ces phénomènes. »

« Je vois, mais pourquoi voulez-vous me voir moi, et pas les spécialistes de ces domaines, ou monsieur Jacques Vallée qui était avec moi il y a deux jours ? »

« Rassurez-vous, je connais tous ces gens depuis des années, et j'ai déjà été confronté de nombreuses fois avec eux lors de débats ou de conférences, mais c'est bien à vous que je voulais m'adresser. Eux ne me comprennent pas, ou ne veulent pas me comprendre. »

« Ah, mais en quoi est-ce que moi je pourrais mieux vous comprendre. Je ne suis pas psychiatre, et encore moins spécialisée dans les soucoupes volantes »

« Non, mais vous avez vécu un des plus merveilleux cas de l'histoire, et tout récemment, et vous êtes aussi à l'origine d'une des plus grandes avancées dans ces domaines, quoi que vous en disiez. »

« Mais comment êtes-vous au courant de tout cela ? À quoi faites-vous allusion quand vous parlez de ce merveilleux cas d'histoire ? »

« Ne vous énervez pas. Vous savez, les bruits courent vite dans notre petit monde, les spécialistes mondiaux en ovnis ne sont pas plus de 20, et encore moins nombreux sont ceux qui les relient aux phénomènes psi. Je suis au courant pour votre expérience en Irlande. Je vous admire d'ailleurs pour cela, mais ce que je vais vous dire va vous faire voir cela d'une manière totalement différente, croyez-moi ! »

« Bon, admettons. Commandez-vous à manger et expliquez-moi cela. »

Le chercheur essaye pendant quelques instants de s'y retrouver dans le menu en anglais et les diverses variétés de sandwich et de hamburger, mais parvient finalement à se décider à passer sa commande. Les voilà tous deux dans l'ambiance tamisée du bar, confortablement assis dans des canapés plein cuir.

« Je dois être honnête avec vous, et vous prévenir que beaucoup de personnes ne m'aiment pas. Certains m'ignorent, d'autres me critiquent, mais peu parlent de moi en terme élogieux. Il y a une raison à cela. Après avoir publié le résultat de mes recherches à propos de la parapsychologie, je n'ai eu aucune approbation. Je divergeais sans doute trop des courants de l'époque, et encore maintenant ! Mes idées et ma théorie ne conviennent pas, ni aux scientifiques, ni aux passionnés de phénomènes inexplicables, tout chercheurs qu'ils soient. Je crois que je démolis un peu trop leurs convictions. Je ramène tout le concept à l'individu, et non au monde extérieur. J'explique que tout se passe dans notre tête, et que le seul facteur difficile à comprendre est celui du temps. C'est le temps qui provoque et explique ces évènements, ces visions inexplicables. »

« Je ne vous suis pas. J'admets que nos idées actuelles sur les soucoupes volantes ont énormément évolué cette année, mais comment pouvez-vous expliquer ces apparitions par le temps ? Et la clairvoyance, elle, elle s'explique bien par le fait qu'on accède à une conscience universelle ?»

« Détrompez-vous. Le temps est la clé de tout, et il ne faut pas chercher de solution ailleurs que dans notre tête. Rien n'en sort et rien n'y rentre. Ni hier, ni demain, ni aujourd'hui. »

« Ce n'est pas possible. Ces derniers mois, nous avons pu démontrer plus d'une fois que nous avions accès à des informations non connues de nous auparavant, et que nous n'aurions jamais connu en temps normal »

« Mais justement, c'est là que vous ne comprenez rien. La clairvoyance, c'est simplement un souvenir venant du futur. D'ailleurs, tous les souvenirs sont de la clairvoyance. Faire l'effort de se souvenir de quelque chose, c'est attendre que l'information vous parvienne du futur. Quand vous essayez de vous souvenir d'un évènement, vous préparez l'information dans le futur, disons deux secondes plus tard, et, ce temps écoulé, vous découvrez l'information. La clairvoyance utilise juste un délai plus long, pouvant aller à des jours, des mois et même des années. »

« J'ai du mal à vous croire. Je pense au cas de cet avion russe qui s'était écrasé en plein milieu de la brousse en Afrique. Les Américains voulaient mettre la main dessus avant les Russes et ont utilisé les compétences de l'équipe STARGATE. Personne au monde ne savait où était cet avion, or l'équipe l'a localisé à moins d'un kilomètre et a clairement vu comment il était planté dans le lit d'un fleuve, allant jusqu'à en faire un dessin qui sera comparé avec succès à une photo prise sur place. Comment expliquez-vous cela ? »

« Eh bien, imaginez que l'avion n'aurait pas été retrouvé par cette équipe. Il aurait été découvert plus tard, par les Russes ou par des explorateurs, ou signalé par des indigènes. On aurait montré des photos dans la presse, et les membres de l'équipe STARGATE en auraient pris connaissance, même des années plus tard. Eh bien, cette information, créée dans un futur possible, est accessible dans le présent. Vous comprenez ? »

« Non, pas tout à fait. Je comprends le principe de ce que vous dites, que j'ai accès aujourd'hui à toutes les informations que mon moi pourrait acquérir dans tous les futurs possibles au cours de ma vie. Mais je ne comprends pas comment je pourrais savoir des choses situées là où je n'irais jamais, comme sur la Lune par exemple. Ingo Swann a fait des exercices sur la Lune. »

« Mais à nouveau, les informations rapportées viennent du futur, de photos ou de films qu'il a vu des années plus tard »

« Non, ce n'est pas possible, ce qu'il a vu, personne ne l'a encore vu »

« Eh bien, c'est que cela doit encore venir, ou qu'il a mal vu »

« Oui, évidemment, comme vous le prenez, c'est facile d'expliquer tout. Prenons ce qui s'est passé l'autre jour à San Diego. Nous avons été enlevés par des Chinois. Jacques Vallée a pu reconstruire dans sa tête le parcours jusqu'au repaire où nous avons été enfermés, or il ne connaît pas les environs, n'y était jamais allé et n'y retournera de toute évidence jamais. Et il n'est pas venu nous sauver à cet endroit, préférant y envoyer des personnes plus spécialisées.»

« Mmmhhh, normalement, il faut que d'une manière ou d'une autre il puisse voir plus tard dans sa vie ce qu'il a vu en clairvoyance. On peut imaginer un futur où il se serait rendu là bas après qu'on vous ait retrouvés, morts ou vivants. »

« Mais il nous a vus, il a vu les personnes dans les pièces, c'était comme s'il nous voyait à ce moment précis. »

« Il a pu reconstruire tout cela inconsciemment, après avoir pris connaissance de toutes les pièces du puzzle. Je vais vous donner un exemple. Aujourd'hui, lorsque des bureaux d'études mettent au point des projets très complexes, que ce soit des avions, des usines ou des bâtiments, ils mettent en œuvre toute une série de logiciels de simulation, qui vont mettre un modèle virtuel de la construction dans toutes les conditions possibles et voir si tout se passe bien. Dès qu'on identifie une rupture ou un problème, on revient en arrière, on modifie le projet et on recommence la simulation. Vous me suivez ? Je prends une voiture de course comme une formule 1. Des dizaines d'ingénieurs vont simuler son comportement sur tous les circuits imaginables et sous toutes les conditions météo possibles. Ils vont sans doute effectuer des dizaines d'itérations et à chaque fois corriger la conception du véhicule pour enfin se présenter sur le premier circuit de la saison avec une voiture ayant déjà couru virtuellement sur tous les circuits de la saison. Eh bien les prémonitions, c'est ce retour de simulation, rien de plus ! Et beaucoup s'étonnent que je limite toujours les prémonitions à des informations qui concernent des problèmes, des dangers, des accidents, mais la simulation c'est aussi cela, on ne fait que chercher des problèmes possibles. C'est sur le vrai circuit qu'on s'extasiera des performances de la voiture. »

« Je ne vous suis pas entièrement là-dessus. D'accord que les prémonitions spontanées, ou les rêves prémonitoires, soient principalement liés à des problèmes potentiels, mais lorsque des médiums ou des clairvoyants comme ceux de STARGATE sont en action, ils peuvent voir de tout. »

« Oui, je vous l'accorde, la différence étant, comme on dit en informatique, liée à la technique mise en œuvre pour transporter l'information comme les emails. Les prémonitions étant assimilées à ce qu'on nomme du 'push' et la clairvoyance à du 'pull'. Je vous accorde ne pas avoir assez couvert cet aspect des choses.

« Bon, un point pour moi. Par ailleurs, et puisque vous semblez être au courant de nos activités, que penser des apparitions d'ovnis ? Nous faisons bien de la télépathie avec eux, et nous en sommes à penser que ce sont les âmes de ce qu'on a appelé dans l'antiquité les anges déchus. Ces âmes seraient encore sur Terre, et, dépités de n'avoir pu aider par leur savoir notre humanité, ils essayent de nous pousser à faire évoluer la science par nous-mêmes et nous montrant simplement ce qu'il serait possible de faire avec de la technologie que nous ne possédons pas encore.»

« Oui, je suis au courant de cela aussi, de vos expériences dans le désert, et comme je vous l'ai dit, de la vôtre en Irlande. Ces êtres n'existent pas, pas plus que les soucoupes volantes. Tout cela provient de ces ectoplasmes. Ils sont créés par notre race, et cela s'arrête là. Il n'y a pas de télépathie, il n'y a que de la clairvoyance avec vous même dans le futur. Gardez à l'esprit qu'il s'agit simplement d'une boucle temporelle avec vous-même. »

« Mais la croix d'Ankh alors, celle que nous avons reçue de ces sphères qui sont venues nous rendre visite dans le désert, et les mêmes sphères que j'ai revues avec le grand triangle noir en Irlande ? »

« Hélas, tout cela n'est qu'ectoplasme formé par votre esprit ou celui d'une autre personne. Même la croix d'Ankh est un ectoplasme. Son sens, son utilité est peut-être celle que vous avez déterminé, et cette information vient peut-être du futur, mais celui qui l'a matérialisée est bien un humain, qui devait selon toute probabilité se trouver présent à vos côtés, si ce n'est pas vous.»

« Mais si c'était moi, je m'en souviendrais ? »

« Non, pas plus que vous ne vous souvenez de demander au futur de faire apparaître un souvenir. Réfléchissez à ce que Méheust a défini dans ses livres. Il y explique que des années après qu'une écrivaine ou un dessinateur ait décrit une scène avec des ovnis, celle-ci apparaît dans la réalité, quasi dans les moindres détails. Vous avez déterminé vous-même, ou plutôt vos collègues, que ces ovnis sont des matérialisations de formes pensées, voulues par des extraterrestres décédés et nous ayant aidé il y a quelques milliers d'années. Je prétends que c'est nous qui matérialisons ces objets. C'est pour cela qu'ils évoluent avec notre technologie, parfois légèrement en avance sur leur temps. Donc un écrivain qui décrit une scène de science-fiction voit dans son esprit ce qui va se passer dans plusieurs années, mais en fait ce qui se passe plusieurs années plus tard est une forme pensée d'un autre être humain, dont il va être informé par la presse. »

« Ouh, tout cela me paraît un peu tiré par les cheveux ! »

« J'admets que ce que Méheust a mis en évidence est un superbe exemple de boucle temporelle. Mais tout ce que j'explique s'y trouve clairement démontré. Il en fait justement la preuve par l'exemple »

« Mais alors, vous voulez dire que ces êtres qui sont venus nous voir, ces sphères, n'existent que dans notre tête, ou plutôt que c'est nous qui les créons ? »

« Oui, exactement. Mais cela n'enlève rien à l'intérêt de la chose. Si c'étaient des visiteurs de l'espace, ce qu'ils pourraient nous apporter serait limité à leurs connaissances au moment de leur arrivée, tandis que selon ma théorie, nos aurions accès à l'entièreté des connaissances futures. »

« Ah non, je vous arrête, vous avez dit que c'était limité à notre vie, qu'on ne pouvait accéder à quelque chose qui se produirait après notre mort. »

« Oui, pardon, mais par contre, dans l'infinité des futurs possibles, de nombreuses découvertes peuvent être faites, et vous pouvez en bénéficier. Quand Nicolas Tesla disait que selon lui il se connectait à une zone contenant déjà toutes ses découvertes, il se peut qu'il parvenait à capter des inventions qui ont été, de son vivant, faites dans des futurs possibles qui ne sont pas survenus.

« Oui, c'est probable. Mais bon, c'est quand même tiré par les cheveux, ou plutôt, ce que vous dites c'est que chaque individu à accès à un potentiel incroyable de connaissances. En fait c'est illimité ! Non, la seule limitation est liée aux limites physiques, à l'aspect réalisable d'une invention en fonction du temps qu'une nouvelle technologie met pour être mise au point, ou d'impossibilité matérielle. »

« Je vais essayer de vous suivre. Prenons le cas de ces gros triangles noirs qui font du surplace et défient nos connaissances technologiques. Ils devraient bénéficier d'une source d'énergie incroyable pour pouvoir léviter ainsi. Si la chose était faisable, un inventeur l'aurait peut-être déjà « aperçu » dans ses rêveries. Par contre si elle n'est pas réaliste, cela n'empêche pas des gens d'y rêver et de le matérialiser tel qu'ils ont envie de le voir évoluer. Mais nous ne pouvons découvrir, du vivant de tout homme sur Terre, aujourd'hui, comment le faire voler de la sorte. Ainsi, on peut dire que toute invention peut être faite en avance sur son temps pour autant que l'inventeur puisse de son vivant voir par clairvoyance cette invention voir le jour autrement que par lui dans un futur probable, et que donc les capacités technologiques qui seront disponibles de son vivant le permettent. On touche là un point important, la faisabilité matérielle et physique d'une invention. On peut voir des bateaux volants, des soucoupes, des petits hommes verts et de grands triangles noirs sans qu'aucune de ces apparitions ne soit réalisable. Ce sont juste des rêveries matérialisées, comme vos sphères et votre triangle irlandais, sans aucune cohérence technologique. Par contre, un inventeur va pouvoir percevoir une invention du futur. Il est clair je dois l'admettre que nous ne pouvons expliquer aujourd'hui ce qui décide de donner accès à telle ou telle information, pourquoi on ne voit que les problèmes ou les inventions qui fonctionnent, et pas des inventions qui ne fonctionnent pas. Tesla savait quand il voyait un nouvel appareil qu'il allait fonctionner du premier coup. Il a toujours été sidéré de ses visions, ne sachant comment les expliquer.»

« Mais alors, cela voudrait dire qu'il existe quand même un système sélectif, un genre de filtre, de tri, qui ne nous fait parvenir que des choses utiles, que ce soit pour éviter des malheurs ou découvrir de nouvelles inventions ?

'Ce système est peut-être dans notre tête, et pour les inventions, imaginez que vous puissiez lire les journaux du futur où paraissent les résultats des différents inventeurs. Pour chaque invention, il serait indiqué si elle fonctionne ou pas. Avouez qu'il serait dommage d'essayer de ne se souvenir que d'inventions qui ne fonctionnent pas. Vous voyez que là aussi la logique explique le phénomène. »

« Oui, mais on a de nouveau ici un système de 'push' et jamais du contraire pour ce qui est des inventions. Je n'ai pas connaissance d'inventeurs qui se prétendaient capables d'aller 'chercher' des inventions sur demande. Il semble qu'ils avaient tous des genres de crise, comme d'autres ont des rêves prémonitoires»

« Oui, je vous l'avoue encore, j'ai limité mes réflexions aux mécanismes qui 'poussent 'de l'information venant du futur dans notre tête, et non à ceux qui vont la chercher dans le futur.»

« Bon, je ne sais pas si on a fait le tour de la question. J'en doute en fait. Pendant que vous parliez, je pensais aussi à la théorie de Rupert Sheldrake (P-10), sur les ondes de formes. Je crois que votre théorie explique mieux que lui ce qui pourrait se passer. Je dois vous avouer que tout cela semble tenir de mieux en mieux debout. Qu'attendez-vous de moi maintenant ? »

« Je vous en supplie, faits en sorte que je sois entendu, qu'on prenne ma théorie en compte. Admettons qu'elle ne soit pas la bonne, mais qu'elle soit au moins prise en compte par les personnes qui travaillent avec vous. Votre travail n'est pas du tout affecté par ma théorie, car il est fort possible que nos ancêtres aient compris comment améliorer notre capacité à voir dans le futur. Ce sont les hypothèses liées aux soucoupes volantes et aux soi-disant possibilités de la clairvoyance et des médiums qui doivent être revues. La capacité du corps humain à créer des formes pensées, des ectoplasmes comme on les appelle chez les médiums, doit aussi être mieux étudiée. Le fait qu'elles subsistent physiquement comme votre croix d'Ankh demande aussi une étude. La quasi-totalité des ectoplasmes disparaissent après un certain temps, qu'ils soient des apparitions d'ovnis, de Sainte-Vierge ou de 'cheveux d'ange', mais d'autres subsistent, comme les pertes de métal en fusion et cette croix d'Ankh.

Pour ce qui est de la théorie que des anciens visiteurs extraterrestres, soi-disant décrits dans le livre d'Hénoch, je crois qu'il faut la mettre de côté, en tout cas pour les domaines qui nous concernent. En fait je n'en sais rien. Peut-être ont-ils réellement existé, et peut-être ont-ils créé ces mécanismes en Égypte pour améliorer leur capacité de clairvoyance, peut-être aussi ont-ils enseigné l'astrologie aux hommes pour aussi les aider à améliorer leurs capacités de clairvoyance. Manifestement nous ne le saurons jamais, car sinon, comme on dit, cela se saurait. »

Susan regarde le psychiatre, silencieuse, et se demande ce qu'elle doit penser de tout cela. Elle comprend qu'il soit venu en urgence la trouver. Ce qu'il lui a dit semble crédible, réfléchi, et elle ne peut trouver la faille dans ses dires. Mais que doit-elle annoncer à Jacques, et aux autres ? Comment leur expliquer qu'il soit venu la voir elle ? C'est une femme, elle est peut-être plus ouverte à se remettre en cause ?

« Écoutez, ce que vous me demandez n'est pas facile, mais je comprends et accepte votre démarche. Ne pourrait-on pas imaginer un genre de démonstration de ce que vous dites. Peut-on imaginer démontrer que cette croix et Ankh, ces sphères et ce triangle volant sont bel et bien produits par nous-mêmes ? Je crois comprendre qu'il nous sera beaucoup plus difficile de démontrer le fait que les prémonitions et autres clairvoyances ou visions d'inventions soient uniquement liées à un seul cerveau et aux innombrables futurs le long duquel celui-ci peut se projeter avant d'en revenir avec ses trouvailles. »

« Oui, je vous l'avoue. ..Pendant que vous parlez et que vous citez encore cette croix d'Ankh, je me demande si le fait de toucher un objet ayant appartenu à quelqu'un d'autre ne peut quand même pas permettre de faire un tri, une sélection parmi les innombrables futurs, et de ne prendre que ceux qui contiennent la présence de cette personne ou les informations qui lui sont relatives. Pour ce qui est de démontrer le bien-fondé de ma théorie par une démonstration quelconque, je crains de n'être pas très efficace. Votre groupe est mieux placé que moi pour cela. Vous avez maintenant des personnes dotées de dons de clairvoyance extraordinaires. Vous devez effectuer des tests adaptés permettant de circonscrire le phénomène. »

« Mais c'est justement ce qu'ils font. »

« Oui et non. Je crains qu'ils ne fassent des tests qui de manière inconsciente confirment leurs idées. C'est le danger de tous les passionnés. »

« Comme vous aussi sans doute ! »

« Justement, en mettant nos idées en commun, nous pourrions arriver à un meilleur résultat ! »

« Vous reprenez quelque chose à boire ? Parce que moi, je commence à avoir soif »

« Oui, merci, volontiers, la même chose pour moi, mais mettez cela sur mon compte s'il vous plaît. Vous êtes mon invitée. ».

Susan se dirige vers le bar, et en profite pour essayer de remettre ses idées en place. Soit elle s'engage à accéder à la demande du chercheur, soit elle lui refuse. Il semble sur des charbons ardents et ne lui laisse pas 5 minutes pour réfléchir. Elle prie le garçon de prendre tout son temps pour préparer les boissons. Elle regarde sa montre. Cela fait deux heures qu'ils discutent à bâtons rompus. Par étonnant qu'elle ait soif.

Elle revient en portant les deux boissons. La bière blanche pour le français, et un Campari orange pour elle.

« Écoutez, je vous propose d'arrêter pour le moment de discuter. Je vais donner quelques coups de fil, et nous nous voyons ce soir pour dîner ensemble, si cela vous va. Vous ne repartez pas ce soir pour la France ? »

« Non, ne sachant pas quand vous seriez libre, j'ai pris un retour demain. Mon hôtel n'est pas loin d'ici d'ailleurs. Laissez-moi vous inviter ce soir.»

« Très bien. Je vous propose de nous retrouver vers 19 h ici dans le lobby. Vous aurez le temps d'aller à votre hôtel, de vous rafraîchir et même d'un peu vous reposer. Pensez à ce que je vous ai proposé aussi. »

Le français prend congé de Susan et quitte l'hôtel. Elle le regarde s'éloigner. Sa démarche est étrange, et de plus il cherche un trottoir pour se rendre à son hôtel et il n'y en a pas. Il n'a pas l'air d'être venu souvent aux États-Unis !

Susan remonte alors dans sa chambre. Elle prend une douche puis enfile un peignoir et se couche sur son lit. Elle réfléchit à qui elle va d'abord appeler. Après cinq bonnes minutes, elle empoigne son téléphone et compose un numéro. »

Chapitre 37

16 juin 2011, Rooftop restaurant of the W Hotel, Washington

Susan pénètre dans l'ambiance feutrée du restaurant situé sur le toit du W Hotel, situé tout près de la maison blanche et donnant vue sur l'obélisque. Elle avait déjà entendu parler de cet endroit et désirait le voir au moins une fois. La raison pour laquelle elle devait voir le psychiatre méritait bien ce lieu. Elle lui proposerait de partager l'addition. Elle annonce son nom et explique qu'elle a une table réservée. Le garçon la guide vers leur table et elle constate que François est déjà là. Elle s'assied sur une large banquette rouge très confortable. Sur sa gauche, la fenêtre donne directement sur l'obélisque. La vue est effectivement magnifique. On voit toutes les lumières de Washington. L'ambiance feutrée qu'elle était certaine de trouver ici, et l'éloignement des tables leur permettront de discuter sans craindre les oreilles indiscrètes. Elle avait hésité avec le restaurant 1789 où se rend Obama, mais même là elle n'était pas certaine d'avoir autant de calme et de discrétion qu'ici. En plus la vue est absolument magnifique. François se lève pour l'accueillir et lui tendre la main.

« Bonsoir, j'espère que l'endroit vous plaît ? »

« J'ai rarement vu plus bel endroit, et je vous remercie de me le faire découvrir. Alors, vous avez pu réfléchir à ma demande ? »

« Ah, comme vous y allez. Commandons d'abord un apéritif, regardons la carte et choisissons notre menu et notre boisson, puis je propose d'en venir aux choses sérieuses. »

« Ok, parfait pour moi et veuillez excusez mon impatience »

« De rien, je vous comprends »

Susan commande une caipirinha, qu'ils nomment ici une Mixed Berry Caipirinha et François opte pour un verre de vin blanc Chardonnay, du Magnolia Grove de la Napa Valley. Ensuite, elle observe avec amusement le français essayer de décrypter la carte des menus. Il avoue son désarroi de voir que dans un aussi beau restaurant on propose des sandwiches comme entrée, mais Susan lui fait remarquer que c'est uniquement sur l'heure du midi. Son regard se déplace alors à la recherche d'un bon steak frite, mais aucune trace de ce repas capable de l'alimenter correctement selon ses habitudes européennes. Il continue à chercher vainement un plat consistant avant de demander de l'aide à Susan. Comprenant son manque d'habitude, elle lui propose un cocktail de scampis géants en entrée et du poulet épice comme plat.

« Merci, j'avoue ne pas m'y retrouver dans tous ces noms de plats qui pour moi ne me donnent aucune idée de la quantité de choses qui se retrouvera dans mon assiette, et en finalité dans mon ventre. Mais j'aurais une petite faveur à vous demander. »

« Ah oui, dites-moi. »

« Chaque fois que je viens aux États-Unis, je m'offre un cheese-cake au dessert. Je l'adore et c'est absolument introuvable en France. »

« Ne vous en faites pas, je vois qu'il y en a à la carte. Vous aurez votre dessert »

Sur ce, ils passent leur commande, et, tout en sirotant sa caipirinha, Susan commence à expliquer ce qu'elle a décidé au professeur ».

« J'ai téléphoné à Jacques Vallée, et je lui ai expliqué votre démarche et votre demande. Il a été très étonné d'apprendre que j'avais accepté de vous voir sans le prévenir, mais je lui ai expliqué ce que vous m'aviez dit. Il s'est calmé et m'a écouté lui résumer notre discussion. Il avait déjà connaissance de votre théorie, et avais déjà émis des objections, mais vu l'avancement du projet, il admet qu'il est plus prudent d'être à l'écoute de possibilités alternatives d'explications, et la vôtre est compatible avec ce que nous avons vécu et pu constater. Auparavant, sans aucun argument pouvant aller dans l'une ou l'autre direction, il était normal que chaque scientifique reste campé sur ses positions. Si vous avez raison, cela veut dire qu'on ne pourra jamais rien espérer comme apport technologique venant d'une autre civilisation, comme on pouvait l'espérer avec la théorie des anges déchus, enfin… des visiteurs extraterrestres arrivés sur Terre il y a quelques milliers d'années. Mais notre théorie admettait qu'ils soient capables d'agréger des molécules par la pensée, quand votre théorie dit que c'est nous même qui en sommes capables. Quand on voit que les phénomènes de prémonition ou de clairvoyance concernant à 99% des humains, on pourrait effectivement penser que tout phénomène psi est uniquement relié aux humains. Et donc par là même les objets volants non identifiés. »

« Ah, je suis heureux de l'apprendre. Et qu'a-t-il décidé » ?

« En fait rien pour le moment. Il préfère réfléchir. Il trouve que votre théorie s'arrête en chemin. D'une part elle ne traite pas correctement de la clairvoyance « proactive », et d'autre part elle n'essaye pas de comprendre ce qui active la prémonition « réactive ». Les termes proactif et réactif font référence aux technologies de push et de pull dont je parlais tantôt. Elle ne traite pas non plus les cas où aucun futur possible n'aurait pu vous mener à savoir où se trouvait l'information recherchée, et nécessite obligatoirement l'intervention d'un tiers, fut-il animal, végétal ou minéral. Or vous dites que tout se passe dans notre cerveau et n'en sort pas, hormis via le temps. Il aimerait pouvoir présenter une théorie unifiée, et ne pas laisser de vides dans son raisonnement. Nous avons déjà investi des sommes considérables dans ce projet, et avec les résultats déjà obtenus, ce serait dommage de communiquer des informations lacunaires ou erronées. »

« Pensez-vous que je puisse me joindre à l'équipe pour l'amélioration de la théorie ? »

« Je ne sais pas. Nous vous sommes extrêmement reconnaissants de votre intervention, sincèrement, mais nous ne pensons pas qu'il soit opportun de vous mêler à l'équipe. Vous risqueriez de trop la tirer vers ce à quoi vous tenez. C'est un travers classique des personnes passionnées pour ce qu'elles font. »

« Oui, évidemment, j'aurais du mal à faire croire que je ne suis pas passionné. »

« J'espère que vous n'êtes pas déçu. Nous sommes contents que vous nous ayez contactés, et nous vous tiendrons au courant de l'avancement de nos travaux, dans la mesure de ce qui peut vous être dit. »

Chapitre 38

10 septembre 2011, Huntsville, Alabama

Après l'entrevue de Susan avec le psychiatre français, l'équipe a profondément modifié son plan d'action et s'est donné deux mois pour vérifier le bien-fondé de la théorie du chercheur.

Elle s'est avérée plausible, et il s'en est ensuivi un véritable plan de bataille pour étudier au mieux le phénomène de l'altération temporelle du cerveau, ses possibilités de s'interconnecter avec l'information venant d'une conscience universelle, le mode de fonctionnement du phénomène des prémonitions, et celui de la matérialisation de formes pensées. Susan a déménagé avec Alex, à la demande de SAIC, pour habiter Huntsville, dans l'Alabama et travailler pour le Missile and Space Intelligence Center (MSIC). C'est à Huntsville que fut créée la première base de la NASA, le centre spatial Marshall. Cette base est encore en activité, et partage les lieux avec l'armée américaine, plus précisément la base de Redstone où se trouve le MSIC. Le MSIC s'occupe de l'espionnage spatial, mais aussi des armes à ondes dirigées et, en lisant entre les lignes, de ce qui a trait au contrôle mental. Du temps de la guerre froide, cette activité était dissimulée derrière le nom de code MKULTRA. Le centre semble aussi être le lieu où seraient arrivées toutes les informations récupérées chez Nikola Tesla après sa mort. Il existe encore sur le même lieu une société du nom d'Intergraph, qui a développé des composants informatiques absolument révolutionnaires dans les années 80, dont l'usage a été restreint à un tout petit nombre de sociétés sélectionnées. Cette société avait conçu un ordinateur de 64 bits super scalaire et super vectoriel encore sans rival aujourd'hui. La personne qui est à la base de sa conception a également conçu par après un logiciel tournant sur Windows aux performances incroyables. Mais quand ils ont vu la puissance de ce logiciel, ils ont préféré ne jamais le montrer en public, de crainte sans doute de faire du mal à l'industrie informatique. À l'époque, les locaux d'Intergraph où travaillait cette équipe étaient gardés par la police militaire. Plus rien ne subsiste aujourd'hui de ces inventions. Susan a trouvé toutes ces informations dans la base de données interne de SAIC. Elle se dit qu'il se passe des choses étranges à Huntsville depuis une cinquantaine d'années.

L'unité où elle est affectée avec Paul est en charge d'étudier tout moyen de contrôler le cerveau à distance, que ce soit en lecture ou en écriture, en plus clair, pour savoir ce que pensent les gens ou pour leur donner des ordres. À première vue, les résultats n'ont jamais été fameux. De l'autre côté du couloir se trouve le service travaillant avec des satellites, et plus à droite ceux en relation avec l'équipe HAARP (T-7), ce réseau d'antennes géantes qui envoie des ondes sur l'ionosphère.

Cela ne plaît pas trop à Susan d'être ici. Elle n'aime pas l'environnement, trop militaire, trop orienté vers la guerre psychologique. Cela a encore été le sujet de nombreuses discussions ombrageuses avec Alex qui lui se préoccupe peu de ces états d'âme. Mais Susan a accepté, car ici les moyens mis à sa disposition sont encore plus impressionnants qu'à San Diego chez SAIC. Reste à savoir ce qu'ils vont faire. Elle a mis ses activités archéologiques entre parenthèses, vu la tournure des évènements, sa rencontre avec François Favre et ses visites en hauts lieux avec Jacques Vallée. Quatre axes de recherche ont été identifiés : qu'est-ce qui provoque l'effet « push », comment accéder aux informations stockées dans la conscience universelle, comment influencer les performances du cerveau humain et enfin, comment se créent les matérialisations. Un cinquième axe, celui de comment est alimenté la conscience universelle, est mis de côté pour le moment, car ce doit être celui qui est le plus intimement lié aux principes mêmes de la matière. C'est quelque chose de statique en tant que tel. Chaque atome a sa vie, et stocke son histoire en lui. C'est un peu ce que disait Jean-Emile Charon (P-2), ce chercheur du CNRS, au début des années 80. Il expliquait que la matière est faite d'éons, facilement assimilables à une contrepartie des électrons, et que ces éons ont le devoir d'augmenter leur potentiel le long de 4 axes ; la réflexion, le savoir, l'amour, et l'action. Chaque éon possède sa propre connaissance et existe depuis le début de l'univers. Sa théorie a un peu vieilli, mais la base qui est de dire qu'il est possible d'accéder à cette conscience universelle depuis la plus petite particule reste valable jusqu'à preuve du contraire et c'est celle qu'ils ont décidé d'adopter pour le moment.

À défaut donc d'essayer de comprendre le mécanisme de base, ils ont décidé de s'attaquer à tout ce qui tourne autour et provoque des effets mesurables, si pas reproductibles.

Jacques Vallée a pris la tête du groupe consacré à la matérialisation des phénomènes aériens. Paul Smith a pris celle du groupe étudiant l'effet clairvoyance, François Favre, après mûres réflexions et discussions, a accepté de prendre celle du groupe étudiant l'effet push, puisque c'est finalement son sujet de prédilection. Susan, elle, a reçu le sujet lié à l'amélioration des capacités humaines. C'est elle qui a les meilleures connaissances historiques sur ce qui a déjà été réalisé, et Alex a tout l'apport de son travail sur la machine à lumière.

Ce dimanche, Alex et Susan, fraîchement installés, sont venus visiter le musée de l'espace, histoire de décompresser après leur déménagement.

Ils se trouvent devant l'entrée principale et admirent la masse énorme et les lignes fluides du SR-71, le fameux blackbird qui a révolutionné l'histoire de l'aviation supersonique et les techniques d'espionnage. Ils n'en reviennent pas que cet avion, mis en service en 1968, était capable de voler à plus de Mach 3. Aucun avion ne l'a plus égalé jusqu'à ce jour, en tout cas aucun avion connu.

« Tu t'imagines là dedans, volant à toute vitesse, voyant la courbure de la Terre sous toi tellement tu voles haut ? »

« Non, j'aurais la frousse de ma vie. Tu es un homme, et je te connais, tu aimes les sensations fortes, mais moi, j'aime les vieilles pierres et je tiens à ma vie. As-tu vu la taille des réacteurs ? Je pourrais ranger ma voiture dedans ! »

« Justement, on doit avoir l'impression de dominer le monde là haut. Ce doit être génial. Regarde, il y a deux places, on pourrait aller ensemble. »

« Arrête, tu es stupide. Jamais je ne monterai là dedans ! Viens, rentrons dans le musée »

Ils prennent leurs tickets et commencent à parcourir les salles contenant diverses reproductions où les originaux d'objets et d'engins ayant participé à la conquête de l'espace. Ils savent que dehors, ils pourront admirer les fusées en grandeur nature, comme celles qui ont emmené les hommes sur la lune, mais pour le moment il fait trop chaud dehors et ils préfèrent rester au frais de l'air conditionné. Dans une des salles, ils aperçoivent un objet inattendu. À côté du LEM se trouvent le scaphandre et le casque du héros du film « 2001, l'Odyssée de l'Espace » de Stanley Kubrick. Le casque se reconnaît immédiatement, car vu de haut il ressemble à une tête de fourmis avec ses deux gros yeux peints sur le dessus. Il est rouge et capte l'attention. Susan repense au film. Arthur Clarke, l'écrivain de science-fiction qui a écrit le scénario, avait des idées très étonnantes sur l'univers, l'apparition de l'intelligence, les extraterrestres et le voyage dans le temps. Kubrick, lui, voulait un film de science-fiction le plus crédible possible, ainsi que le plus réaliste possible, aux trucages indétectables. Susan essaye de revoir dans sa tête le film, en le voyant sous l'angle de ses connaissances nouvelles. Se pourrait-il qu'il contienne des informations intéressantes ?

« Tu te souviens de ce film ? »

« Bien sûr, je l'ai vu et revu. Il est extraordinaire. Avec des moyens simples, ses trucages ont donné des résultats d'un réalisme encore actuel. Il n'a pas à rougir des superproductions actuelles »

« Mais qu'as-tu retenu du contenu, du message du film ? »

« Mhh, voyons, ah oui, il était question d'un monolithe venu se poser sur Terre du temps des hommes préhistoriques, et qu'en le touchant, l'homme serait devenu intelligent. »

« Exact, et à la fin du film, tu te souviens aussi ? »

« Ben, je me souviens que le dernier survivant débranchait l'ordinateur devenu trop indépendant, puis tombait sur Jupiter »

« Mais encore ? »

« Ben, je vois encore un bébé flottant dans l'espace, mais je n'ai rien compris à cela. »

« En fait, le astronaute se voit sur Terre, plus vieux, puis mourir, puis se voit renaître en un bébé astral annonciateur du surhomme, tout cela sous l'œil bienveillant du monolithe. Sais-tu que Clarke s'est basé sur le livre d'Hénoch pour son scénario ? »

« Pourquoi me dis-tu cela ? Tu sais qu'on a mis au frigo cette hypothèse depuis ton rendez-vous avec François ? »

« Oui, mais pourquoi est-ce que ce casque se trouve devant moi maintenant ? Et qu'il fait référence à des extraterrestres et à une amélioration de notre intelligence ?»

« Mais cela n'a rien à voir, tu te prends pour Blanche-Neige ou quoi ? »

« Non, pense à la théorie de Méheust, qui dit que les écrivains de science-fiction puisent dans le futur leur inspiration, et que ce futur leur montre des formes pensées imaginées par d'autres humains. Mais tu as peut-être raison, je dois arrêter de voir des relations là où il n'y en a pas. Viens, on va voir les fusées dehors. »

Chapitre 39

11 septembre 2011, Huntsville, Alabama

Susan est arrivée tôt à son bureau. D'où elle est, elle peut voir par la fenêtre les énormes bâtiments parallélépipédiques, gris et sans aucune fioriture, éparpillés dans l'immense parc du domaine. Ils sont très hauts et peuvent aussi bien abriter des bureaux que servir comme hangars ou hall de fabrication. Près de leur angle, un énorme numéro indique de quel bloc il s'agit. Ceux occupés par son unité ne se différencient aucunement de ceux de la NASA ou d'Intergraph. Heureusement qu'il reste beaucoup de végétation et de beaux arbres à regarder, et heureusement aussi qu'elle a une fenêtre. Alex n'est pas encore arrivé. Il avait des paperasses à faire en ville suite à leur déménagement.

Après leur visite au musée, elle a pris le temps de réfléchir, et mijote déjà sa petite idée. Elle aimerait vérifier si elle est réaliste avant d'en parler à Alex. Elle sort de son bureau et traverse le couloir. Elle est obligée d'actionner un interphone pour demander l'accès aux locaux du service HAARP. Un employé ouvre la porte après avoir regardé par une caméra qui se trouve dans le couloir. Puis, elle doit insérer son badge et attendre qu'il veuille bien lui ouvrir, après lui avoir posé quelques questions sur les raisons de sa demande d'accéder au service.

Elle demande à parler au responsable et est emmenée dans un bureau sans fenêtres. Elle remarque tout de suite, dans le coin à droite, une desserte avec un téléphone sur le cornet duquel est marqué en rouge le mot « SECRET ». Même le câble qui le raccorde est rouge ! Elle avait déjà vu cela au Pentagone lors de ses réunions avec Jacques Vallée. Elle sait que ceux qui possèdent ce genre de téléphone ne sont pas des rigolos.

La personne qu'elle a devant elle a une carrure imposante, des cheveux gris coupés en brosse, et une figure toutefois assez débonnaire. Heureusement, se dit-elle, car l'ambiance ici n'est pas vraiment rigolote.

« Bonjour, je me nomme Susan Gomez, et je suis juste arrivé dans l'unité Brain Control de l'autre côté du couloir. J'ai quelques questions techniques auxquelles vous pourriez sans doute me répondre. »

« Allez-y, je répondrai quand je pourrai, sinon, je vous dirai comment faire pour venir me revoir une autre fois. »

« Merci. J'ai lu comme beaucoup des articles sur le projet HAARP. Je ne veux pas savoir à quoi il sert, mais je veux savoir s'il peut me servir. »

« Le projet HAARP est au service des scientifiques, en dehors des heures d'utilisation militaire, donc je pense que la première réponse est positive, mais que voulez-vous faire exactement »

« Je voudrais savoir s'il est possible de polariser les particules qui traversent les ondes dirigées émises par les antennes de HAARP. »

« Cela dépend de quelles particules vous parlez. Nous pouvons agir sur certaines longueurs d'onde, et dans un certain spectre électromagnétique »

« Je pense à agir sur des actions, ces particules provenant de photons passés dans un fort champ magnétique. Je peux vous donner les longueurs d'onde et les fenêtres temporelles»

«Et sur quelle étendue voulez-vous que nous agissions ? »

« Sur tous les États-Unis, mais à des moments différents. »

« Wow, comme vous y allez. Il nous faudrait pas mal de paperasse avant d'obtenir les autorisations, mais techniquement c'est possible. Vous avez une date pour cette expérience ? »

« Non, c'est une question purement théorique. Pourriez-vous voir avec vos techniciens la faisabilité de la chose ? Je vais vous envoyer les longueurs d'onde par email, ainsi que les caractéristiques de polarisation et le schéma de déplacement de la fenêtre d'exposition.»

« Eh bien, je serai heureux de vous rendre ce service. Vous savez, on est toujours ouverts à de nouvelles applications de HAARP, vu que jusqu'à présent, rien de bien valable n'en est sorti. »

« Ah, j'ai lu que le projet était au moins parvenu à une nouvelle prouesse technologique. »

« Ah bon, vous seriez mieux informée que moi ? »

« Non, je plaisante, mais j'ai lu dans une revue d'ingénieurs en construction que les 35 groupes électrogènes alimentant les antennes de 20 kilowatts chacune étaient conçus pour être indétectables par infra rouge. Aucune calorie ne peut s'en échapper, ni par les tuyaux échappements ni même par le sol ».

« Il me semble que vous savez déjà beaucoup de choses que le public ne devrait pas savoir, mais voyant le badge que vous portez, je ne vais pas m'inquiéter. Laissez quelques jours à mon équipe pour répondre techniquement à votre question, et pendant ce temps, je verrai déjà de mon côté pour l'administration. Dès que j'ai du neuf, je vous tiens au courant»

« Parfait, je vous remercie et attends de vos nouvelles avec impatience. »

« Ah, à propos, je me nomme Harry Meessen. »

Quelques jours plus tard, Susan reçoit la visite de Harry dans son bureau. Son visage affiche un sourire annonciateur de bonnes nouvelles.

« Bonjour Susan. Je ne vous dérange pas ? »

« Non, pas du tout. Je m'apprêtais à téléphoner, mais cela peut attendre. »

« J'ai vos informations, et à quelques détails près, il me semble qu'elles vont vous faire plaisir. Vous avez donné du fil à retordre à mes gars avec votre polarisation négative. Vous savez qu'elle ne peut être créée que par réflexion sur un plan. Dans votre cas, comme vous nous l'avez expliqué, il s'agit de la surface nuageuse de Vénus lorsqu'elle est frappée sous un certain angle par les rayons du soleil. Vous désirez recréer cet effet pour tous les autres moments où cet angle n'est plus adéquat. Le but premier de HAARP est en effet de créer un plan de réflexion, mais pour des ondes qui vont donc rebondir du même côté du plan que celui par où elles sont arrivées. Mes gars ont pensé découpler les antennes. Certaines créeront un plan de réflexion inférieur, ayant des caractéristiques neutres, tandis que les autres créeront un plan supérieur, capable de polariser négativement vos particules. On sait s'arranger pour qu'elles ne rebondissent pas une deuxième fois sur le premier plan et passent cette fois-ci au travers pour atteindre la surface de la Terre. Nous avons vérifié vos données et il semble possible d'effectuer le balayage du territoire comme vous l'avez proposé. »

« Super, vraiment, je vous remercie d'avoir fait ce travail si vite ! »

« Oh, du calme, il s'agit de la partie technique et c'est mon boulot. Côté administratif, je doute que cela soit aussi simple. Avez-vous déjà parlé de ce projet en dehors de votre unité ? »

« Non, pas encore. Dès que j'aurais eu votre réponse, en cas de réponse positive, j'aurais préparé une conférence. »

« Vous êtes autorisée à m'expliquer de quoi il s'agit ? »

« Je pense, oui, en tout cas c'est moi d'en décider. Le résultat du balayage devrait améliorer les capacités de clairvoyance de la population.»

« Vous plaisantez ? »

« Pas du tout. Nous effectuons des recherches depuis plus d'un an là-dessus chez SAIC, et depuis peu chez vous de l'autre côté du couloir. Nous avons déjà eu des résultats plus que probants et mon travail est de voir comment obtenir un avantage stratégique pour notre pays. »

« Mais vous n'allez quand même pas, pour autant que votre truc fonctionne, faire bénéficier toute la population des États-Unis de découvertes technologiques d'avant-garde ? »

« Et pourquoi pas ? Du SDF au manager, je propose de booster les capacités de décision de chacun, ce qui devrait résulter en une compétitivité absolue pour notre pays. EN quoi y voyez-vous un inconvénient ? »

« Ben, en général, on a tendance à réserve ce genre de découvertes pour une élite. »

« Non, c'est une erreur. Et je vous dirais même qu'idéalement, c'est la population mondiale qui devrait en bénéficier, mais là, je ne suis plus patriotique. »

« Mmhhh, ainsi, votre plan serait d'améliorer de manière notable la compétitivité de toutes nos entreprises, sans distinction, sans favoritisme ? »

« En effet. Cadeau à tout citoyen américain. Mais attention, encore faut-il que cela marche ! Pourtant, on ne nage plus en pleine science-fiction, mais dans un projet stratégique majeur et sans précédent. »

« Mince alors, et c'est une femme qui me dit ça. Quelle claque pour nos stratèges, là-bas au Pentagone. »

« Je vous l'avoue, je ne suis pas peu fière. »

« Mais quel effet réel est-ce que ce projet aurait sur la population ? Qu'est-ce qu'ils vont sentir ? Est-ce qu'ils vont être conscients que quelque chose se passe ? »

« Non, pas directement. D'abord il faudrait, comme je l'ai dit, que cela fonctionne. Ensuite on devra voir combien de temps il faut exposer la population pour qu'un effet se fasse sentir. Si tout marche bien, chaque personne aura la capacité de mieux percevoir ce qui ne va pas fonctionner à l'avenir, et prendre des décisions pour éviter de produire les conditions pour que les choses aillent mal. Elle pourra aussi accéder à des inventions des dizaines années avant qu'elles ne soient normalement découvertes. Ce seront là les bénéfices les plus utiles en cas de réussite »

« Mais dites-moi, cela paraît incroyable ce que vous me dites. Si c'est vrai, ce devrait être réservé à l'armée, ou à une élite, et vous voulez donner accès à cela à toute la population des États-Unis ? C'est du non-sens, c'est comme donner de l'or aux cochons ! Vos supérieurs sont au courant de votre idée ? »

« Non, pas encore, j'attendais votre avis, mais pour moi c'est clair, cela doit profiter à tous les habitants du pays. Je suis certaine que le résultat final sera bien meilleur que si on réserve cela à quelques élus, et de toute façon, je ne sais pas comment on ferait avec HAARP. On a par ailleurs déjà une solution pour cela, et je ne m'en occupe pas. Non, j'insiste. La situation économique est grave. Les guerres mondiales sont loin derrière nous, mais ce qui se profile à l'horizon est aussi grave que les guerres, ce sont les suprématies économiques aveugles et sans scrupules, la chute des avantages sociaux, des faillites d'états entiers à cause de la crise bancaire et des groupes de spéculation indépendants, mais puissants comme des états. Personne n'a la formule magique pour s'en sortir, on tente de cacher la réalité, les pauvres trinquent de plus en plus. Demain nous serons sans doute dirigés par des Chinois ou le Qatar, qui sait ! Notre dette et celle de nos états amis ne font qu'augmenter.

Croyez-moi, il faut un changement radical dans nos capacités de production, notre innovation, et seule mon idée peut nous sortir du bourbier.»

« J'avoue que vos arguments sont convaincants. J'ai tendance à vous suivre. »

Après quelques échanges d'information nécessaire à l'étude, Harry prend congé de Susan et retourne dans son bureau.

Susan se prépare alors à envoyer un email à Jacques Vallée.

Elle est certaine qu'il la suivra dans son idée.

Réfléchissant à la meilleure manière d'annoncer son projet, son regard se perd par de là la fenêtre, dans les bois lointains.

ALAIN HUBRECHT

Epilogue

Juin 2028, Paris, au pied de la Tour Eiffel

Susan attend depuis quelques minutes l'arrivée de François Favre. Il y a vraiment beaucoup de monde au pied de la tour. Elle se dit que ce n'était pas la meilleure idée que de se donner rendez-vous ici. Heureusement il fait un temps magnifique.

François a maintenant 86 ans. Susan, elle a un fils d'Alex. Il aura 16 ans cette année. Ils vivent heureux en Californie.

Susan est retournée à sa passion première, l'archéologie, et Alex travaille dans une division de SAIC.

« Bonjour ! »

« Oh, bonjour François. Excuse-moi, j'étais perdu dans mes rêveries. Il fait un temps splendide. Tu sais déjà où tu veux aller prendre un verre ? »

« Écoute, malgré le monde, j'aimerais tant t'emmener en haut de la tour Eiffel. Rien ne me plairait plus que de t'inviter au Jules Verne, en souvenir de notre première rencontre à Washington, au lounge du POV. Tu te rappelles ? »

« Bien sûr que je me rappelle. C'est d'accord. Mais, je te vois en pleine forme malgré ton âge, mais tu désires vraiment monter à 125 mètres de haut ? »

« Oui, bien sûr, et puis, mon âge n'est plus du tout en relation avec ce qu'on en disait lors de notre première rencontre, et c'est en grande partie grâce à toi. Viens, suis-moi ! »

Les deux amis s'insèrent en fin de file pour monter aux ascenseurs et n'ont pas de mal à prendre leur mal en patience tellement ils sont heureux de se revoir. Après une dizaine de minutes de file, les voilà enfin devant l'entrée du plus haut restaurant de Paris.

« J'avais fait réserver une table. Je savais que tu accepterais. Tiens, c'est celle du fond, là, à droite. »

« Oh, c'est incroyable la vue qu'on a d'ici. Chez nous, on est habitué des grattes ciel, mais ici on est vraiment isolés au milieu du ciel. Tu as vraiment eu une super idée. »

« Tout le plaisir est pour moi. Tu as fait bon voyage ? »

« Bien entendu. Une heure de vol depuis la Californie. J'ai mis plus de temps pour venir de l'aéroport à ici que de Californie en France. C'est incroyable comme il nous est encore impossible de résoudre ces problèmes de liaisons locales ! »

« Que désires-tu prendre ? »

Susan et François se plongent quelques instants dans la carte et après avoir commandé, reprennent leur discussion.

« Alors raconte, comment allez-vous ? »

« Oh, tout va super bien, Alex est devenu responsable de l'unité de production des appareils à lumière. Ils se vendent comme des petits pains. Leur efficacité n'est plus à démontrer et le brevet a permis à SAIC d'en faire une vraie division à part entière, qui réalise aujourd'hui une part importante de leur chiffre d'affaires. Il est content. Quand les affaires vont, tout le monde est toujours content. Notre fils Michel termine l'université. Il gère déjà sa société depuis deux ans. »

« L'université ? Il n'est pas un peu jeune ? »

« Non, chez nous il est maintenant possible de s'inscrire à l'université dès la douzième année. Tu sais que l'enseignement à subi une véritable révolution suite à notre découverte et à la mise en œuvre de mon plan, il y a maintenant 16 ans. C'est incroyable ce que ce projet avec HAARP a pu modifier le monde. »

« Oui, tu l'as dit, et pour une fois, en mieux ! Regarde la paix mondiale qui s'est instaurée depuis 10 ans. Et le renouveau économique, la santé et des revenus décents pour la totalité de l'humanité. C'est presque le paradis terrestre, et tout cela grâce à toi»

« N'exagère pas. Des milliers de personnes y ont participé. Nous avons aussi dû prendre la décision, au niveau national, d'abandonner notre avance stratégique au profit de l'humanité. »

« Je crois que la clé a été l'invention de la fusion contrôlée. C'est finalement la seule énergie inépuisable qui ne nuit pas au climat où à nos ressources. Chaque tentative de créer une nouvelle énergie libre s'est vue confrontée à son usage au niveau mondial, et chaque fois il a fallu se rendre à l'évidence que si toute l'énergie mondiale devait être créée par telle ou telle méthode, cela entraînerait un déséquilibre global nuisible tôt ou tard à notre Terre. La gravité n'est utilisée que pour maintenir en l'air des objets qui doivent l'être, comme les avions ou les voitures, et non plus pour fournir de l'énergie. Mais heureusement, l'intelligence globale de nos chercheurs a été multipliée par cent peut-être, en tout cas leur inventivité. Pense que l'organisme des brevets a été supprimé. Plus aucune invention ne peut être brevetée. La notion de bien pour l'humanité est devenue universelle. »

« Cela na pas été sans mal. Pense à ce qui s'est passé en 2018 avec les religions lorsque les États-Unis ont réussi à supprimer la notion de religion en tant que mouvement financé par des cotisations ou des taxes. Heureusement que le Pape a accepté, et c'est d'ailleurs son geste qui a poussé les autres religions à adopter la même attitude. Aujourd'hui il n'existe plus de lieux de culte. Ils ont tous été remplacés par des espaces de bien-être et de recueillement. Finalement, celui qui a bien tiré son épingle du jeu, c'est Bouddha. S'il avait su il y a 2500 ans que c'est lui qui s'imposerait. »

« Ce n'est pas vraiment Bouddha, mais sa doctrine de spiritualité et de sagesse qui a gagné. »

« Oui, bien entendu, je plaisantais. Et vous ici en France ? »

« Oh, tu sais, déjà que l'année prochaine la notion d'état va être abolie, le mot France ne sera plus qu'une référence à une zone géographique, un repère d'histoire. Même le gouvernement mondial va disparaître, puisqu'il n'a plus de raison d'être. Il n'existe plus d'organismes publics. Tout est géré par le privé. Comme il n'y a plus aucune corruption ni de criminalité ni de problème économique, de simples organismes privés peuvent recommencer à gérer toute l'infrastructure. La notion d'argent existe encore, mais pour combien de temps encore ? «

« Il a quand même été drôlement simplifié, avec cette notion d'heure de travail unique à tout le monde. Un Mondo vaut une heure de travail, et cela dans le monde entier, quelle que soit la qualité de celui qui la preste. L'effondrement de natalité a permis de revoir tous les plans de croissance démographique et de réaffecter les propriétés. Chaque être humain dès ses 16 ans a droit à la propriété. La suppression des routes et des autoroutes a permis de revoir complètement la distribution du sol.

Les distances ne sont plus du tout vues comme des obstacles. La téléprésence totale a permis de supprimer tous les immeubles de bureau. Les télétransporteurs organiques ont permis de supprimer tous les magasins. Nos villes ne sont plus que des musées, et c'est grâce à cela que Paris existe encore sous la forme que je regarde d'ici. Les seuls espaces nouveaux sont ceux destinés à la récréation et à l'entretien du corps, les parcs d'attractions et les parcs naturels. Tous les monuments et immeubles d'un certain intérêt ont été classés et ne seront plus jamais détruits. Tout le reste va être rasé au profit des habitations unitaires groupées. »

« Toi qui as été psychiatre, tu n'as pas peur qu'il y ait une dérive, que nous devenions tous trop passif ? »

« Tout d'abord, permets-moi de te dire que j'exerce encore. De nos jours mon âge n'est plus du tout un obstacle. Nos chers chercheurs ont découvert tant de manières miraculeuses pour nous maintenir en forme que je vais bientôt ressortir du troisième âge par le bas ! Mais une dérive ? Non, vraiment, je ne vois pas. Notre gouvernement mondial est arrivé à un stade où tout semble tourner rond. Voilà 5 ans que plus aucun problème n'a pu être détecté. La spéculation, les bourses, ont été supprimées, grand bien nous fasse. Plus aucune trace de mafia ou de drogue non plus. La plupart des maladies sont éradiquées et les autres sont en bonne voie pour disparaître d'ici 2 ans. La moyenne d'âge visée par nos chercheurs est de 200 ans, avec une santé optimale jusqu'aux quelques dernières années. Le programme SPECTRA vise à prolonger jusqu'à 1000 ans, mais ils ont encore quelques soucis. C'est vraiment incroyable la quantité de découvertes et d'inventions effectuées grâce à tes travaux, Susan. Cela ne m'étonne pas que tu aies reçu le prix Nobel de la paix. Tu t'es vraiment bien battue avec le président des États-Unis pour qu'il ouvre les frontières à vos technologies. En moins de 6 ans, vous êtes devenus les leaders mondiaux dans tous les domaines. Vous avez racheté votre dette, développé des technologies de défense vous permettant de supprimer votre armée, et vous avez vendu ces moyens aux autres états qui les voulaient. Ce fut une démonstration éclatante de l'efficacité de ton projet HAARP. Puis vous avez convaincu votre pays d'offrir tout votre savoir au reste du monde. Ça, c'était vraiment le plus gros challenge et tu l'as réussi. D'ici en France nous avons vu évoluer la situation, nous demandant à quelle sauce américaine nous serions dévorés. Votre seule condition a été d'arrêter de supporter les religions. Vous avez demandé que chaque pays héritant de vos découvertes ne soit plus lié à aucune religion et n'en supporte plus par ailleurs. C'était drôlement osé. »

« Mais non, tu oublies que pendant ce temps, depuis des années, ces pays nous observaient et voyaient nos progrès. Le fait de nommer notre projet HAARP l'opération Saint-Esprit n'était pas dénué d'intérêt. Cela nous a permis de remettre les montres à l'heure au niveau de la matérialité du phénomène et en retirer toute relation mystique. Tu sais, nous avons beaucoup communiqué là-dessus. Bien sûr il ne fallait pas prendre les gens de front. Nous ne voulions pas les attaquer ni les vexer, et puis il fallait aussi venir avec des solutions de remplacement. On ne dirige pas un peuple mourant de faim sans religion. Il nous fallait venir avec la solution à cette faim. La prospérité économique n'est plus un Graal. La fusion contrôlée a vraiment apporté une solution. La téléportation matérielle aussi. Tout le monde, partout, a accès à la nourriture, à l'eau potable. Nous n'avons plus besoin de construire des routes, des canalisations, déposer des câbles. Il leur faut juste notre appareil à fusion et qu'ils y mettent leurs déchets ou n'importe quoi d'autre, en quantité microscopiques, pour avoir de l'énergie pendant des années. »

« Oui, ça je sais. Cette découverte a tout accéléré. Mais dis donc, parle-moi encore de Michel, ton fils. Il a bien bénéficié de ta découverte à sa naissance ? «

« Oui, c'est vrai. C'est le premier bébé au monde à avoir été exposé lors de sa naissance. Je dois avouer que je ne suis pas fâchée du résultat. Il est capable de matérialiser la matière à volonté, et son esprit inventif est tout bonnement extraordinaire. Heureusement, ses sentiments sont préservés, et il nous aime comme un enfant a toujours aimé ses parents. »

« Qu'est ce que ce sera quand tous les enfants nés comme lui seront productifs ! Déjà quand on voit les résultats de ton exposition de la population existante par HAARP.»

« Hihi, tu me fais rire. Tu me rappelles les effets de bord auxquels nous n'avions pas pensé. Ces animaux qui ont modifié leur comportement. Ces nouvelles espèces qui sont apparues partout sur notre territoire. Nous vous avons caché cela au début, ne sachant quelles suites cela aurait sur la faune et la flore. Leurs cycles de reproductions étant plus courts que celui de l'homme, nous avons vite constaté que les espèces s'amélioraient de manière visible en quelques générations. Nous avons décidé d'arrêter cela au plus vite. La période d'exposition avait de toute façon déjà été suffisante pour notre population. Le bureau des brevets a vu une augmentation incroyable des demandes. Il y a eu une multiplication par cent des créations de sociétés, mais au même moment certains en ont profité pour améliorer leurs méthodes criminelles. Nous n'avions pas prévu cela non plus, mais heureusement, le mauvais côté s'est vite arrêté de lui-même grâce à notre prospérité économique rendant la criminalité inutile. Le système HAARP a été arrêté après trois ans, et remplacé par des séances d'exposition en salle de cinéma, lors de la projection de films d'information auxquels la population a été conviée d'assister gratuitement. De toute façon, nous avons compris que chaque individu possède une limite au-delà de laquelle l'exposition ne sert plus à rien. Ce que nous voulions surtout, c'est éviter des ségrégations et que tous ne puissent pas accéder aux mêmes effets bénéfiques. «

« Et aujourd'hui, qu'est ce que vous en pensez ? »

« Je crois que la réussite est complète non ? Il y a 17 ans, plus rien n'allait sur notre Terre. Des conflits religieux, du terrorisme, des désastres bancaires, la flambée des prix de l'alimentaire, le chômage, les quasi-faillites des états. Déjà aux États-Unis, nous avions des villes et des états en faillite. Sans parler de notre dette financière astronomique, ni du réchauffement climatique et de l'épuisement de nos ressources fossiles. Dieu merci, tout cela est loin derrière nous. Nous pouvons enfin nous consacrer à notre bien-être, à la protection de la Terre contre un géocroiseur potentiel, à l'amélioration de notre climat, au redressement des espèces en voie de disparition, au rétablissement de la faune là où elle souffrait le plus. Il y a du travail pour ceux qui désirent travailler, et des loisirs pour ceux qui veulent s'amuser. Plus personne n'est obligé de travailler. Tout le monde a un revenu garanti, et ceux qui veulent un peu plus travaillent quand ils le veulent, mais ne pourront plus gagner plus qu'ils n'ont d'heures dans leur vie. »

« Et les anges déchus, et les apparitions d'ovnis ? »

« Ouh, tout cela est loin maintenant. On peut estimer être arrivés à leur niveau de civilisation, mais nous avons décidé de ne pas tenter l'exploration spatiale hors de notre système solaire. Nous avons compris que ce serait comme armer une bombe à retardement. Le résultat d'une rencontre avec une espèce étrangère est totalement imprévisible, et nous préférons ne pas la provoquer. Nous avons pour cela arrêté le programme SETI ainsi que l'envoi de sondes hors de notre système. Le plus loin que nous irons c'est la ceinture d'astéroïdes, avec le projet SOULLIER. Nous allons bientôt être en mesure d'aller y chercher du minerai et de l'eau. Il y a là des ressources pour des milliers d'années. »

« Wow, comme vous y allez. Je vois que vous pensez déjà notre futur lointain. Mais toi, qu'est-ce que tu fais pour le moment ou qu'aimerais-tu faire ? »

« Ah, c'est vrai, j'ai quasi fini d'éduquer notre fils. Je peux maintenant retourner me consacrer à l'archéologie à plein temps. Tu n'as pas idée de ce que nos nouvelles techniques de scanning du sol peuvent nous faire découvrir. Nous pouvons même identifier couche par couche les différentes étapes de construction, destruction et reconstruction de sites anciens, et les digitaliser de manière distincte. La réalité virtuelle nous permet de faire revivre ces espaces dans des parcs d'attractions où les visiteurs peuvent réellement se déplacer en croyant voir autour d'eux de vrais immeubles. Nous comprenons maintenant combien nos anciens avaient atteint un très haut niveau de spiritualité et de technologie, en ayant bien compris qu'il ne servait à rien de remplacer 'homme par des machines. Ils avaient aussi compris très tôt qu'il fallait interdire la spéculation via les taux d'intérêt. La seule différence avec eux est que nous avons choisi d'accorder la sagesse spirituelle et le don de clairvoyance à tout un chacun, plutôt que de le préserver à une élite et l'utiliser pour conquérir des empires. »

« Oui, c'est vrai, mais à l'époque, l'absence des moyens de communication moderne empêchait de pouvoir généraliser, et c'est normal qu'il aient tenu secret leur savoir. Ce qu'il fallait, c'était un moyen de répandre l'information immédiatement sur la planète entière, et pouvoir y donner accès à tout le monde en même temps. Ce que tu as fait est magnifique, tu es parvenue à contrôler toute tentative de dérapage, tu as contraint quasi à toi toute seule le gouvernement du pays le plus puissant du monde. Sans cela, nous serions repartis dans une spirale de conflits et de guerres pour le contrôle du pouvoir. »

« Oh, n'exagère pas. D'ailleurs tu exagères toujours ! »

« Non, c'est toi qui es exceptionnelle ! »

A PROPOS DE L'AUTEUR

Alain Hubrecht possède une expérience mondiale dans des domaines multiples tel que l'énergie, l'industrie, la sécurité et la défense. Il a travaillé pour les plus importants acteurs mondiaux tel que l'OTAN, le Pentagone, SAIC, la NASA et plusieurs autres sociétés actives dans la défense. Il est passionné de nouvelles technologies et de nouveaux défis. Il a été formé par d'anciens membres du projet STARGATE, a travaillé pour le projet Blue Brain, a été membre de l'association d'étude scientifique UFOCOM et a cofondé l'Association Transpersonnelle Belge avec Carlos Castaneda.

www.ingramcontent.com/pod-product-compliance
Lightning Source LLC
Chambersburg PA
CBHW072002060426
42446CB00042B/1369